古代歷史文化研究輯刊

十六編

王明蓀 主編

第 11 冊

宋例研究

李雲龍 著

國家圖書館出版品預行編目資料

宋例研究／李雲龍 著 — 初版 — 新北市：花木蘭文化出版社，
2016〔民 105〕
目 4+238 面；19×26 公分
（古代歷史文化研究輯刊 十六編；第 11 冊）
ISBN 978-986-404-755-0（精裝）
1. 中國法制史 2. 宋代
618   105014263

ISBN-978-986-404-755-0

9 789864 047550

古代歷史文化研究輯刊
十六編　第十一冊　　　　　　　ISBN：978-986-404-755-0

宋例研究

作　　者	李雲龍
主　　編	王明蓀
總 編 輯	杜潔祥
副總編輯	楊嘉樂
編　　輯	許郁翎、王筑　美術編輯　陳逸婷
出　　版	花木蘭文化出版社
社　　長	高小娟
聯絡地址	235 新北市中和區中安街七二號十三樓
	電話：02-2923-1455／傳真：02-2923-1452
網　　址	http://www.huamulan.tw 信箱 hml 810518@gmail.com
印　　刷	普羅文化出版廣告事業
初　　版	2016 年 8 月
全書字數	212240 字
定　　價	十六編 35 冊（精裝）台幣 68,000 元

宋例研究

李雲龍　著

作者簡介

李雲龍，1989 年生，山東安丘人。先後於 2011、2014 年獲法學學士、法學碩士學位，現爲中國政法大學法律史專業博士研究生。研究領域爲中國法制史，主要關注宋代法律形式、司法制度等問題。在《法制史研究》（臺灣）、《中國學報》（韓國）等刊物發表論文多篇，曾獲第五屆張晉藩法律史學基金會徵文比賽二等獎、第二屆曾憲義先生法律史獎學金優秀碩士論文獎等榮譽。

提　　要

　　例是中國古代法律形式之一，在中國古代法律體系中佔有重要地位，發揮了極爲重要的作用。宋代是例發展過程中的關鍵歷史階段，宋例既承接了秦漢以來經魏晉直至隋唐例演變、形成和發展的歷史趨勢，又開啓了元明清例進一步完善和繁盛的嶄新篇章，可謂承上啓下、繼往開來。

　　宋例包括司法例和行政例兩大部分，司法例是指斷例，行政例則有條例、格例、則例、事例等。宋代的斷例有未經編修和已經編修之分，以司法案件爲基礎、經過一定編修程序而形成的斷例，作爲成文法的必要補充和有益變通，在宋代的司法審判活動中發揮了不可替代的作用。宋代的行政例內容繁雜，層次多樣，涵蓋了行政活動的方方面面，有成文與不成文之別，條例、格例、則例、事例各有特色，既有很大的價值，也有不少的弊病。

　　宋例在中國古代法律形式由律令制向律例制的轉化過程中也發揮了重要作用，例由宋代以前的相對沉寂、爲律令制的光芒所掩蓋，經過宋代的發展逐漸活躍，最終大放異彩，在明清時期成爲與律典並行的基本法律形式。對於例的研究和分析是全面和正確理解中國古代法律形式，乃至更好地認識傳統法律制度和法律文化的重要內容，而對於宋例的探討，更屬其中關鍵性的一環。

目

次

表目錄

緒　論

一、問題的提出

　　宋代是中國古代法制發展得到極大發展的一個時期，在三百餘年的統治過程中，雖然一直面臨著外部的軍事威脅，但政局基本穩定，經濟、社會、文化也都十分繁榮，這在法制上的表現就是立法活動的頻繁龐雜和司法制度的周密完備。宋代的法律形式在繼承唐代律、令、格、式的基礎上又有新的發展，這體現在敕和例的大量出現和運用。就例而言，以往學界對此的關注不夠，研究起步較晚，成果也相對單薄，雖然近年來的情況已經有了很大改觀，但對於宋例的研究還存在一些不足之處，這構成了本書寫作的基本出發點。

二、研究現狀與問題

　　宋代的例包括司法審判活動中的例和行政管理事務中的例，前者是指斷例，後者則包括條例、格例、則例、事例等。日本學者淺井虎夫先生在 1911年出版的《支那法典編纂的沿革》〔註 1〕中曾對斷例有過簡單提及，是國外最早關注斷例的學者。對於宋代的例，國內較早進行研究的學者是楊鴻烈先生和陳顧遠先生。楊鴻烈先生在 1930 年出版的《中國法律發達史》〔註 2〕中

〔註 1〕〔日〕淺井虎夫：《支那法典編纂的沿革》，日本京都法學會，1911 年。較早的譯本爲陳重民先生的《中國法典編纂沿革史》，北洋政府內務部編譯處 1919年版，現已有中國政法大學出版社 2007 年版。

〔註 2〕楊鴻烈：《中國法律發達史》，商務印書館，1930 年。

將宋代的斷例作爲刑法典的一種來看待，認爲「宋代的斷例很多」，「宋代法官援例判罪的頗多有腐敗行爲」。陳顧遠先生在 1934 年出版的《中國法制史》〔註3〕中指出：「自唐以前，雖有例而無例之專名；唐及五代，例漸露其頭角，爲宋明例之所本；宋則北宋輕例而南宋重之，明清則律例並稱，顧例之爲言，亦與唐宋微有異矣。」認爲北宋由於更重視敕及法制新舊不一的緣故尚不重視例，而到了南宋，例的地位得到了較大的提高。

此後國內學者對於宋例的研究相對較少，而日本著名東洋史學家宮崎市定先生在《宋元時期的法制與審判機構——〈元典章〉的時代背景及社會背景》〔註4〕一文中對宋代的斷例進行了探討，宮崎市定先生認爲：「宋代呈現的另一個新傾向，是在敕以外出現了『斷例』。律和敕都規定了刑罰原則，所以可以成爲『法』，而斷例則是已判決的案例，是如何適用法的具體實例。」

進入九十年代，國內外學者對宋例的關注和研究逐漸增多，河北大學郭東旭先生於 1991 年發表在《史學月刊》上的《論宋代法律中「例」的發展》〔註5〕一文，專門對宋代的例作了分析和說明，可以視爲新時期研究宋例的開端。郭先生在文中指出，「例」係指以前事的處理作爲後事處理標準的成例，宋代的「例」在唐以前稱爲比、比附、決事比等。比附斷事、以例爲據在宋代有了進一步發展。不僅在刑事案件的判決中行用斷例，而且在行政管理中亦廣泛使用事例。

美國的馬伯良先生在《從律到例：宋代法律及其演變簡論》〔註6〕中，將例的廣泛適用看作宋代法律形式演變的重要內容。文中認爲，宋朝法的特徵在於，在這一時期它最初基於成文法，後來基於敕令，最後發展到基於判例。宋朝的例現在可以表述爲「判例」，在宋朝法律資料中，例的使用情況多種多樣，它們似乎都與判例有著關係，但是它在其起源、技術內容的程度和法律

〔註3〕陳顧遠：《中國法制史》，商務印書館，1934 年。
〔註4〕〔日〕宮崎市定：《宋元時期的法制與審判機構——〈元典章〉的時代背景及社會背景》，原載《東方學報》京都第 24 冊，1954 年；又載劉俊文主編：《日本學者研究中國史論著選譯》第八卷，中華書局，1992 年，第 252～312 頁；又載楊一凡總主編：《中國法制史考證》丙編第三卷，中國社會科學出版社，2003 年，第 1～121 頁。
〔註5〕郭東旭：《論宋代法律中「例」的發展》，《史學月刊》，1991 年第 3 期。
〔註6〕〔美〕馬伯良：《從律到例：宋代法律及其演變簡論》，載高道蘊、高鴻鈞、賀衛方編：《美國學者論中國法律傳統》（增訂版），清華大學出版社，2004 年，第 310～333 頁。

性質上又與判例有所不同。

　　日本學者川村康先生在《宋代斷例考》〔註7〕中，從斷例的編纂、斷例的運用、斷例的弊端三個角度對宋代的斷例進行了分析。川村康先生認爲，宋代的例作爲不完善的法的補充，具有很大的意義。尤其斷例反覆地編纂，對刑事案件的處理，其存在是不可或缺的。此外，引例斷案也帶來了諸多弊端，爲了克服這些弊端，就有必要公開和統一斷例，從而使之成爲一種明確的審判規範。

　　吉林大學王侃先生在《宋例辨析》和《宋例辨析續》〔註8〕兩篇長文中對學界有關宋例的主流觀點提出了質疑。在《宋例辨析》中，王先生將例分爲司法審判中的例、行政管理中的例、例子三類。關於司法審判中的例，王先生認爲：第一，宋例不是判例；第二，宋例不是法，不是法典，也不是法律形式；第三，例的屬性是恤刑。在《宋例辨析續》中，王先生又對指揮的相關問題作了闡釋，認爲指揮並不來自中央機關，而是出自君主，指揮既不是例的一種，更不是尙書省等機關的指令，而是皇帝聖旨的一種。

　　上海師範大學戴建國先生分別在《宋代法制初探》〔註9〕、《宋代刑法史研究》〔註10〕、《唐宋變革時期的法律與社會》〔註11〕、《南宋法制史》〔註12〕等著作及相關文章中對宋代的例，尤其是斷例進行了細緻的分析。戴師認爲，宋代的例主要分爲兩種，行政方面的例和刑法方面的例，宋代刑法上的例通常稱「斷例」，宋對刑名斷例的編修十分重視。斷例的編修，最初是以類編次，比較簡單。隨著例的數量的增加，斷例編修活動的不斷舉行，斷例的編修體例逐漸完善起來。編修斷例並不是簡單的案例彙編，斷例源於具體的案例但又高於案例，具有廣泛適用性。經過整理編修後的斷例是法律付諸實施後的

〔註7〕　〔日〕川村康：《宋代斷例考》，原載《東洋文化研究所紀要》第126冊，1995年，第107～160頁；又載中國政法大學法律史學研究院編：《日本學者中國法論著選譯》，中國政法大學出版社，2012年，第345～390頁。
〔註8〕　王侃：《宋例辨析》，《法學研究》，1996年第2期；王侃：《宋例辨析續》，《法學研究》，1996年第6期；王侃先生的觀點亦見於《宋例考析》一文，載楊一凡總主編：《中國法制史考證》甲編第五卷，中國社會科學出版社，2003年，第132～191頁。
〔註9〕　戴建國：《宋代法制初探》，黑龍江人民出版社，2000年。
〔註10〕　戴建國：《宋代刑法史研究》，上海人民出版社，2008年。
〔註11〕　戴建國：《唐宋變革時期的法律與社會》，上海古籍出版社，2010年。
〔註12〕　戴建國、郭東旭：《南宋法制史》，人民出版社，2011年。

一種法律適用範例。斷例是非常法，是常法的補充，是宋代刑法體系的一個不可缺少的組成部分，在司法活動中發揮了積極作用。入宋眞正進入了大規模纂修例和使用例的時期，例在宋代的大量適用，反映了宋政權在社會變化加劇的情況下，爲解決法律一時跟不上需要而採取的一種積極的應對措施。

西南政法大學呂志興先生在《宋代法制特點研究》〔註 13〕和《宋代法律體系與中華法系》〔註 14〕中也對宋代的例作了論述。呂志興先生首先梳理了例的相關術語及其含義，其次分析了例的分類及特點，最後探討了例的屬性及地位，認爲例是法的輔助，在法律體系中位階最低，但例在宋代國家政務和司法中經常被適用，故例仍不失爲宋代一種重要的法律形式。

中國社科院楊一凡先生和遼寧大學劉篤才先生合著的《歷代例考》〔註 15〕一書，在學界已有成果基礎上對例這一法律形式作了較爲深入和全面的研究，在該書 2012 年的再版裏大幅增加了對宋例進行闡述的內容。書中指出，宋元時期例有了新的發展，具有「判例」功能的「斷例」在司法上得到應用，同時也受到廣泛的批評。人們通過實踐逐漸認識到，法與例的矛盾並不是不可以解決的。宋代開始「納例入法」，以解決「以例亂法」的問題，條例、則例、格例在宋元時期也都有了一定發展。

總體來看，目前學界對於宋例的研究還存在以下幾個問題和不足：

首先，對於宋代的司法例和行政例區分得還不夠明確和清晰，在分析和闡述過程中存在模糊和混淆兩種不同例的傾向，對兩種例所體現的不同理念和發揮的不同作用等問題揭示得不夠。

其次，對於宋代司法例即斷例的內容、性質、地位，學界尚存在不同觀點，有進一步討論的空間。在分析斷例的適用時，與其它朝代判例的比較研究還很薄弱，對於案例、判例、判例法等概念的使用也有不規範的地方。

再次，對於宋代行政例的分析尚不夠深入，還只是停留在對條例、格例、則例、事例等的一般性介紹和史料的簡單羅列，對行政例形成和運用過程中具有規律性和一般性內容的概括有所欠缺。

最後，關於宋例對後世特別是元、明、清三代例的影響以及例的廣泛運用背後所體現的思想與理念，學界已有涉及，但還需要更深層次的分析和闡釋。

〔註 13〕呂志興：《宋代法制特點研究》，四川大學出版社，2001 年。
〔註 14〕呂志興：《宋代法律體系與中華法系》，四川大學出版社，2009 年。
〔註 15〕楊一凡、劉篤才：《歷代例考》，社會科學文獻出版社，2012 年。

三、研究目的與意義

　　本書的目的在於通過對宋例相關問題的梳理和分析，加深對於宋例的內容、性質、作用、影響等的理解，增進對宋代法律形式和法律體系的認識，從而更加全面地把握中國古代法律形式演變和發展的過程和脈絡。

　　具體而言，對宋代司法例的探討，有助於認識宋元兩代廣泛存在的斷例的性質、作用、價值等問題，並通過分析具體案例，更加深入地認識宋代的斷例及判例制度。對宋代行政例的探討，則有助於理解宋代行政活動和官員管理過程中制度化和反制度化兩種傾向的對立與協調。最後，通過宋例與其它歷史時期例的比較，有助於明確宋例在中國古代例的發展過程中所處的位置和發揮的作用。

四、研究方法與路線

　　第一，文獻研究法。通過查閱古籍和論著，以及借助電子數據庫檢索，獲取與宋例有關的史料，對已有的研究成果和現狀形成全面和宏觀的認識，並以之爲基礎深入地進行分析、歸納和總結，從中得出令人信服、合乎邏輯的結論。

　　第二，交叉研究法。撰寫論文時，既要堅持法律史學研究的方法與理論，也要注意借鑒和運用比較法學以及歷史學的方法，多嘗試從不同的視角思考問題，注意史論的結合，提升理論的高度。

　　第三，比較研究法。一方面要注重傳統與現代的比較，另一方面要注重中國與西方的比較，不斷開闊研究的視野，在比較的過程中加深對研究對象的理解與把握，並將對歷史的審視與分析最終落腳在對現實的關注與思考。

第一章　宋代以前例的形成演進及
　　　　宋例概況

第一節　秦漢時期的例

　　陳顧遠先生曾指出：「自唐以前，雖有例而無例之專名。」〔註1〕劉篤才先生也認為：「就『例』作為法律用語而言，它雖是後起的字，秦漢時期未見其名，但作為例的前身的決事比和故事已經出現。」〔註2〕確實如此，在秦漢時期並無專門的例，但存在廷行事和決事比，可以視為後世例的淵源。下面就對秦代的廷行事與漢代的決事比簡單作一分析。

一、廷行事

　　廷行事長期以來被認為是秦代的判例，在《睡虎地秦墓竹簡》一書中，整理者指出：「《法律答問》中很多地方以『廷行事』，即判案成例，作為依據，反映出執法者根據以往判處的成例審理案件，當時已成為一種制度。」〔註3〕認為廷行事就是「法廷成例」。〔註4〕這一觀點曾被學界廣泛接受。

　　但張銘新先生對此觀點提出了質疑，認為：「廷行事，現在通行的解釋是『秦朝的判例』，恐怕值得商榷。查閱『雲夢秦簡』，凡是講到『廷行事』者，

〔註1〕陳顧遠：《中國法制史概要》，商務印書館，2011年，第86頁。
〔註2〕楊一凡、劉篤才：《歷代例考》，第13頁。
〔註3〕睡虎地秦墓竹簡整理小組編：《睡虎地秦墓竹簡》，文物出版社，1978年，第149～150頁。
〔註4〕睡虎地秦墓竹簡整理小組編：《睡虎地秦墓竹簡》，第167頁。

沒有一處涉及到某一具體的案件事實，而是指對某一類法無明文的犯罪在以前的審判中是如何處理的……所以，說秦的『廷行事』是『司法慣例』似乎更爲準確。」〔註5〕劉篤才和楊一凡先生則在張銘新觀點的基礎上，進一步修正和分析，認爲可以將「廷行事」視爲「官府行事」，即「官府的實際做法」。〔註6〕

　　可見對於廷行事性質的質疑是有充分依據的，通常所說的判例，應當是基於案件而形成，並以具體案件爲基礎而發揮作用。從《睡虎地秦墓竹簡》的記錄來看，所有的廷行事只是給出了處理的方式和意見，並未提及具體的案件，因而直接地以廷行事的文本來探討，將其理解爲官府通常做法是恰當的。但如果對廷行事的內容作進一步分析，可以發現其類別與來源是有差異的。

表1-1　《睡虎地秦墓竹簡》中所見「廷行事」

序號	內　　　容
1	告人盜百一十，問盜百，告可（何）論？當貲二甲。盜百，即端盜駕（加）十錢，問告者可（何）論？當貲一盾。貲一盾應律，雖然，廷行事以不審論，貲二甲。
2	甲告乙盜直口口，問乙盜卅，甲誣駕（加）乙五十，其卅不審，問甲當論不論？廷行事貲二甲。
3	盜封嗇夫可（何）論？廷行事以僞寫印。
4	廷行事吏爲詛僞，貲盾以上，行其論，有（又）廢之。
5	廷行事有罪當（遷），已斷已令，未行而死若亡，其所包當詣場所。
6	求盜追捕人，罪人格殺求盜，問殺人者爲賊殺，且鬥殺？鬥殺人，廷行事爲賊。
7	可（何）如爲「犯令」、「法（廢）令」？律所謂者，令曰勿爲，而爲之，是謂「犯令」；令曰爲之，弗爲，是謂「法（廢）令」（也）。廷行事皆以「犯令」論。
8	「百姓有責，勿敢擅強質，擅強質及和質者，皆貲二甲。」廷行事強質人者論，鼠（予）者不論；和受質者，鼠（予）者口論。

〔註 5〕明欣（張銘新）：《中國古代「法治」形式的演進軌跡及特點》，《清華法治論衡》第 1 輯，清華大學出版社，2000 年，第 198 頁。
〔註 6〕劉篤才、楊一凡：《秦簡廷行事考辨》，《法學研究》2007 年第 3 期；亦見楊一凡、劉篤才：《歷代例考》，第 41～60 頁。

序號	內　　容
9	實官戶關不致，容指若抉，廷行事貲一甲。
10	實官戶扇不致，禾稼能出，廷行事貲一甲。
11	空倉中有薦，薦下有稼一石以上，廷行事貲一甲，令史監者一盾。
12	倉鼠穴幾可（何）而當論及誶？廷行事鼠穴三以上貲一盾，二以下誶，鼷穴三當一鼠穴。

　　睡虎地秦墓的墓主人叫喜，生於秦昭王四十五年（前 262），秦王政元年（前 246）時，喜成年登記名籍，之後歷任安陸御史、安陸令史、鄢令史、治獄鄢等與刑法有關的低級官吏。〔註7〕以「廷行事」為名的法律文件僅見於《睡虎地秦墓竹簡》之中，這在很大程度上可以說明，「廷行事」的用法應該是出於墓主人喜個人的概括和總結，而非當時官府正式的法律用語。在史料中更為常見的是「行事」，及從字面來看與「廷行事」最為接近的「朝廷行事」。〔註8〕有學者將秦代的廷行事分為五種：一是把成法的規定具體化的廷行事；二是改變法律不合理規定的廷行事；三是適應刑事政策的變化改變法律規定的廷行事；四是補充成文法規定的廷行事；五是堅持律文的規定處理立法者未預見的新情況的廷行事。〔註9〕

　　《睡虎地秦墓竹簡》中所提到的廷行事，基本上可以分為三類：第一類是關於民刑案件處理方式的，如表1-1中1、2、8項；第二類是關於官員犯罪和失職的責任追究的，如3、4、6、9、10、11、12；第三類是對司法程序進行說明和對具體概念進行解釋的，如5、7。雖然廷行事的描述較為直接和簡單，但如果我們對前兩類的來源進行上溯和推尋，〔註10〕可以發現：關於民刑事案件的廷行事，其處理方式的形成，或者直接出自上級官府的解釋，或者出自上級在之前處理的類似案件；而關於官員責任追究的廷行事，則因與一般司法案件無涉，而應直接出自上級的指示。

　　雖然不能簡單地將之與後世的法律制度和法律形式進行類比，但從其生

〔註7〕有關墓主人喜的生平，參見《睡虎地秦墓竹簡》中的《編年記》部分，第 1～13 頁。

〔註8〕對於「朝廷行事」較早的記載，見於《孔子家語》卷一三《賢君第十三》：「公曰：『吾聞其閨門之內無別，而子次之賢，何也？』孔子曰：『臣語其朝廷行事，不論其私家之際也。』」

〔註9〕參見徐進、易見：《秦代的「比」與「廷行事」》，《山東法學》1987 年第 2 期。

〔註10〕第三類僅關於司法程序，而不涉及實體內容，因而不在我們的討論之列。

成的模式和發揮的作用來看，前者適用於具體案件的處理，已經非常接近後世的司法例；後者則適用於官員的管理，非常接近後世的行政例。另外，由於墓主人喜的身份只是基層的獄官，能夠直接接觸和聯繫的官府層級相對有限，因而其所稱的「廷」爲縣廷和郡廷的可能性較大。〔註11〕如果前面的推測是合理的，那麼可以想見，在傳統政治制度背景下，上級對下級呈送的司法案件（並非疑難複雜）和違法的官員（並非嚴重惡劣），是不需要開列案件依據和判斷理由的，只需給出和指明處理方式和結果即可。〔註12〕所以從廷行事的來源來看，司法判例的因素和官府行事的因素都是存在的。

綜上所述，無論是將廷行事視爲判例，或是司法慣例，還是官府行事，如果暫且拋開對其性質的爭議，更多的從其本質來審視這一問題，可以看到，廷行事的出現及運用無疑表明，在中國古代成文法條相對有限和概括的情況下，基層司法官員在面對案件審理過程中的具體問題，僅僅依據成文法律是遠遠不夠的，必然也要尋求成文法律之外的依據以定罪量刑。〔註13〕法條不可能涵蓋和預見所有情形，在法制相對完備的唐宋乃至明清尚且時有捉襟見肘之虞，法制初創時的秦漢更是如此。可見法律有限性的問題貫穿於法律發展的整個過程，是深受成文法傳統影響的中國古代社會一直需要應對的問題，法律之外的例（包括司法例和行政例）的必要性，在中國社會和法律發展的早期就是存在的。

二、決事比

秦漢時期得到廣泛運用的決事比，其前身可以追溯到周朝。《周禮注疏》卷三四《秋官司寇》載：「凡庶民之獄訟，以邦成弊之。」東漢末年的經學大師鄭玄注曰：「邦成，八成也。以官成待萬民之治。故書『弊』爲『憋』。鄭司農云：『憋當爲弊。邦成，謂若今時決事比也。』」唐代賈公彥進一步疏曰：

〔註11〕 而指廷尉和朝廷的可能性較小，也不太可能指法廷（法庭），因爲「當時並沒有法庭一詞。古代『廷』與『庭』可以通用，也沒有人把『廷』解釋爲法廷」。楊一凡、劉篤才：《歷代例考》，第 55 頁。

〔註12〕 況且對於基層司法官的喜來說，處理方式和結果也是最重要的，是最需要記錄下來的。

〔註13〕 正如王志強先生所指出的：「『廷行事』被作爲常用品，供秦代基層小吏殉葬之用，與清代成案的廣泛編集和流傳異曲同工。它們都服務於某些類似的目的，其中之一，就是基於判決積累而彙集既往經驗，供將來審理案件時參照。」王志強：《中國法律史敘事中的「判例」》，《中國社會科學》2010 年第 5 期。

「先鄭云『邦成，謂若今時決事比也』者，此八者，皆是舊法成事品式。若今律，其有斷事，皆依舊事斷之，其無條，取比類以決之，故云決事比也。」〔註14〕《荀子·大略》也云：「有法者以法行，無法者以類舉。以其本，知其末，以其左，知其右，凡百事異理而相守也。」〔註15〕這裏的類也有比照之意。

　　秦漢時期的比既可以作動詞，也可以作名詞。作動詞時的比，有比照、比類之意，此一用法廣泛存在於在當時的典籍之中。就案件審理而言，比指的是一種司法技術，近於後世的比附和類推。〔註16〕在《睡虎地秦墓竹簡·法律答問》中可以看到不少作此義使用的比。〔註17〕

表1-2　《睡虎地秦墓竹簡·法律答問》中所見「比」

序號	內　容
1	「害盜別徼而盜，駕（加）罪之。」可（何）謂「駕（加）罪」？五人盜，臧（贓）一錢以上，斬左止，有（又）黥以爲城旦；不盈五人，盜過六百六十錢，黥劓以爲城旦；不盈六百六十錢，黥爲城旦；不盈二百廿以下到一錢，（遷）之。求盜比此。

<hr />

〔註14〕《周禮注疏》卷三四《秋官司寇》。

〔註15〕《荀子·大略》。

〔註16〕學界傳統和主流觀點認爲漢代的比即是後世的比附，但近年來也有學者提出異議，認爲比是成例，是事例、例子，作爲法律形式的比，則是事例中的判例，但其論證似有牽強之處。參見呂麗、王侃：《漢魏晉「比」辨析》，《法學研究》2000年第4期。另外，比附和類推作爲兩種相近的司法技術，二者既有交叉也有差異。一般而言，比附的對象側重於結果，通過比附相近的條文和案例來進行；而類推的對象側重於內容，包括概念、行爲、身份、工具等具體要素。有關中國古代的類推和比附，參見〔日〕中村茂夫：《比附的功能》，載《中國法制史考證》丙編第四卷，中國社會科學出版社，2003年，第260～284頁；〔德〕陶安：《「比附」與「類推」：超越沈家本的時代約束》，載《沈家本與中國法律文化國際學術研討會論文集》（下），中國法制出版社，2005年，第461～475頁；陳新宇：《比附與類推之辨——從「比引律條」出發》，《政法論壇》2011年第2期。

〔註17〕按，《睡虎地秦墓竹簡·法律答問》中共出現「比」13處，有兩處「比」的用法並非法律意義上的，故未列入表中，其一爲「鈹、戟、矛有室者，拔以鬥，未有傷（也），論比劍。」其二爲「有賊殺傷人衝術，偕旁人不援，百步中比野，當貲二甲。」另外，有學者指出：秦的「比」不是法定的，秦簡中「處理甲情況比乙情況」不是法律規定的，不具有準用性法律規範的意義，而是在司法實踐中由司法官或其它人員決定的。參見徐進、易見：《秦代的「比」與「廷行事」》，《山東法學》1987年第2期。

序號	內　容
2	臣強與主奸，可（何）論？比毆主。
3	鬥折脊項骨，可（何）論？比折支（肢）。
4	「毆大父母，黥爲城旦舂。」今毆高大父母，可（何）論？比大父母。
5	或與人鬥，決人脣，論可（何）（也）？比疻痏。
6	或鬥，齧人顉若顏，其大方一寸，深半寸，可（何）論？比疻痏。
7	可（何）「贖鬼薪鋈足」？可（何）謂「贖宮」？臣邦眞戎君長，爵當上造以上，有罪當贖者，其爲群盜，令贖鬼薪鋈足；其有府（腐）罪，贖宮。其它罪比群盜者亦如此。
8	「將司人而亡，能自捕及親所智（知）爲捕，除毋（無）罪；已刑者處隱官。」可（何）罪得「處隱官」？群盜殺爲庶人，將盜戒（械）囚刑罪以上，亡，以故論，斬左止爲城旦，後自捕所亡，是謂「處隱官」。它罪比群盜者皆如此。
9	罷癃守官府，亡而得，得比公癃不得？得比焉。
10	「毋敢履錦履。」「履錦履」之狀可（何）如？律所謂者，以絲雜織履，履有文，乃爲「錦履」，以錦緱履不爲，然而行事比焉。
11	內公錄毋（無）爵者當贖刑，得比公士贖耐不得？得比焉。

漢代的比事方法則更爲普遍，《漢書》載：

> 高皇帝七年，制詔御史：「獄之疑者，吏或不敢決，有罪者久而
> 不論，無罪者久繫不決。自今以來，縣道官獄疑者，各讞所屬二千
> 石官，二千石官以其罪名當報之。所不能決者，皆移廷尉，廷尉亦
> 當報之。廷尉所不能決，謹具爲奏，傅所當比律令以聞。」〔註18〕

從這一制詔中可以看出，由於在疑難案件的處理中，地方的官員不敢擅決，又不敢擅奏，因而導致相關的案件大量積滯。所以漢高祖下詔要求其層層上報至中央最高司法官廷尉，如果廷尉也不能決，則需將案件並附上所應比照的律令奏交皇帝。

作名詞時的比，即決事比，指的是通過比類而形成的案件及其彙編，「爲比之事實發生後，自然而有之結果」，所謂「其決事比云者一方面指比之事，一方面即存其事之典籍也」。〔註19〕《禮記正義》載：「疑獄，氾與衆共之。衆疑，赦之。必察小大之比以成之。」鄭玄注曰：「小大猶輕重，已行故事曰

〔註18〕〔漢〕班固：《漢書》卷二三《刑法志三》，中華書局，1962年，第1106頁。
〔註19〕陳顧遠：《漢之決事比及其源流》，《復旦學報》1947年第3期。

比。汜，本又作汎，孚劍反。比，必利反，注同，例也。」孔穎達疏曰：「『必察小大之比以成之』者，小大猶輕重也。比，例也。已行故事曰比。此言雖疑而赦之，不可直爾而放，當必察按舊法輕重之例，以成於事。」〔註20〕

漢初就有決事比，而且數量不少：「初，魏文侯師李悝著《法經》六篇，商君受之以相秦。蕭何定《漢律》，益爲九篇，後稍增至六十篇。又有《令》三百餘篇、《決事比》九百六卷，世有增損，錯糅無常，後人各爲章句，馬、鄭諸儒十有餘家，以至於魏。」〔註21〕到了漢武帝時，張湯、趙禹等酷吏當道，導致「姦猾巧法，轉相比況，禁罔浸密」，決事比的數量進一步膨脹，並且成爲酷吏濫施淫威的工具，史載：

> 律、令凡三百五十九章，大辟四百九條，千八百八十二事，死罪決事比萬三千四百七十二事。文書盈於幾閣，典者不能遍睹。是以郡國承用者駁，或罪同而論異。奸吏因緣爲市，所欲活則傅生議，所欲陷則予死比，議者咸冤傷之。〔註22〕

> 漢時決事，集爲《令甲》以下三百餘篇，及司徒鮑公撰嫁娶辭訟決爲《法比都目》，凡九百六卷。世有增損，率皆集類爲篇，結事爲章。一章之中或事過數十，事類雖同，輕重乖異。而通條連句，上下相蒙，雖大體異篇，實相採入。〔註23〕

而且從當時的記載來看，決事比的整理和編纂也不限於官府，官員個人及民間亦有相關活動，其名目略有差異：

如《辭訟比》，《後漢書‧陳寵傳》載：「時司徒辭訟，久者數十年，事類溷錯，易爲輕重，不良吏得生因緣。寵爲昱撰《辭訟比》七卷，決事科條，皆以事類相從。昱奏上之，其後公府奉以爲法。」〔註24〕如《決事比》，《後漢書‧陳忠傳》載：「初，父寵在廷尉，上除漢法溢於《甫刑》者，未施行，及寵免後遂寢。而苛法稍繁，人不堪之。忠略依寵意，奏上二十三條，爲《決

〔註20〕　《禮記正義》卷一三《王制第五》。
〔註21〕　〔宋〕司馬光：《資治通鑒》卷七一明帝太和三年十月，中華書局，1956年，第2257～2258頁。
〔註22〕　《漢書》卷二三《刑法志三》，第1101頁。
〔註23〕　〔唐〕房玄齡等：《晉書》卷三〇《刑法志》，中華書局，1974年，第922～923頁。
〔註24〕　〔南朝宋〕范曄：《後漢書》卷四六《陳寵傳》，中華書局，1965年，第1548～1549頁。

事比》，以省請讞之敝。」〔註25〕如《決事比例》，《後漢書·應劭傳》載：「臣累世受恩，榮祚豐衍，竊不自揆，貪少云補，輒撰具《律本章句》、《尚書舊事》、《廷尉板令》、《決事比例》、《司徒都目》、《五曹詔書》及《春秋斷獄》凡二百五十篇。蠲去復重，爲之節文。」〔註26〕如《春秋決事比》，《崇文總目》載：「《春秋決事比》十卷。漢董仲舒撰，丁氏平，黃氏正，初仲舒既老病致仕，朝廷每有政議，武帝數遣廷尉張湯問其得失，於是作春秋決疑二百三十二事，動以經對，至吳太史令吳汝南丁季、江夏黃復平正得失，今頗殘逸，止有七十八事。」〔註27〕

　　總而言之，從比的兩種不同用法來看：作爲一種司法技術的比，成爲後世比附和類推的源頭，正如陳顧遠先生所指出的：「律無專條，取其相近者比擬用之耳。後世之所謂比附，即漢之比。」〔註28〕而在審判活動中作爲比之結果及彙編的決事比，則成爲後世判例的濫觴，《說文解字》云：「例，比也。」〔註29〕正是從此一角度而言的。〔註30〕從例的演變角度來看，漢時的比還不夠完善，這集中體現在作爲司法技術的比和作爲案例彙編的比的區分尚不明確，以及作爲案例彙編的比事既有官方背景，又有民間色彩，在適用過程中的權威性較爲有限。

　　但相較於秦代的廷行事而言，漢代決事比的發展又是顯而易見的，畢竟與基本爲自發生成的廷行事相比，決事比已經部分具備了成文化和制定化的特點，在案例基礎上進一步整理的痕跡明顯。〔註31〕另外，從適用的情形上

〔註25〕《後漢書》卷四六《陳忠傳》，第1555～1556頁。

〔註26〕《後漢書》卷四八《應劭傳》，第1613頁。

〔註27〕〔宋〕王堯臣《崇文總目》卷二，文淵閣四庫全書本。〔元〕馬端臨：《文獻通考》卷一八二《經籍考九》也云：「此即獻帝時應劭所上仲舒《春秋斷獄》，以爲幾焚棄於董卓蕩覆王室之時者也。……《決事比》之書，與張湯相授受，度亦災異對之類耳。帝之馭下以深刻爲明，湯之決獄以慘酷爲忠，而仲舒乃以經術附會之。」中華書局，1986年。

〔註28〕陳顧遠：《中國法制史概要》，第84頁。

〔註29〕〔漢〕許慎：《說文解字》，中華書局，1963年，第167頁。

〔註30〕宋人亦云：「臣嘗觀漢之公府，則有辭訟比，以類相從；尚書則有決事比，以省請讞之弊。比之爲言，猶今之例云爾。」〔宋〕李心傳：《建炎以來繫年要錄》卷一九九，中華書局，2013年，第3915頁。

〔註31〕徐進和易見先生曾對廷行事與決事比的關係作過分析，指出：「廷行事是在司法實踐中自然形成的，而決事比是對司法實踐中形成的案例又加上了一道加工整理的工序。前者純粹是司法活動的結果，而後者是在司法判例的基礎上又加進了立法者的意志，也就是使之法律化了。……由廷行事到決事比經歷

來看，廷行事還包括不少一般性解釋的內容，而決事比所適用的情形則更為複雜，正如論者所言：「行事者，雖律無所定，然事屬多見，已無須引證舊案，法庭處理時自有之定則慣例也。而決事比多奇情怪事，世所罕見，論處時頗感棘手，一經判定，後世可據引比附，更有無舊例可尋，處理時比照他例以取決者，亦可稱為決事比。」〔註32〕

第二節　魏晉及隋唐時期的例

一、故事

　　故事是中國古代一種比較複雜的法律形式，最早出現於漢代，在魏晉時期得到了廣泛的運用。史載：「漢初，蕭何定律九章，其後漸更增益，令甲巳下，盈溢架藏。晉初，賈充、杜預刪而定之，有律，有令，有故事。」〔註33〕有學者指出：「故事即舊事，是本朝或先王的已行之事。在漢魏晉三代，國家遇有重大之事時多援引故事以尋求經典依據。晉時還將典型故事修定彙編，與律令並行，將其作為一種重要的法律形式。」〔註34〕由於故事在當時作為律令的補充，起到了重要的參照作用，因而也被認為是例的一種表現形態。

　　關於故事的來源和內容，向來爭議頗多，不同史料的描述往往各有差異。有的史料認為故事的來源和內容為品式章程，如《晉書·刑法志》載：

　　　　文帝為晉王，患前代律令本注煩雜，陳群、劉邵雖經改革，而科網本密，又叔孫、郭、馬、杜諸儒章句，但取鄭氏，又為偏黨，未可承用。於是令賈充定法律……其常事品式章程，各還其府，為故事……凡律令合二千九百二十六條，十二萬六千三百言，六十卷，故事三十卷。〔註35〕

　　了一個由自發到自覺，從一般的判案遵循到受到立法者同意的一種特定法律形式的發展過程。」徐進、易見：《秦代的「比」與「廷行事」》，《山東法學》1987年第2期。

〔註32〕連劭名：《西域木簡所見〈漢律〉》，《文史》第29輯，中華書局，1988年，第141頁。

〔註33〕〔唐〕魏徵、令狐德棻：《隋書》卷三三《經籍志二》，中華書局，1973年，第974頁。

〔註34〕呂麗：《漢魏晉「故事」辯析》，《法學研究》2002年第6期。

〔註35〕《晉書》卷三〇《刑法志》，第927頁。

《隋書‧經籍志》中也有類似的記載：「晉初，甲令已下，至九百餘卷，晉武帝命車騎將軍賈充，博引群儒，刪采其要，增律十篇。其餘不足經遠者為法令，施行制度者為令，品式章程者為故事，各還其官府。」〔註36〕

但也有史料表明故事的來源為制詔，《唐六典》載：「漢建武有《律令故事》上、中、下三篇，皆刑法制度也。晉賈充等撰律、令，兼刪定當時制、詔之條，為《故事》三十卷，與《律》、《令》並行。」〔註37〕

史料中記載和描述的差異必然會影響到後世學者的理解和認識，其具體觀點這裏不再備列。〔註38〕但無論對故事的理解有何差異，可以看到，故事與律、令、制詔、品式章程以及例、比都存在著千絲萬縷的關係，想要十分精確地判定故事的內容並釐清其來源是相當困難的，恐怕也是與實際情況不符的。畢竟魏晉時期正處於中華傳統律令法體系的形成過程中，律令格式的區分尚未像唐代那樣涇渭分明、分工明確。各種法律淵源和法律形式之間相互雜糅和融合，本身就是魏晉時期法律體系發展狀況的基本特徵。

在魏晉南北朝時期，故事的運用既涉及行政事務，也涉及司法活動，但最主要的運用還是在行政事務中，如《魏書》卷六四《郭祚傳》載：「（郭）祚達於政事。凡所經履，咸為稱職。每有斷決，多為故事。」〔註39〕又如《魏書》卷七七《高謙之傳》載，高謙之「在縣二年，損益治體，多為故事」。〔註40〕正如劉篤才先生所指出的：「歷史上的故事主要作用於禮儀和職官選舉活動

〔註36〕《隋書》卷三三《經籍志二》，第 967 頁。

〔註37〕〔唐〕李林甫等：《唐六典》卷六，陳仲夫點校，中華書局，1992 年，第 185 頁。《舊唐書》卷四六《經籍志上》、《新唐書》卷五八《藝文志二》也載：「《漢建武律令故事》三卷。」

〔註38〕對於學界在故事理解上的不同觀點的梳理，參見呂麗：《漢魏晉「故事」辯析》，《法學研究》2002 年第 6 期。另外，有關故事的分析和論述，參見黃敏蘭：《論中國古代故事現象的產生》，《陝西師大學報》1992 年第 1 期；《論中國古代故事制度的不成文法特徵和功能》，《人文雜誌》1992 年第 3 期；霍存福：《唐故事慣例性論略》，《吉林大學社會科學學報》1993 年第 6 期；方就：《論中國古代故事制度的政治作用》，《陝西師大學報》1993 年第 2 期；閻曉君：《兩漢「故事」論考》，《中國史研究》2000 年第 1 期；呂麗：《漢魏晉的禮儀立法與禮儀故事》，《法制與社會發展》2003 年第 3 期；《故事與漢魏晉的法律》，《當代法學》2004 年第 3 期；《禮儀法與故事關係探析》，《當代法學》2008 年第 3 期；張尚謙：《故事、品式和西晉賦稅的「品式章程」》，《雲南民族大學學報》2005 年第 1 期。

〔註39〕〔北齊〕魏收：《魏書》卷六四《郭祚傳》，中華書局，1974 年，第 1426 頁。

〔註40〕《魏書》卷七七《高謙之傳》，第 1708 頁。

領域。」「故事的主要作用範圍是禮儀活動、職官管理、賞功罰過等方面。」
〔註41〕

　　從禮儀制度來看，「在漢魏晉三代的禮樂生活中，故事發揮著重要作用。
國家遇有重大的、疑難的、罕見的禮儀問題，或者碰到現行禮儀法尙無規定
的問題，或者在定禮脩儀之時，往往要援引故事，在祖宗定制和先王定制中
尋求經典依據」。〔註42〕如《後漢書》載：「時始遷都於許，舊章堙沒，書記
罕存。劭慨然歎息，乃綴集所聞，著《漢官禮儀故事》，凡朝廷制度，百官典
式，多劭所立。」〔註43〕《通典》載：「穆帝昇平中，太宰武陵王所生母喪，
表乞齊縗三年。詔聽依昔樂安王故事，制大功九月。」〔註44〕

　　從官員管理來看，故事也發揮了重要的作用，《漢書·公孫弘列傳》載：
「先是，漢常以列侯爲丞相，唯弘無爵。」於是皇帝特別下詔封公孫弘爲平
津侯，「其後以爲故事，至丞相封，自弘始也」。〔註45〕又如《後漢書·楊秉
列傳》載：

　　　　尚書召對秉掾屬曰：「公府外職，而奏劾近官，經典漢制有故事
　　乎？」秉使對曰：「《春秋》趙鞅以晉陽之甲，逐君側之惡。傳曰：
　　除君之惡，唯力是視。鄧通懈慢，申屠嘉召通詰責，文帝從而請之。
　　漢世故事，三公之職無所不統。」尚書不能詰。〔註46〕

　　雖然故事多數情況下運用於行政領域，但也有一些故事是與司法審判相
關的。東晉建立初期，當時「朝廷草創，議斷不循法律，人立異議，高下無
狀」，因此主簿熊遠上奏，希望「凡爲駁議者，若違律令節度，當合經傳及前
比故事，不得任情以破成法。愚謂宜令錄事更立條制，諸立議者皆當引律令
經傳，不得直以情言，無所依準，以虧舊典也」。〔註47〕

　　直到唐代，還有不少運用故事的記載：「故事，尙書省官每一日一人宿
直，都司執直簿轉以爲次。凡內外官，日出視事，午而退，有事則直。官省
之務繁者，不在此限。」〔註48〕「故事，尙書左右丞及秘書監、九寺卿、少

〔註41〕楊一凡、劉篤才：《歷代例考》，第 69 頁、第 34 頁。
〔註42〕呂麗：《漢魏晉的禮儀立法與禮儀故事》，《法制與社會發展》2003 年第 3 期。
〔註43〕《後漢書》卷四八《應劭傳》，第 1614 頁。
〔註44〕〔唐〕杜佑：《通典》卷八二《禮四二》，中華書局，1988 年，第 2229 頁。
〔註45〕《漢書》卷五八《公孫弘傳》，第 2620～2621 頁。
〔註46〕《後漢書》卷五四《楊秉傳》，第 1774 頁。
〔註47〕《晉書》卷三〇《刑法志》，第 938～939 頁。
〔註48〕〔宋〕王溥：《唐會要》卷八二《當直》，中華書局，1955 年，第 1516 頁。

府監、將作監、御史大夫、國子祭酒、太子詹事、國子司業、少監、御史中丞、大理正，外官二佐已上及縣令，準《開元式》，並不宿直。」〔註49〕但故事在兩漢魏晉大放異彩之後便逐漸沒落，其地位逐漸被繼起的其它法律形式取代。後世雖亦有引用故事的記錄，其約束力和規範性已難與魏晉時期相提並論。〔註50〕

故事的內容，除了當時就被法典化及後世逐漸被納入律令的以外，〔註51〕有的爲格式所取代，如《唐六典》載：「凡《格》二十有四篇。（以尚書省諸曹爲之目，共爲七卷。其曹之常務但留本司者，別爲《留司格》一卷。蓋編錄當時制敕，永爲法則，以爲故事。）」〔註52〕亦如陳顧遠先生所指出的：「以故事之名言，似近於比，以內容之質言，縱不可純認爲格，亦惟兼認有式，蓋晉之故事乃後代之格式之合耳。」〔註53〕可見有的故事成爲後世格式的淵源；而部分故事則成爲後世行政例，特別是零散的不成文事例的淵源，「魏晉之後，在許多情況下，故事與例之間往往界限不清，此時此處稱爲故事者，彼時彼處又稱爲『例』，甚至表述的是同一件事情」。〔註54〕如《長編》元符二年三月丁巳載：

> 先是，序辰等既坐，違例受抬箱絹，各罰金八斤。又自言移宴就館得例外馬，取旨，上欲遂賜與，曾布曰：「序辰擅收抬箱絹，隱藏五六次不以實對。章惇謂罰金太輕，如此則自今奉使者人人敢擅改故事，據理自當降官或罷賜與，若罰金亦須三二十斤。」〔註55〕

雖然自漢代故事出現開始，其在史書中的記載和運用一直不絕如縷，但能夠看到，魏晉以後，例的地位逐漸上陞與故事的地位逐漸下降成爲歷史的

〔註49〕《唐會要》卷八二《當直》，第 1516 頁。

〔註50〕即便在兩漢魏晉時期，故事的約束力也是有限的，劉篤才先生在對漢代引用故事的材料進行分析比較後就指出：「圍繞著是否仿倣故事出現的不同主張和做法，表明故事沒有強制力，只是一種軟性約束。當事人如果具有強勢人格，無所顧忌，突破故事的約束並不難。」楊一凡、劉篤才：《歷代例考》，第 33 頁。

〔註51〕《隋書》卷二五《刑法志》：「河清三年，尚書令、趙郡王睿等，奏上《齊律》十二篇……又上《新令》四十卷，大抵採魏、晉故事。」第 705 頁。

〔註52〕《唐六典》卷六，第 185 頁。

〔註53〕陳顧遠：《中國法制史概要》，第 76 頁。

〔註54〕楊一凡、劉篤才：《歷代例考》，第 64 頁。

〔註55〕〔宋〕李燾：《續資治通鑑長編》（以下簡稱《長編》）卷五〇七元符二年三月丁巳，中華書局，1995 年，第 12077 頁。

大趨勢，效力更爲明確、分類更爲具體的例漸漸取代了相對概括和含混的故事。然而，故事所體現出的重視因循和參考已有制度和做法的精神卻爲例的發展創造了條件。例在行政和司法領域的正式出現是在唐代，正如陳顧遠先生所指出的：「唐及五代，例漸露其頭角，爲宋明例之所本。」〔註56〕但早在唐以前，各種例的萌芽就開始出現。經過魏晉南北朝時期的孕育，自唐代開始，各種名目的例開始在法律體系中發揮作用。在行政領域，其主要代表有條例、格例與則例；在司法領域，則主要有法例。下面就對條例、格例、則例和法例分別加以說明。

二、條例、格例、則例

　　有學者指出，在魏晉隋唐時期，「行政方面開始出現名目繁多的例，有條例、格例、則例」，「條例是一個比較一般化的稱呼，適用於各個方面；格例與吏治關係較大，多數用於官吏的選拔、任用、考覈等方面；而則例與財政關係很大，主要用於規定稅負收納與控制財政開支的各種辦法與標準。三者都是在國家整個法律體系中地位較低的法規，屬於法律實施中操作性較強的細則」。〔註57〕非常提綱挈領地指出了條例、格例、則例最鮮明的特色，我們接下來在這一思路的基礎上，對行政例諸問題作進一步分析。

（一）條例

　　條例一詞本身出現較早，早期的條例主要用於經學和史學研究，《後漢書》中有不少的記載。隨著條例的進一步發展，其適用範圍也不再限於這兩個較爲專業的領域，而是逐漸作爲一般的、條理化的規則的代稱，被推向了更爲廣泛的領域。在魏晉隋唐時期，條例的適用範圍十分廣泛，基本上涵蓋了行政領域的各個方面。

　　如有關禮儀制度方面的條例，熙平二年（517）十一月乙丑，太尉、清河王懌表曰：「乞集公卿樞納，內外儒學，博議定制，班行天下。使禮無異準，得失有歸，並因事而廣，永爲條例。庶塵岳沾河，微酬萬一。」〔註 58〕如有關官員任用方面的條例，《通典》卷一六：「孝明帝時，清河王懌以官人失序，上表曰：『孝文帝制，出身之人，本以門品高下有恒，若準資蔭，自公卿令僕

〔註56〕陳顧遠：《中國法制史概要》，第 86 頁。
〔註57〕楊一凡、劉篤才：《歷代例考》，第 76 頁。
〔註58〕《魏書》卷一○八《禮志十三》，第 2807 頁。

之子，甲乙丙丁之族，上則散騎祕著，下逮御史長兼，皆條例昭然，文無虧沒。』」〔註59〕如有關地方監察方面的條例，《通典》卷二四：「初置兩臺，每年春秋發使，春曰風俗，秋曰廉察。令地官尚書章方質爲條例，刪定爲四十八條，以察州縣。」〔註60〕如有關經濟管理方面的條例：

> 三月丁巳朔，度支奏：「京兆府奉先縣界鹵池側近百姓，取水柏柴燒灰煎鹽，每一石灰得鹽一十二斤一兩，亂法甚於鹹土，請行禁絕。今後犯者據灰計鹽，一如兩池鹽法條例科斷。」〔註61〕

> 大中初，戶部侍郎盧弘正領鹽鐵，奏（司空）興爲安邑兩池榷鹽使、檢校司封郎中。先是，鹽法條例疏闊，吏多犯禁。興乃特定新法十條奏之，至今以爲便。〔註62〕

如有關選舉擇人方面的條例，《通典》卷一七：「國家富有四海，於今已四十年，百姓官僚未有秀才之舉。未知今人之不如昔，將薦賢之道未至。豈使方稱多士，遂闕斯人。請六品以下，爰及山谷，特降綸言，更審搜訪，仍量爲條例，稍加優獎。」〔註63〕而且在選舉領域出現了臣僚擬定的成文化的條例，洋州刺史趙匡在議論舉選的奏摺中指出：「今若未能頓除舉選，以從古制，且稍變易，以息弊源，則官多佳吏，風俗可變。」〔註64〕並在奏摺後附有舉人條例十三條、選人條例十條，在這兩部條例中對舉人和選人的具體程序和內容作了說明。但需要注意的是，此處的條例更多的只是出於官員自發的願望而擬定，尚不具備法律效力，也並不能被視爲法律體系的組成部分。

在《唐大詔令集》中可以看到不少有關條例的記載，如下表所示：

表1-3 《唐大詔令集》中所見「條例」

序號	出處	內　　容
1	卷三《改元光宅詔》	自今以後，所司宜明爲條例，務令禁斷，責成斯在可以勉歟。如更有違越，必法科處分。……布告天下，咸使聞知。其詔書內事有未盡者，仍令所司作條例處分。

〔註59〕《通典》卷一六《選舉四》，第390～391頁。
〔註60〕《通典》卷二四《職官六》，第660頁。
〔註61〕〔後晉〕劉昫：《舊唐書》卷一七《文宗本紀》，中華書局，1975年，第528頁。
〔註62〕《舊唐書》卷一九〇《司空圖傳》，第5082頁。
〔註63〕《通典》卷一七《選舉五》，第405頁。
〔註64〕《通典》卷一七《選舉五》，第421頁。

序號	出處	內　　容
2	卷六五《封建功臣詔》	酬勤報效，仍宜有差，宜令所司明爲條例等級，具以奏聞。
3	卷六五《褒賞淮西立功將士詔》	應淮西界州縣本軍鎮守，及諸道赴行營將士等，宜共賜物三千端疋，以充賞設。仍委本道條例奏聞，並與甄敘。其行營將健，各放歸本道，明加宣諭，令悉朕懷興元。
4	卷六九《天寶十載南郊赦》	今宜令天下太守，各舉堪任縣令一人，善惡賞罰，必及所舉，仍所司明作條例。
5	卷七〇《寶曆元年正月南郊赦》	赦書有所不該者，所司具作條例聞奏。敢以赦前事相言者，以其罪罪之。赦書日行五百里布告天下，咸使聞知。
6	卷七七《高祖山陵畢賜元從功臣及營奉百姓恩澤詔》	其諸州百姓，營奉山陵，宜量有蠲免。可令有司詳爲條例聞奏，並務從優厚，稱朕意焉。
7	卷八〇《南路幸西京敕》	宜以來年正月七日，取南路幸西京，所司準式應緣行幸所，須務從減省，所由明爲條例，勿使勞煩。
8	卷八二《寬徒刑配諸軍效力敕》	今官吏決罰，或有任情，因茲致斃，深可哀憫。其犯杖罪情非巨蠹者，量事亦令效力。宜令所司作載限，仍立條例處分。
9	卷九九《置鴻宜鼎稷等州制》	應須交割及發遣受領，並委本貫共新附州分明計會，不得因茲隱漏戶口，虛蠲賦役。並新析五州三面，及雍州已西置關處，所司具爲條例，務從省便，奏聞。
10	卷一〇六《令貢舉人勉學詔》	自今以後，貢舉人等，宜加勖勉。須獲實才，如有義疏未詳，習讀未遍輒充舉選，以希僥倖，所由官亦置彝憲，有司申明條例，稱朕意焉。
11	卷一〇七《遣榮王琬往隴右巡按處置敕》	宜於關內及河東納資飛騎，並諸人中間，召取健兒三五萬人，赴隴右防捍，至秋末無事放還。仍於當道軍將內銓擇　人，與所由簡召應給糧賜，所司速作條例處分。
12	卷一〇九《禁斷錦繡珠玉敕》	仍令御史金吾嚴加捉搦，州牧縣宰勸督農桑，待至秋收，課其貯積，使人知禮節俗登仁壽，有司仍爲條例，稱朕意焉。
13	卷一三〇《高麗班師詔》	諸渡遼海人應加賞命及優復者，所司宜明爲條例，具狀奏聞，朕將親爲詳覽，以申後命。

　　《唐大詔令集》中提及條例的情形，基本上都是皇帝發佈詔令和赦書後，要求相關部門和地方對其中未涉及的內容進行補充，對未有具體規定的內容進行細化。雖然多數情況下要求有司作條例後須奏聞，但也有不少並未表明要求制定條例後須奏請以獲批准（如1、4、7、8、10、11）。〔註65〕在唐代，條例很大程度上是作爲一般規則的代稱來使用，具體以條例爲名的法律文件還較爲少見，由朝廷正式下令編修並予以頒佈的條例更屬鳳毛麟角。可以看到，作爲低層次法律規則的條例，在魏晉隋唐時期已有雛形，只是此時泛指的意味還較爲強烈。宋代的條例亦有泛指低層次法律規則的內容和用法，但具體規定部門、地方等事務的條例無疑成爲了主流。

　　除了作爲一般性規則的代稱，條例還可以作爲具體法律條文的代稱。如北魏時延尉少卿楊鈞，在有關冀州阜城民費羊皮賣女案的奏議中提到：「又詳恐喝條注：尊長與之已決，恐喝幼賤求之。然恐喝體同，而不受恐喝之罪者，以尊長與之已決故也。而張回本買婢於羊皮，乃眞賣於定之。準此條例，得先有由。推之因緣，理頗相類。即狀準條，處流爲允。」〔註66〕又如《隋書‧刑法志》載：「天監元年八月，乃下詔曰：『律令不一，實難去弊。殺傷有法，昏墨有刑，此蓋常科，易爲條例。』」〔註67〕《唐律疏議》中所記載的條例亦爲此意：「里悝首製《法經》，而有雜法之目。遞相祖習，多歷年所。然至後周，更名《雜犯律》。隋又去犯，還爲《雜律》。諸篇罪名，各有條例。」〔註68〕「『即亡失及誤毀』，謂亡失及誤毀官私器物、樹木、稼穡者，各減故犯三等，謂其贓並備償。若誤毀、失私物，依下條例，償而不坐。」〔註69〕

　　綜上，條例在魏晉至隋唐時期逐漸步入正軌，進入法律領域。從條例的運用來看，作爲處理部門、地方事務具體規則的條例，在這一時期雖有雛形，但尚不成熟。此外，條例自在法律領域出現伊始便具有層次較低的特點，這對宋代的條例產生了深遠影響。

〔註65〕有學者認爲：「唐代的條例是由政府相關的部起草，上報皇帝批准後形成的。」（楊一凡、劉篤才：《歷代例考》，第83頁。）但通過我們的分析來看，恐怕尚不能得出此一結論。

〔註66〕《魏書》卷一一一《刑罰志》，第2881頁。

〔註67〕《隋書》卷二五《刑法志》，第697頁。

〔註68〕〔唐〕長孫無忌等：《唐律疏議》卷二六《雜律》，劉俊文點校，中華書局，1983年，第479頁。

〔註69〕《唐律疏議》卷二七《雜律》，第517頁。

（二）格例

分析完條例的演變與內容，我們再來看格例。格例與條例一個類似的用法就是作為一般規則的代稱，如至德二年（757）七月，宣諭使侍御史鄭叔清奏：「其商賈，準令所在收稅，如能據所有資財十分納四助軍者，便與終身優復。如於敕條外有悉以家產助國，嘉其竭誠，待以非次。如先出身及官資，並量資歷好惡，各據本條格例，節級優加擬授。」〔註70〕又如《唐大詔令集》卷二《中宗即位敕》中所載：「其應支兵，先取當土及側近人，仍隨地配割，分州定數，年滿差替，各出本州，永為格例，不得踰越。」〔註71〕其中所提到的格例，都是在一般規則的意義上使用的。

關於格例的起源，有學者認為：「格例是為了保障『格』的實施而制定的，是由『格』派生出來的一種區分等級次第的細則……格例是政府部門根據格制定出來的實施細則。」〔註72〕看到了格與格例之間的密切聯繫，觀察十分敏銳。但值得注意的是，格例並非僅僅通過制定途徑產生，還可以通過比照格所體現的規則自發產生。且制定途徑也不是格例出現之初就有的，而是發展到五代時才出現的。格例在唐代更多的是指格所確立的準則和規定。唐代有關格例的記載相對較少，多集中於《唐會要》一書，如下表所示：

表 1-4　《唐會要》中所見「格例」

序號	出處	內　　容
1	卷四〇	開元十六年五月三日，御史中丞李林甫奏：「天下定贓估，互有高下，如山南絹賤，河南絹貴。賤處計贓，不至三百，即入死刑。貴處至七百已上，方至死刑，即輕重不侔，刑典安寄。請天下定贓估，絹每匹計五百五十價為限。」「敕：依。其應徵贓入公私，依常式。」至上元二年正月二十八日，敕：「先準格例，每例五百五十價，估當絹一匹。自今已後，應定贓數，宜約當時絹估，並準實錢，庶協從寬，俾在不易。」
2	卷四一	元和八年正月，刑部侍郎王播奏：「天德軍五城，及諸邊城配流人，臣等竊見諸處配流人，每逢恩赦，悉得放還，唯前件流人，皆被本道重奏，稱要防邊，遂令沒身，終無歸日。臣又見比年邊城犯流者，多是胥徒小吏，或是鬥打輕刑，據罪可原，在邊無益。伏請自今以後，流人及先流人等，準格例，滿六年後，並許放還，冀抵法者足以悛懲，滿歲者絕其愁怨。」

〔註70〕《通典》卷一一《食貨一一》，第 244 頁。
〔註71〕〔宋〕宋敏求：《唐大詔令集》卷二《中宗即位敕》，商務印書館，1959 年，第 7 頁。
〔註72〕楊一凡、劉篤才：《歷代例考》，第 84 頁。

序號	出處	內 容
3	卷七四	其年五月,吏部奏:「應集合試官,並望準舊例狀一道,仍準建中二年格例及大曆十一年六月敕,請條委左右僕射,兵部尚書、侍郎同考試。其狀考入上等,具名所試狀,依限送中書門下。其考入下等者,任還。」
4	卷七七	太和元年十月,中書門下奏:「凡未有出身未有官,如有文學,只合於禮部應舉。有出身有官,方合於吏部赴科目選。近年以來,格文差誤,多有白身及用散試官,並稱鄉貢者,並赴科目選。及注擬之時,即妄論資次,曾無格例,有司不知所守。」
5	卷八一	神龍元年十月三日敕:「賜爵勳階與國公者,累至郡公外,餘爵聽回授子孫,若制敕四階。」先是三品已上者,每階回賜爵一級。如及郡公外,亦許回授。即計階至正六品上及正四品上,準格例未合入五品三品者,每一階回賜勳一轉。
6	卷八二	以前件事條等,或出於令文,或附以近敕,酌情揣事,不至乖張,謹並條例進上,伏乞宣付中書門下,請更參詳,苟裨至公,乞賜收採,仍請三年一度,準舉選格例修定頒下。

從第一條史料來看,「先準格例,每例五百五十價,估當絹一匹」,通過上文可以知道,這裏的格例實際上就是開元十六年五月三日,御史中丞李林甫所奏的「請天下定贓估,絹每匹計五百五十價爲限」。其內容經過皇帝同意後成爲了正式發佈的格敕。因而上元二年詔敕中所提到的格例並非專門制定的細則,而是格敕所體現的準則。再來看第二條史料,這段材料中出現的「格例」是否是「政府部門根據格制定出來的實施細則」呢?王播在奏議中指出「邊城犯流者,多是胥徒小吏,或是鬥打輕刑」,可見都是普通百姓和吏人,而非官員。有關犯流普通百姓的放還和官員的敘復問題,唐律及令中都有明確的規定,〔註73〕但六年放還聽仕的規定是只適用於應選人也即前官員的,並不涉及普通百姓。〔註74〕其奏中還提到,「竊見諸處配流人,每逢恩赦,悉

〔註73〕《唐律疏議》卷三《名例律》「犯流應配」條云:「役滿一年及三年,或未滿會赦,即於配所從戶口例,課役同百姓。應選者,須滿六年,故令云『流人至配所,六載以後聽仕』。反逆緣坐流及因反、逆免死配流,不在此例。」《唐律疏議》卷三《名例律》,第67頁。《天聖令·獄官令》所附唐令第六條稱:「諸流移人(『移人』,謂本犯除名者),至配所六載以後聽仕(其犯反逆緣坐流及因反逆免死配流,不在此例)。」天一閣博物館、中國社會科學院歷史研究所天聖令整理課題組:《天一閣藏明鈔本天聖令校證》,中華書局,2006年,第341頁。

〔註74〕戴建國先生指出,在唐前期,「流刑犯配役期滿不可放還原籍」,「然而普通流人不放還制隨著唐代社會的發展發生了變化」。「王播所言『格例』應是當時的法律規範。換言之,流人滿六年放還,在格文已作了明確規定,王播要求

得放還」，在唐代，流刑犯役滿須就地附籍，但「如果遇到皇帝大赦，則是可以放還的」。〔註75〕因而這裏的格例也並非政府部門所制定，而是對律令或之前赦書中所載規定的參照。

　　第三條史料亦是如此，吏部奏稱「準建中二年格例及大曆十一年六月赦」，建中二年確有相關的格敕，《唐會要》卷七五載，建中二年十月，中書舍人權知禮部貢舉趙贊奏：

> 臣今請以所問，錄於紙上，各令直書其義，不假文言。既與策有殊，又事堪徵證，憑此取捨，庶歸至公。如有義策全通者，五經舉人。請準廣德元年七月勅，超與處分，明經請減二選。伏請每歲甄獎，不過數人，庶使經術漸興，人知教本。勅旨：明經義策全通者，令所司具名聞奏，續商量處分，餘依。〔註76〕

　　因此這裏的「準建中二年格例」很可能為「參照建中二年格敕所體現的準則」之意。第六條中提到了「準舉選格例」，有學者據此指出：「唐宣宗大中六年（公元852年），經吏部考功司奏定，將歷年頒佈的令、格、敕、故事制定為《考課格例》，形成了專門考課法規。」〔註77〕也有學者認為，「舉選格例是舉士格例和選官格例的合稱」，「唐代不僅制定有舉選格例，而且還每三年頒行一次，所以考功司才要求官吏考覈辦法亦比照實行」。〔註78〕但這裏的舉選格似應為舉格與選格的合稱，並不是說臣僚「謹並條例進上」的內容被定名為「舉選格例」，而是臣僚希望這些內容能夠像「舉、選格」那樣被定期頒下。〔註79〕

改變邊城配流人常因故被當地主管部門扣押不得放還的狀況，使邊城流刑犯依照格的規定，享受六年放還的待遇。」戴建國：《唐宋變革時期的法律與社會》，第252頁。

〔註75〕　戴建國：《唐宋變革時期的法律與社會》，第251頁。

〔註76〕　《唐會要》卷七五，第1374～1375頁。另外，貞元十三年十二月，尚書左丞權禮部知貢舉顧少連奏：「伏以取士之科，以明經為首。教人之本，則義理為先。至於帖書及以對策，皆形文字，並易考尋。試義之時，獨令口問，對答之失，覆視無憑。黜退之中，流議遂起。伏請準建中二年十二月勅，以所問錄於紙上，各令直書其義，不假文言，仍請依經疏對。」第1375頁。

〔註77〕　孫季萍、馮勇：《中國傳統官僚政治中的權力制約機制》，北京大學出版社，2010年，第245頁。

〔註78〕　楊一凡、劉篤才：《歷代例考》，第84～85頁。

〔註79〕　關於唐代的舉格、選格，參見吳宗國：《唐代科舉制度研究》，北京大學出版社，2010年，第32～34頁。另外，北魏時曾有「舉選格」一書，《新唐書·

　　可見，唐代的格例與格之間存在密切聯繫，「格例」一詞多與「準」字連用。再結合具體的材料和語境，我們有理由認爲：格例最初並非一具體名詞或特指概念，而是由依照（「準」）詔敕或法律（「格」）所確立的準則和規定（「例」）演化而來。隨著這一慣常用法的普及，格例也逐漸成爲具有規範效力的法律形式（或其代稱），對後世產生了深遠影響。在五代時，格例得到進一步運用和發展，後晉、後唐都有關於格例的記載：

　　　　長興二年冬十月丙寅，詔：「應在朝臣僚、藩侯、郡守，準例合得追贈者，新授命後，便於所司投狀，旋與施行。封妻蔭子，準格合得者，亦與施行。外官曾任朝班，據在朝品秩格例，合得封贈敘封者，並與施行。其補蔭，據資蔭合得者，先受官者先與收補，後受官者據月日次第施行。」〔註80〕

　　　　天福二年春正月丁巳，詔曰：「唐莊宗陵名與國諱同，宜改爲伊陵。應京畿及諸州縣，舊有唐朝諸帝陵，並眞源等縣，並不爲次赤，卻以畿甸緊望爲定。其逐處縣令，不得以陵臺結銜。考滿日，依出選門官例指揮，隔任後準格例施行。其宋州、亳州節度使、刺史，落太清宮使副名額。」〔註81〕

　　在長興二年的詔令中，先後提到了「準例」、「準格」及「據……格例」三種十分接近的用法，雖然這裏的格例是否是有些學者所認爲的格和例的合稱尚難以確定，〔註82〕但從史料中的描述可以發現，例、格、格例的用法在一定程度上出現了趨同。並且明確提到了「在朝品秩格例」這樣的具體格例，這也是以往較少能夠看到的。而天福二年詔令中格例的用法則延續了之前唐代的特點，體現出其與格敕的密切聯繫。有關五代時期的格例，《五代會要》中還能見到不少：

　　柳沖傳》載：「魏太和時，詔諸郡中正各列本土姓族次第爲舉選格，名曰《方司格》，人到於今稱之。」〔宋〕歐陽修、宋祁：《新唐書》卷一九九《柳沖傳》，中華書局，1975 年，第 5680 頁。
〔註80〕〔宋〕薛居正等：《舊五代史》卷四二《明宗紀八》，中華書局，1976 年，第 583 頁。
〔註81〕《舊五代史》卷七六《高祖紀二》，第 995 頁。
〔註82〕楊一凡、劉篤才：《歷代例考》，第 84 頁。

表 1-5 《五代會要》中所見「格例」

序號	出　處	內　　容
1	卷八《喪葬上》	左右巡使狀：抄錄到喪葬格例，所設車輿儀注物色，只為官品高下，無官秩。
2	卷八《喪葬上》	兼聞諸州官府士庶之家，或有死喪，亦是須候分巡院檢勘，頗致淹留，既鼓怨詞，甚傷風教，亦仰約有在京事條例理處分。其庶人喪葬，所設車輿儀注格例，狀稱近日庶流，多有違越。
3	卷一二《寺》	後唐天成元年十一月敕，應今日已前修蓋得寺院，無令毀廢，自此後不得輒有建造。如有願在僧門，亦宜準佛法格例官壇受戒，不得衷私剃度。
4	卷一四《司封》	應諸色官階合格後，卻受陵臺令州縣官，或帶諸雜散職，或授場監職銜，有礙格條者，卻即引前任階銜論，若一例施行，恐紊條式，自此後須待再授官階相當即許敘，使不在以見任不合格例官銜請論進擬之限。
5	卷一四《司封》	自中興以來，外官曾任朝班，據在朝時品秩格例，合得封贈敘封，未沾恩命者，並與施行。其敘封妻室品蔭子孫，仍令所司一一具格式申奏。
6	卷一五《考功》	後唐天成元年十月三日，尚書考功條奏格例如後。
7	卷一五《考功》	如在任之日，於常課之外，別有異績可稱，比之上下考，如諸道州府及在京諸司，固違格例，不具錄在任事績功過，依限比較，申牒到省。
8	卷一五《考功》	自今年正月一日已前授官到任者，準格例三十個月書校三考。
9	卷二〇《州縣望》	晉天福二年正月敕，應京畿及諸州縣舊有唐朝諸帝陵並真源等縣，並不為次赤，卻以畿甸緊望為定。其逐縣令不得以陵臺結銜，考滿日仍依舊出選門官吏處分，隔任後卻據資格，準格例施行。
10	卷二一《選事下》	周廣順元年二月，吏部三銓奏：去年冬南曹判成選人三百八十一人，經十一月二十二日兵火散失，磨勘了歷任文字，或有送納文書未抄及，取到南曹失墜公憑，銓司若依格例磨勘，恐選人訴論。
11	卷二一《選事下》	據納到文狀，至十月二十二日已前鎖銓，先準格例鎖鑠銓，後便榜示引驗正身告赤文書三引，共九日。
12	卷二一《選事下》	每年南曹判成選人中，多有託故不赴銓引，銓司準格例伺候，須及三引，計九日不至者，方始落下。

序號	出　處	內　　容
13	卷二一《選限》	銓司先準格例，南曹十一月末開宿，判成選人後，先具都數申銓，銓司舉狀便榜示選人。
14	卷二二《雜處置》	其年十二月二日敕：準近勅，應前資朝官，及諸道節度觀察判官，罷任一週年後，許求官，其出選門，官雖準格例，送名未定，別與除官年限。
15	卷二二《甲庫》	應內外官員亡父追贈，及南曹逐年駁放選人，準長定格節文，牒吏部選差，五考已上諳事，令史五人共行詳斷，及州縣官名犯廟諱御名，並準格例改正。
16	卷二二《宏詞拔萃》	據成德軍解送到前進士王蟾狀，請罷設深州司公參軍應宏詞舉，前件人準格例應重科。
17	卷二二《宏詞拔萃》	其前進士王蟾請宏詞，伏自近年以來，無人請應，今詳格例，合差應考官二人。
18	卷二三《明經》	後唐長興二年七月一日敕：其明法科，今後宜與開元禮科同其選數，兼赴舉之時，委貢院別奏請會諸法試官，依格例考試。
19	卷二三《科目雜錄》	今準往例，並不曾有應排科講義九經，若便據送到引試排科講義，即恐有違格例者。

　　格例從唐到五代，其運用情況不斷呈上升趨勢。目前能見到的有關唐代格例的記載不足 10 處，而五代時的相關記載則數倍於此，且內容更為豐富。特別值得關注的是，五代時正式制定的格例開始出現，如《五代會要》載：「後唐天成元年十月三日，尚書考功條奏格例如後。」〔註 83〕奏中列舉了有關考功方面的格例，內容十分詳盡。總的來看，格例是由格發展而來的，其間經過了自發地依照格所確立的規則的過渡階段，最終發展為有意識地制定以格例為名的，主要適用於官員的舉選、遷轉、管理和任用方面的法律形式。

（三）則例

　　分析完條例和格例，我們再來看則例的問題。則例在魏晉隋唐時期還比較少見，從目前能夠掌握到的史料來看，則例在這一時期還沒有得到廣泛運用，更沒有成為一種規範的法律形式。獨立的、專門編修的則例還沒有出現，與上面提到的兩種行政例相類似，則例主要作為一般法律的代稱，零散而個別地發揮作用。但其指代的內容往往是具體細緻的行政事務，這為則例在後

〔註83〕〔宋〕王溥：《五代會要》卷一五《考功》，上海古籍出版社，1978 年，第 245 頁。

世發展成爲專門規制具體和低層事務的規則體系奠定了基礎。

如唐中宗景龍三年（709）二月，有司奏：「皇帝踐阼，及加元服，皇太后加號，皇后、皇太子立，及元日，則例，諸州刺史、都督，若京官五品已上在外者，並奉表疏賀。其長官無者，次官五品以上者賀表。」〔註84〕這裏的則例指的是在皇族遇有重要節慶時，臣僚上表稱賀的一些慣常做法和形式。又如文宗太和四年（830）十月，御史臺奏：

> 伏準《六典》故事，外官授命，皆便道之官。蓋緣任闕其人，則朝廷切於綜理。近日皆顯陳私便，不顧京國，越理勞人，逆行縣道，或非傳置，創設供承。況每道館驛有數，使料有條，則例常逾，支計失素。〔註85〕

這裏的則例是有關驛傳事務的，屬於廣義上官員的俸祿待遇範圍，是後世則例所要規制的主要內容。在五代時，則例一詞的使用逐漸頻繁，此時的則例雖仍具有泛指法律的意味，但其指代範圍的針對性卻也逐漸增強，越來越集中於官吏的俸祿、支給、賞賜等具體問題。如下表所示：

表1-6 《五代會要》中所見「則例」

序號	出　處	內　容
1	卷八《喪葬上》	如有曾任正官，依本官品第儀則，其準敕試官亦同九品儀。如升朝官者，請據本官品第升降則例。
2	卷九《喪葬下》	凡有喪葬，行人須稟定規，據其官秩高卑，合使人數物色，先經本巡使判狀，自後別有更改，不令巡使判狀，只遣行人具其則例申臺巡。
3	卷一二《休假》	後唐天成四年五月四日，度支奏：準敕中書門下奏，朝臣時有乞假覲省者，欲量賜茶藥，奉敕宜依者。切緣諸班官班省司，不見品秩高低兼未則例，難議施行。
4	卷二八《諸色料錢下》	後唐同光三年二月十五日，租庸院奏：諸道州縣官，並防禦團練副使判官等俸料，各據逐處具到事例文帳內，點檢舊來支遣則例，錢數不等，所給折支物色又加，錢數不定，難爲勘會。今除東京管內州縣官，見支手支課錢，且依舊外，其三京並諸州，於舊日支遣錢數等第，重定則例。……重定料錢則例如前，如諸道舊有取田處，今後不得占留開破，並依百姓例輸稅。奉敕，宜依。

〔註84〕 《唐會要》卷二六《踐表例》，第505頁。
〔註85〕 《唐會要》卷六一《館驛》，第1064頁。

序號	出　處	內　容
5	卷二八《諸色料錢下》	周廣順元年四月敕：牧守之任，委遇非輕，分憂之務既同，制祿之數宜等。自前有富庶之郡，請給則優，或邊遠之州，俸料數薄。以至遷除之際，擬議亦難，既論資序之高卑，又患祿秩之升降。宜分多益寡，均利同恩，冀無黨偏，以勸勵故，今重定則例。
6	卷二八《諸色料錢下》	顯德五年十二月，中書奏：諸道州府縣官及軍事判官，一例逐月各據逐處主戶等第，依下項則例所定料錢及米麥等取。

通過對則例的梳理可以看到，魏晉隋唐及五代時的則例尚未得到大規模的運用，這種現象的存在不是偶然的，而是當時經濟社會發展尚不充分和中央管控能力相對有限的必然產物。畢竟則例發揮作用的主要領域一為地方的稅收和財政，二為官員的俸祿和待遇，二者都與地方經濟社會的充分發展及中央管控能力的極大增強密不可分，這也預示著則例更為廣泛的運用將出現在繼起的宋代。

三、法例

分析完魏晉隋唐時期的行政諸例後，我們再來看這一時期的司法例——法例。法例，作為一種法律用語在中國古代有三個含義：一是晉至北齊時律典之中的法例律（篇），北齊之後與刑名律合為名例律，《唐律疏議》卷一中曾對其演變過程有過概括的描述：

> 晉命賈充等，增損漢、魏律為二十篇，於魏《刑名律》中分為《法例律》。宋齊梁及後魏，因而不改。爰至北齊，並《刑名》、《法例》為《名例》。後周復為《刑名》。隋因北齊，更為《名例》。唐因於隋，相承不改。名者，五刑之罪名。例者，五刑之體例。名訓為命，例訓為比，命諸篇之刑名，比諸篇之法例。但名因罪立，事由犯生，命名即刑應，比例即事表，故以名例為首篇。〔註86〕

其中提到的法例就是晉代時法律中的法例篇，後來經過進一步的發展，到北齊時與刑名合稱為名例，自此成為傳統法典的篇首。

第二個含義則指法律。《事類備要》「大宗正司」條云：「掌糾合族屬，而訓之以德行道藝，受其詞訟而糾正其愆違。有罪則先劾以聞，法例不能決者，

〔註86〕《唐律疏議》卷一《名例律》，第 2 頁。

同上殿取裁。」〔註87〕《攻媿集》中也載：「夫封駁諫諍之職，正以維持國論，主張公道。干請攀援，有出於法例之外者，陛下間亦有不得已應之，外庭有言，遂與寢罷，在陛下不爲傷恩，而有司得以執法。」〔註88〕這兩則史料中的法例指的都是一般的法律、法條。

第三個含義，則專指唐代出現的具有判例性質的案例集，也是我們將要著重探討的——《法例》。〔註89〕《舊唐書·刑法志》載：

> 先是詳刑少卿趙仁本撰《法例》三卷，引以斷獄，時議亦爲折衷。後高宗覽之，以爲煩文不便。因謂侍臣曰：「律、令、格、式，天下通規，非朕庸虛所能創制。並是武德之際，貞觀已來，或取定宸衷，參詳眾議，條章備舉，軌躅昭然，臨事遵行，自不能盡。何爲更須作例，致使觸緒多疑。計此因循，非適今日，速宜改轍，不得更然。」自是，《法例》遂廢不用。〔註90〕

對於《法例》的評價，「時議亦爲折衷」，但高宗卻「以爲煩文不便」，「致使觸緒多疑」，可見《法例》在當時並不爲最高統治者所認可，因而被棄用。官方的這一態度，在開元十四年（726）九月三日的詔敕中也有體現：「如聞用例破敕及令式，深非道理，自今以後，不得更然。」〔註91〕

但法例是否自此就退出了歷史舞臺呢？答案是否定的，成書於開元二十六年（738）的《唐六典》載：「凡國之大獄，三司詳決，若刑名不當，輕重或失，則援法例退而裁之。」〔註92〕「律學博士，掌教文武官八品已下，及庶人子之爲生者。以律令爲專業，格式法例亦兼習之。」〔註93〕《法例》在後世也有留存，《舊唐書·經籍志》載：「《法例》二卷（崔知悌等撰）。」〔註94〕又如《新

〔註87〕〔宋〕謝維新：《事類備要》後集卷四七《大宗正司》，文淵閣四庫全書本。
〔註88〕〔宋〕樓鑰：《攻媿集》卷二二《雷雪應詔條具封事》，文淵閣四庫全書本。
〔註89〕對於唐代法例的探討，參見〔日〕瀧川政次郎：《〈令集解〉所見唐代法律文書》，《東洋學報》第18卷1號，1929年；〔日〕池田溫：《唐代〈法例〉小考》，載《第三屆中國唐代文化學術研討會論文集》，臺北，1997年，第75～89頁；鄭顯文：《日本〈令集解〉中所見的唐代法律史料》，載《沈家本與中國法律文化國際學術研討會論文集》（下），中國法制出版社，2005年，第780～796頁；戴建國：《唐宋變革時期的法律與社會》，第77～86頁。
〔註90〕《舊唐書》卷五〇《刑法志》，第2142頁。
〔註91〕《唐會要》卷三九《定格令》，第706頁。
〔註92〕《唐六典》卷八，第244頁。
〔註93〕《唐六典》卷二一，第562頁。
〔註94〕《舊唐書》卷四六《經籍志上》，第2010頁。

唐書・藝文志》載：「趙仁本《法例》二卷。崔知悌《法例》二卷。」〔註 95〕
雖然對於《法例》的作者和卷數仍有疑問，但其在一定程度上的流傳和散佈卻
是不爭的事實。此外，在日本典籍《令集解》中有多處提到了法例，雖然大部
分用法並非是判例之意，但有兩條則確爲徵引《法例》的具體案例。

> 法例云：俾孩兒籍年十五，貌案年十六。據籍便當贖條，從貌
> 乃合徒役。州司有疑，令讞請報。司形（刑）判，以籍爲定，本謂
> 實年，年有隱欺，準令許貌案，〔不〕一定，刑役無依。未及改錯之
> 間，止得據案爲定。〔註 96〕

> 法例云：崔門州申牒，稱，郭當、蘇卿，皆娶阿龐爲婦。郭當
> 於龐叔靜邊而娶，蘇卿又於龐弟戚處娶之，兩家有交競者。叔之與
> 侄，俱是期親。依令，婚先由伯叔，伯叔若無，始及兄弟。州司據
> 狀判婦還郭當。蘇卿不服，請定何親令爲婚主。司刑判，嫁女節制，
> 略載令文。叔若與戚同居，資產無別，須稟叔命，戚不合主婚。如
> 其分析異財，雖弟得爲婚主也。檢《刑部式》，以弟爲定，成婚已訖。
> 〔註 97〕

　　對於這兩條史料，已有學者作過細緻地梳理和分析，這裏不再贅述。〔註 98〕
如果以更爲宏觀和動態的視角來考察有關《法例》的問題，可以發現，到了唐
後期，官方對於適用和編修判例的態度逐漸發生了變化。《宋刑統・斷獄律》
中曾附有一條唐代的《開成格》：「大理寺斷獄及刑部詳覆，其有疑似比附不能
決者，即須於程限內並具事理，牒送都省。大理寺本斷習官，刑部本覆郎官，
各將法直，就都省十日內辦定斷結。其有引證分明，堪爲典則者，便錄奏聞，
編爲常式。」〔註 99〕史載，《開成格》纂修於開成三年（838），〔註 100〕這裏指
出大理寺和刑部遇有疑難案件，比附也不能決斷時，〔註 101〕需將案件奏交都

〔註 95〕《新唐書》卷五八《藝文志二》，第 1495 頁。
〔註 96〕〔日〕黑板勝美編輯：《令集解》（第二）卷九《戶令》「造帳籍條」，吉川弘
　　　　文館，1985 年，第 286 頁。
〔註 97〕《令集解》（第二）卷十《戶令》「嫁女條」，第 300 頁。
〔註 98〕參見戴建國：《唐宋變革時期的法律與社會》，第 78～81 頁。
〔註 99〕〔宋〕竇儀等：《宋刑統》卷三〇《斷獄律》，薛梅卿點校，法律出版社，1999
　　　　年，第 551 頁。
〔註 100〕《新唐書》卷五六《刑法志》載：「開成三年，刑部侍郎狄兼謨採開元二十六
　　　　　年以後至於開成制敕，刪其繁者，爲《開成詳定格》。」第 1414 頁。
〔註 101〕需要比附之時，則意味著律、令、格、式、敕中均無可資援引的條文。《宋刑

省。案件斷結之後，如果其處理「引證分明，堪爲典則」，則可以奏請「編爲常式」。雖未明言常式的內容，但根據上下文來推測，顯然是案例的彙編，而且是具有參考和適用價值的判例。

另外，在司法實踐中也不乏引用成案以爲審案依據的記載，如《通典》卷一六九載：

> 推事使顧仲琰奏稱：「韓純孝受逆賊徐敬業僞官同反，其身先死，家口合緣坐。」奉敕依曹斷，家口籍沒。有功議：「按賊盜律：謀反者斬。處斬在爲身存，身亡即無斬法。緣坐元因處斬，無斬豈合相緣。緣者是緣罪人，因者爲因他犯。犯非己犯，例是因緣。所緣之人先亡，所因之罪合減。合減止於徒坐，徒坐頻會鴻恩。今日卻斷沒官，未知據何條例。若情狀難捨，敕遣戮屍，除非此途，理絕言象。伏惟逆人獨孤敬同柳明肅之輩，身先殞沒，不許推尋。未敢比附敕文，但欲見其成例。勘當尚猶不許，家口寧容沒官。」申覆，依有功所議，斷放。此後援例皆免沒官者，三數百家。〔註102〕

從這則史料中可以看到，徐有功在駁議有司對於韓純孝籍沒家口的處罰時，希望參照之前對於獨孤敬同和柳明肅的處理模式，即「身先殞沒」便「不許推尋」的成案。而後來徐有功的奏請得到朝廷認可後，對於韓純孝的處理模式也成爲之後案件處理的依據。可見，以往案件的處理結果能夠成爲判決的參考和依據，在司法實踐中發揮著重要作用。

司法例在唐代的出現無疑具有非常重要的意義，岡野誠先生認爲：「在唐律中，表示先例、判例並非以『例』字而是用『比』字，不用說這是繼承著漢代決事比以來的傳統。」「另一方面，唐的詔敕等中以『例』字表示先例、判例的意思，在宋代以後向各式各樣的例發展起來，也是事實。從『例』字與『比』字的使用法，也可以確認唐代法的歷史地位。」〔註103〕戴建國先生則進一步指出，雖然「整個唐代判例的使用和編纂不大引人注目。然而唐代

統》卷三〇《斷獄律》：「準唐長興二年八月十一日敕節文，今後凡有刑獄，宜據所犯罪名，須具引律、令、格、式，逐色有無正文，然後檢詳後敕，須是名目條件同，即以後敕定罪。後敕內無正條，即以格文定罪。格內又無正條，即以律文定罪。律、格及後敕內並無正條，即比附定刑，亦先自後敕爲比。事實無疑，方得定罪。慮恐不中，錄奏取裁。」第551頁。

〔註102〕《通典》卷一六九《刑法七》，第4379頁。

〔註103〕〔日〕岡野誠：《〈唐律疏議〉中「例」字之用法》（下），載韓延龍主編：《法律史論集》第4卷，法律出版社，2002年，第350頁。

在中國判例發展史上仍是值得大書一筆的，那就是唐代首次正式使用『例』來替代過去使用的『比』。〔註104〕宋代的斷例雖與唐代的法例名稱不同，但在地位和作用上二者卻是一脈相承的，因此從這一角度來看，唐代法例可以視爲宋代斷例的先聲。

對於唐代司法例的發展，一方面要看到唐代正是中國傳統成文法典發展的高峰，唐律在吸收自秦漢以來的制定法基礎上，成爲傳統法典之集大成者，以律、令爲核心，配合格、式的律令制也在此時基本形成。因而必須承認，作爲不成文的判例而存在的《法例》，其地位和作用都是相對有限的。但另一方面，需要注意的是，成文法典的高峰是在唐代，判例的正式出現卻也是此時。這就啓示我們，即使是在成文法律制度如此齊備，且君臣普遍能夠重視和遵循法度的唐代，判例仍有存在的空間，可見成文法之外的判例在司法審判活動中的獨特價值。這也在很大程度上揭示了司法例之所以在後世得到廣泛行用，雖屢遭非議卻始終難以禁絕、并在法律體系中的地位愈加突出的原因。

第三節　宋代以前例的特點及宋例概況

一、宋代以前例的特點

綜合對宋代以前例的發展概況的梳理和分析，可以看到宋代以前的例大致有如下幾個特點：

（一）例的核心要素一直延續和保留

例的核心要素是，能夠成爲法律、制度、規範等之外的處理事務的依據，具有比照、參考的作用和價值。無論是行政例還是司法例，也無論是零散的例還是成體系的例，都是如此。如《說文解字》云：「例，比也。」又如宋人云：「一定不易之謂法，循習引用之謂例。」〔註105〕例的本質就在於，其由前事所積纍，又爲後事所仿傚。無論是在例的發展早期，如秦漢時的廷行事、決事比，還是在例的進一步發展時期，如魏晉的故事，再到唐及五代時開始出現的名目繁多的例，雖然例的表現形態各異，但其核心和本質卻始終如一，

〔註104〕戴建國：《唐宋變革時期的法律與社會》，第85頁。
〔註105〕〔宋〕留正：《皇宋中興兩朝聖政》卷六二，清嘉慶宛委別藏本。

那就是來源於具體的情事，並作爲成文化的、已確定的正式規則體系的補充和變通。

（二）例的表現形式逐漸規範和完善

隨著例的不斷演變和發展，例的表現形式日益規範和完善。從廷行事、決事比、故事到條例、格例、則例、法例，例的名稱越來越具體和確定，這反映了人們對於例的認識和把握越來越深入。上文在分析廷行事時曾指出，這一名稱和用法僅見於《睡虎地秦墓竹簡》中，因而在相當程度上表明其帶有強烈的個人色彩。漢代的決事比則名目紛繁，各種比事之間並無明確的標準，所謂的決事比只能算是一個籠統而概括的稱法，故事也有類似的特點。而唐代前後，條例、格例、則例及法例，雖然在發展初期亦給人以雜亂之感，但其名稱已開始確定化，用法也不再出於隨意。

（三）例的內容逐漸形成行政例和司法例兩大部分

從例的內容來看，其所規制的內容越來越明晰，範圍也越來越固定。秦代的廷行事雖然從寬泛的角度而言具備了例的要素和特徵，但畢竟內容相當混雜，除了部分與慣例類似外，還包含比附、類推、解釋等內容。而且，如果以今天的觀點來審視，很難準確界定廷行事所涉及的內容究竟屬於行政事務還是司法事務。漢代的決事比主要適用於司法審判活動，魏晉的故事則傾向於行政事務管理。到了唐代，條例、格例、則例主要爲行政例，法例則爲司法例，條例、格例、則例各自規制的主要範圍和領域也逐漸明確。例在長期演變過程中所形成的的這一區分亦爲宋例所繼承，並得到進一步發展，宋代各種不同例的分工更加規範、界限更加清晰。

（四）例的地位始終處於相對較低的層次

雖然例的發展整體處於一個不斷上升的過程，並且在行政事務處理和司法審判活動中的運用日益活躍。但應該看到，由於受到中國古代深厚的成文法傳統影響，例在中國古代始終不能與律、令、格、式、敕等成文法律形式相提並論。例所規定的內容往往較爲具體、細緻和瑣碎，涉及層次較低，雖然在實際事務中發揮著成文律典所難以取代的作用，卻往往爲士大夫群體所輕視。另外，雖然例的形式與內容一直處在不斷完善與規範的過程中，但由於其所受重視程度較低，與律、令、格、式、敕等法律形式差距較大，其地位和作用一直處於傳統成文法律形式之下。

（五）官方對於例的介入和約束越來越多

從秦漢到唐及五代例的發展過程中還可以發現，官方對於例的介入越來越多。秦漢時的廷行事和決事比多由民間及私人整理和編纂，從故事開始，官方編修的色彩在逐漸加重。唐及五代的各種行政例，往往是朝廷要求臣僚和地方根據詔令的相關規定，或者進一步細化，或者加以補充，而不再像之前那樣對於例的生成持放任態度。與成文法律形式不同，零散和自發的例往往會造成權力的眞空和漏洞，這是統治階層所不願看到的。隨著專制集權制度的強化，例逐漸被納入正式法律體系之中，受到越來越多的控制和干預。

（六）例的發展與成文法的發展相互促進

例的存在、運用與成文法的漏洞、不足息息相關，無論律典多麼齊備和周全，都不可能將實際生活中的各種情形網羅無遺，這在法制相對粗疏的秦漢時是如此，更爲健全的隋唐時亦是如此。而且在例出現之後，成文法典又有將其納入自身體系之內的強烈要求，例不斷被法吸納成爲中國古代例在發展過程中的一個重要表現。可見例與法的發展是相互促進的：法有不足與缺陷，所以例應運而生；例的廣泛行用既有補充和變通法的有利之處，也不可避免地存在與法衝突的弊端，又需要成文法典的進一步完善以解決這一矛盾。因此，例並沒有也不會隨著律典的完善而消亡，恰恰相反，人們對於律典越是重視，越是希望採用制度化的措施來解決行政和司法事務中的實際問題，例作爲次制度化的手段和形式，在律典不可能及時全面進行修正的條件下，就必然會受到越來越多的重視和認可。

二、宋代例的基本情況

在詳細對宋代的例進行分析之前，我們先對宋代例的基本情況簡單作一說明，宋代的例分爲司法例和行政例兩大部分。

（一）宋代的司法例

宋代的司法例主要是指斷例，與唐代的法例不被統治者重視相反，宋代的斷例或者是由朝廷直接下詔編修，或者由臣僚編修後由朝廷予以頒行。從整體來看，有宋一代，朝廷上下對於斷例都十分重視，除了個別時期對於斷例的態度有所差異外，在大多數時期對於斷例的價值和作用都是肯定的。這也直接推動了宋代斷例的大發展，就目前掌握的史料來看，宋代編修成書的斷例有十數部之多，還有不少有編修記錄但最終未能成書的斷例，其規模相

當龐大。而且宋代的斷例在內容和體系上也逐漸趨於完善，從目前已知的兩部南宋斷例的編排體例來看，至遲在南宋紹興時，斷例的編排體例已經實現與成文律典篇章結構的同質化。

（二）宋代的行政例

宋代的行政例包括條例、格例、則例和事例，宋代的行政諸例在繼承秦漢以來，特別是魏晉至隋唐時期行政例持續發展的基礎上又有新的充實和擴展。宋代的條例仍具有低層次法律規則的基本特點，而且在王安石變法期間，條例作為可以便宜行事的規則體系，成為各項改革措施的有力推動和保障。宋代的格例也在魏晉隋唐格例演化的基礎上進一步明確化，主要適用於官員的管理等問題。宋代的則例更是隨著宋代社會經濟的不斷發展，以及宋政權對於中央和地方各項事務管理的日益加強而大放異彩，獲得了更大的運用空間。宋代的事例則包括了常例、成例、定例、恩例、優例、舊例、久例、近例、新例等，一系列名目各異但以具體事務的處理為核心的行政散例。

總的來看，例在宋代法律體系中扮演了關鍵性角色，發揮了十分重要的作用。宋代的司法例為司法審判活動的順利進行提供了保障，特別是在疑難重大複雜案件的處理中，起到了富有價值的參照作用。宋代的行政例則在以刑法為主體的成文律典之外，為包括部門和地方在內的具體行政事務的處理提供了準則和依據。但不可否認，無論是宋代的司法例還是行政例都不是完美無缺的，二者在發揮作用的同時也存在著種種弊病。再加上中國傳統社會專制集權的背景和環境，其本身的作用受到了很大程度的影響和削弱，這是在分析和認識宋代例這一法律形式之前所應瞭解的。

本章小結

本章對宋代以前例的形成演進過程，以及宋代例的基本情況進行了探討。例這一法律形式，在宋代以前經歷了漫長的發展階段，其前身可以追溯到秦漢時期的廷行事和決事比等。魏晉隋唐時期，例得到進一步完善，各種不同名目的例開始出現。無論是在例的早期發展階段，還是在例的進一步完善階段，雖然例的表現形態各異，但其核心和本質卻始終如一，那就是來源於具體的情事，由前事所積纍，又為後事所仿傚。並作為成文化的、已確定的正式規則體系的補充和變通，成為處理事務的重要依據，具有比照、參考

的作用和價值。

　　隨著例的不斷演變和發展，例的表現形式日益規範和完善。例的名稱越來越具體和明確，其所規制的內容也日益清晰和固定，逐漸形成行政例和司法例兩大部分。但由於涉及的事務層次較低，所受重視程度不夠，例的地位和作用一直處於傳統成文法律形式之下。而官方對於例的介入越來越多，不再持放任態度。例與成文法相互促進，共同成長，在中國古代法律體系演進過程中得到了長足的發展。這些成果和特徵爲宋代的例確定了框架，奠定了基礎，經過傳承和積纍，例在宋代翻開了新的一頁，迎來了新的篇章。

第二章 宋代的司法例——斷例

　　斷例作爲一種法律形式產生於宋代，但在之前就已經存在斷例的名稱和用法，三國時期的《管氏指蒙》中就曾提到斷例，但與法律內容無關。〔註1〕西晉杜預在進奏律注時也曾提到斷例：「法者，蓋繩墨之斷例，非窮理盡性之書也。故文約而例直，聽省而禁簡。例直易見，禁簡難犯。易見則人知所避，難犯則幾於刑厝。」〔註2〕劉篤才先生認爲，這裏的斷例「是法律的代稱」，而非司法判例意義上的斷例。〔註3〕到了宋代，斷例開始被視爲法律之應用，二者是體與用的關係。北宋二程門人編撰的《二程遺書》中，在解釋五經與春秋的關繫時，便以法律與斷例的關係爲例加以說明：

　　　　《詩》、《書》載道之文，《春秋》聖人之用。（一本此下云：「《五
　　　　經》之有《春秋》，猶法律之有斷例也。律令惟言其法，至於斷例，
　　　　則始見其法之用也。」）《詩》、《書》如藥方，《春秋》如用藥治疾，
　　　　聖人之用全在此書，所謂「不如載之行事深切著明」者也。〔註4〕

　　南宋紹興時，權吏部尚書凌景夏則將宋代的例與漢代的詞訟比、決事比相提並論：「漢之公府，則有辭訟比，以類相從；尚書則有決事比，以省請讞之弊。比之爲言，猶今之例云爾。」〔註5〕漢時的比事既有司法審判方面的，也

〔註1〕〔魏〕管輅：《管氏指蒙》卷下逾宮越分第六十八、三家斷例第八十九，明刻
　　　　本。
〔註2〕《晉書》卷三四《杜預傳》，第1026頁。
〔註3〕楊一凡、劉篤才：《歷代例考》，第91頁。
〔註4〕〔宋〕程顥、程頤：《二程遺書》卷二上，文淵閣四庫全書本。亦見〔宋〕葉
　　　　采：《近思錄集解》卷三，元刻明修本；〔明〕丘濬：《大學衍義補》卷七五，
　　　　文淵閣四庫全書本。
〔註5〕《建炎以來繫年要錄》卷一九九，第3915頁。

有行政事務方面的，宋例亦是如此，且宋代的司法例和行政例確實發揮了類似的作用。下面我們先來考察一下宋代的司法例，即斷例的相關內容和問題。

第一節　斷例的編修與內容

一、斷例的編修

（一）斷例的編修概況

根據日本學者川村康先生的總結和概括，有宋一代編有：慶曆斷例、熙寧斷例、元豐斷例、元符斷例、崇寧斷例、宣和斷例、紹興斷例、乾道斷例、淳熙斷例和開禧斷例。〔註6〕但需要注意的是，川村康先生在文中以年代爲序，著重總結斷例的編纂情況，並未明確斷例的具體名稱。

戴建國先生則在此基礎上進一步補充和明確，界定了斷例的具體名稱，認爲宋代至少有十四部斷例，即：《慶曆斷例》、《嘉祐中書刑房斷例》、《熙寧法寺斷例》、《元豐斷例》、《元祐法寺斷例》、《紹聖斷例》、《元符刑名斷例》、《崇寧申明斷例》、《崇寧刑名例》、《宣和斷例》、《紹興編修刑名疑難斷例》、《乾道新編特旨斷例》、《淳熙新編特旨斷例》、《開禧刑名斷例》。〔註7〕

筆者在此基礎上通過閱讀和分析文獻，認爲宋代名稱可考的斷例至少有十六部，〔註8〕如下表所示：

表2-1　宋代斷例統計之一

序號	名　稱	編纂者	篇　幅	出　處
1	《慶曆斷例》	刑部、大理寺	不詳	《長編》卷一四〇；《宋史》卷三一〇《王子融傳》
2	《嘉祐中書刑房斷例》	富弼、韓琦	不詳	《長編》卷三九一；《宋會要輯稿》刑法一之一四

〔註6〕〔日〕川村康：《宋代斷例考》，載中國政法大學法律史學研究院編：《日本學者中國法論著選譯》，第345～390頁。

〔註7〕戴建國：《宋代刑法史研究》，第94頁。

〔註8〕即在川村康、戴建國兩位先生研究的基礎上，增加了《紹興（十年）刑名疑難斷例》和《紹興（十五年）刑名疑難斷例》，根據史料記載，南宋高宗紹興年間至少編集了三部斷例，相關具體內容及分析，可參見下文第三節「斷例的地位與成因」中「斷例的地位」部分。

序號	名　稱	編纂者	篇　幅	出　處
3	《熙寧法寺斷例》	刑部	8 或 12 卷	《通志》卷六五、《國史經籍志》卷三認爲是 8 卷；《玉海》卷六七、《宋史》卷二〇四《藝文志》認爲是 12 卷
4	《元豐斷例》	詳定編敕所	6 卷	《郡齋讀書志》卷第二下；《文獻通考》卷二〇三
5	《元祐法寺斷例》	不詳	12 卷	《通志》卷六五；《國史經籍志》卷三
6	《紹聖斷例》	不詳	4 卷	《通志》卷六五
7	《元符刑名斷例》	曾咴	3 卷，409 件	《長編》卷五〇八；《玉海》卷六七
8	《崇寧申明斷例》	尚書左右司	不詳	《宋史》卷二〇《徽宗紀二》
9	《崇寧刑名例》	尚書左右司	不詳	《宋史》卷二〇《徽宗紀二》
10	《宣和斷例》	刑部、大理寺	不詳	《宋會要輯稿》職官一五之一九至二〇、六九之一二
11	《紹興（十年）刑名疑難斷例》	刑部、大理寺	不詳	《宋會要輯稿》刑法一之四七
12	《紹興（十五年）刑名疑難斷例》	不詳	不詳	《宋會要輯稿》刑法一之四七
13	《紹興編修刑名疑難斷例》	詳定編敕所	22 卷	《宋會要輯稿》刑法一之四六
14	《乾道新編特旨斷例》	刑部	70 卷，547 件	《宋會要輯稿》刑法一之四七；《文獻通考》卷一六七
15	《淳熙新編特旨斷例》	詳定編敕所	420 件	《建炎以來朝野雜記》乙集卷五；《宋會要輯稿》刑法一之五一
16	《開禧刑名斷例》	不詳	不詳	《續編兩朝綱目備要》卷八；《宋史》卷三八《寧宗紀二》

表 2-2　宋代斷例統計之二

序號	名　稱	時　間	史　料
1	《慶曆斷例》	仁宗慶曆三年下詔	詔刑部、大理寺以前後所斷獄及定奪公事編爲例。（《長編》卷一四〇慶曆三年三月戊辰朔）

序號	名　稱	時　間	史　料
2	《嘉祐中書刑房斷例》	不詳，約爲仁宗嘉祐元年至嘉祐八年之間	刑房斷例，嘉祐中宰臣富弼、韓琦編修，今二十餘年。(《長編》卷三九一元祐元年十一月戊午)
3	《熙寧法寺斷例》	不詳，約爲神宗熙寧元年至熙寧十年之間	《熙寧法寺斷例》八卷。(《通志》卷六五)《熙寧法寺斷例》十二卷。(《玉海》卷六七)
4	《元豐斷例》	神宗元豐三年下詔	詔中書：「以所編刑房並法寺斷例，再送詳定編敕所，令更取未經編修斷例與條貫同看詳。」(《長編》卷三〇七元豐三年八月丁巳)
5	《元祐法寺斷例》	不詳，約爲哲宗元祐元年至元祐八年之間	《元祐法寺斷例》十二卷。(《通志》卷六五)
6	《紹聖斷例》	不詳，約爲哲宗紹聖元年至紹聖四年之間	《紹聖斷例》四卷。(《通志》卷六五)
7	《元符刑名斷例》	哲宗元符二年修成	辛巳，左司員外郎兼提舉編修刑房斷例曾旼等奏：「準尙書省箚子編修刑房斷例，取索到元豐四年至八年。紹聖元年二年斷草，並刑部舉駁諸路所斷差錯刑名文字共一萬餘件，並舊編成刑部大理寺斷例。」(《長編》哲宗元符二年四月辛巳)
8	《崇寧申明斷例》	徽宗崇寧四年頒佈	冬十月甲申，以左、右司所編紹聖、元符以來申明斷例班天下，刑名例班刑部、大理寺。(《宋史》卷二〇《徽宗紀二》)
9	《崇寧刑名例》	同上	同上
10	《宣和斷例》	徽宗宣和四年下詔，宣和五年修成	宣和四年三月二十七日，刑部尙書蔡懋奏乞編修獄案斷例，詔令刑部編修大辟斷例，不得置局添破請給。(《宋會要輯稿》職官一五之一五之一九至二〇)宣和五年七月五日，大理卿宋伯友降兩官，以刑部劾其上編斷例不輕刑部，違紊官制是也。(《宋會要輯稿》職官六九之一二)
11	《紹興（十年）刑名疑難斷例》	紹興九年十一月下詔	詔刑部委員官張柄、晏孝純，大理寺委平事何彥猷、趙子籛，依限一月。時編集止紹興十年。(《宋會要輯稿》刑法一之四七)

序號	名 稱	時 間	史 料
12	《紹興（十五年）刑名疑難斷例》	不詳，約紹興十五年左右	湯鵬舉奏：敕令所且言，詔得《紹興斷例》，大理寺元止編到紹興十五年以前，所有以後至二十六年終即未曾編類，理合一就編集。（《宋會要輯稿》刑法一之四七）
13	《紹興編修刑名疑難斷例》	高宗紹興三十年修成	紹興三十年八月十一日，尚書右僕射、同中書門下平章事、兼提舉詳定一司敕令陳康伯等又上《刑部斷例》……詔下刑寺遵守，仍以《紹興編修刑名疑難斷例》為名。（《宋會要輯稿》刑法一之四六）
14	《乾道新編特旨斷例》	孝宗乾道元年下詔，乾道二年修成	乾道元年七月二十日，權刑部侍郎方滋言：乞將紹興正月一日以後至目今刑寺斷過獄案，於內選取情實可憫之類，應得祖宗條法奏裁名件，即編類成書，及將敕令所修進斷例更加參酌。從之。（《宋會要輯稿》刑法一之四七）；乾道二年六月五日，刑部侍郎方滋上《乾道新編特旨斷例》五百四十七件。（《宋會要輯稿》刑法一之四七）
15	《淳熙新編特旨斷例》	孝宗淳熙四年修成	淳熙四年五月二十五日，詔：敕令所參酌到適中斷例四百二十件，以《淳熙新編特旨斷例》為名，並舊斷例並令左右司拘收掌管。（《宋會要輯稿》刑法一之五一）
16	《開禧刑名斷例》	寧宗開禧二年修成	開禧二年八月丙寅，有司上《開禧刑名斷例》。（《宋史》卷三八《寧宗紀二》）

從目前掌握到的材料來看，關於宋代斷例的編修情況，有以下幾個值得注意的問題：

第一，編修的時期。在這 16 部斷例中，北宋有 10 部，南宋有 6 部。自北宋仁宗慶曆年間編修第一部斷例開始，至南宋寧宗開禧年間，除在位時間較短的英宗、欽宗、光宗朝外，斷例的編修活動一直在持續，幾乎沒有中斷。〔註9〕

〔註9〕 在司法審判活動中引用之前的判例，則早在真宗年間就已出現，《長編》卷八三真宗大中祥符七年九月癸巳：「忻州民詣登聞檢院釘手訴田，有司以妄自傷殘，當先決杖。上聞之，因謂宰相云：『朕猶憶昔時蘄州有女子遠赴闕廷為其父訴田，有司引例決斷，遂致被杖，其實千里而來，不為田而為父也。此事或有控撓，則傷和氣矣。』即詔送本州。」見文淵閣四庫全書本。《續資治通鑑長編》中華書局點校本對此事的敘述略有差異，無「引例決斷」字眼：「癸

第二，編修的名稱。從成書的斷例來看，除直接冠以年號的斷例外，另有中書刑房斷例〔註10〕、刑部斷例、法寺斷例、刑名斷例、申明斷例、特旨斷例等不同的名稱。在哲宗元符以前，斷例多以部門、機構爲名，如《嘉祐中書刑房斷例》、《熙寧法寺斷例》、《元祐法寺斷例》，《慶曆斷例》和《元豐斷例》亦是以刑部、大理寺斷例爲基礎。此時的斷例雖編集成書，但未有跡象表明頒之於天下以供地方使用，其適用範圍基本限於中央。

而從《元符刑名斷例》開始，斷例的類別進一步細化，《元符刑名斷例》已分爲頒之天下和頒降刑部、大理寺兩大類，儘管二者名稱相同，均爲刑名斷例。崇寧年間的斷例則明確區分爲申明斷例和刑名例，前者頒於天下，後者頒於刑部、大理寺。高宗紹興年間編修的斷例，則在名稱上進一步規範和完善，開始有特旨斷例和刑名斷例的區別。〔註11〕

第三，編修的機構。在上述16部斷例中，除《嘉祐中書刑房斷例》、《熙寧法寺斷例》、《元祐法寺斷例》、《紹聖斷例》、《開禧刑名斷例》由於資料匱乏，難以判斷外，其它11部斷例的編纂都有皇帝明確的詔令可查，並且交由宰臣或者尚書左右司〔註12〕、刑部、大理寺、詳定編敕所〔註13〕等機構編修，表明了對於編修斷例的重視。另外，斷例的編纂權限也不斷上移、日趨集中，

巳，忻州民詣登聞檢院釘手訴田，有司以妄自傷殘，當先決杖。上聞之，謂宰相曰：『朕憶有蘄州女子詣闕爲父訴田，遂致被杖，其實千里而來，不爲田而爲父也。此事或有枉撓，則傷和氣矣。』即詔送本州。」（《長編》卷八三大中祥符七年九月癸巳，第1895頁。）

〔註10〕 中書省，「掌進擬庶務，宣奉命令，行臺諫章疏、群臣奏請興創改革，及中外無法式事應取旨事」，「分房八、曰吏房，曰戶房，曰兵禮房，曰刑房，曰工房，曰主事房，曰班簿房，曰制敕庫房。元祐以後，析兵、禮爲二，增催驅、點檢，分房十有一，後又改主事房爲開拆」，「刑房，掌行赦宥及貶降、敘復」。（〔元〕脫脫等：《宋史》卷一六一《職官志一》，中華書局，1977年，第3782～3784頁。）

〔註11〕 關於特旨斷例和刑名斷例的區別，參見戴建國：《宋代法制初探》，第95～96頁；《宋代刑法史研究》，第95～97頁。但這種區別不是嚴格的，在史料中可以看到不少名稱混用的現象。

〔註12〕 尚書左右司，「掌受付六曹諸司出納之事，而舉正其稽失，分治省事。左司治吏、戶、禮、奏鈔、班簿房，右司治兵、刑、工、案鈔房。而開拆、制敕、御史、催驅、封樁、知雜、印房則通治之」。（〔清〕徐松輯：《宋會要輯稿》職官四之一九，中華書局，1957年，第2446頁。）

〔註13〕 詳定編敕所，又稱編修諸司敕式所、重修敕令所、詳定重修敕令所等，數度易名，參見戴建國：《宋代刑法史研究》，第11～15頁；〔宋〕王應麟：《玉海》卷六七，江蘇古籍出版社、上海書店影印本，1987年，第1277頁。

正如川村康先生所指出的:「熙寧以前的斷例,在刑部、大理寺、審刑院等各機關獨立編纂;與此相對,元豐以後的斷例,以各機關未編集的例和內部的例冊作爲資料,由中書刑房和編修敕令所等進行統一的編纂,反映了斷例的管理已經統一化、集中化。」〔註14〕

(二)斷例的編修原則

斷例作爲成文律條的重要補充,其編修不是簡單地對案例進行彙編,而是遵循一定的原則。如神宗元豐三年(1080)八月丁巳,詔中書:

> 以所編刑房並法寺斷例,再送詳定編敕所,令更取未經編修斷例與條貫同看詳。其有法已該載而有司引用差互者,止申明舊條。條未備者,重修正。或條所不該載,而可以爲法者,創立新條。法不能該者,著爲例。其不可用者,去之。〔註15〕

可見在編修《元豐斷例》時,皇帝要求與條貫〔註16〕相互比較和對照,並詳細區分了幾種不同的情況:第一,「其有法已該載而有司引用差互者,止申明舊條」。如果律條就相關問題已經有記載和規定,但存在一些處理方式有所不同的斷例,導致有司在引用時存在分歧,那麼僅重申原有的律條,效力以律條規定爲準。第二,「條未備者,重修正」。如果律條的規定不夠完備和周詳,則對其進行修改和更正。第三,「或條所不該載,而可以爲法者,創立新條」。如果律條中沒有相關記載,而斷例的處理方式可以成爲制定法的,則制定新的條文。第四,「法不能該者,著爲例」。如果未經編修的斷例,其所處理的內容不是制定法所應容納和包括,但又具有存在價值,則經過編修定爲正式的斷例。第五,「其不可用者,去之」。如果斷例(既包括已編定的刑房、法寺斷例,也包括未經編修的斷例)不具有存在的價值,不能發揮作用,則予以刪除。又如哲宗元符二年(1099)四月辛巳,左司員外郎兼提舉編修刑房斷例曾旼等奏:

> 準尚書省箚子編修刑房斷例,取索到元豐四年至八年、紹聖元

〔註14〕 〔日〕川村康:《宋代斷例考》,載中國政法大學法律史學研究院編:《日本學者中國法論著選譯》,第375頁。

〔註15〕 《長編》卷三〇七元豐三年八月丁巳,第7471頁。

〔註16〕 條貫,制定法、成文規定。亦有時指聖旨,如《長編》卷四五三元祐五年十二月丁巳:「臣竊詳前件五項條貫,不惟斷獄不歸一處,其間必有罪同斷異,令四方疑惑,失先帝元豐五年改法本意,兼事干邊防軍政,文臣歸尚書省,則雖樞密院本職必有所不知。」第10874頁。

年、二年斷草,並刑部舉駁諸路所斷差錯刑名文字共一萬餘件,並
舊編成刑部大理寺斷例。將所犯情款看詳,除情法分明,不須立例
外,其情法可疑,法所不能該者,共編到四百九件。許依元豐指揮,
將諸色人斷例內可以令內外通知,非臨時移情就法之事,及諸處引
用差互,曾被刑部等處舉駁者,編爲刑名斷例,共一百四十一件,
頒之天下,刑部雕印頒行。其命官將校依條須合奏案,不須頒降天
下,並諸色人斷例內不可頒降者,並編爲刑名斷例共二百六十八件,
頒降刑部大理寺檢用施行。〔註17〕

從這則史料中可以看出,《元符刑名斷例》編修時選擇材料的範圍是「元
豐四年至八年、紹聖元年、二年斷草」以及「刑部舉駁諸路所斷差錯刑名文
字」,明確指出「情法分明」者「不須立例」。從一萬餘件中,篩選出「情法
可疑,法所不能該者」409件,這409件斷例又分爲兩類:

一類是「諸色人斷例內可以令內外通知,非臨時移情就法之事,及諸處
引用差互,曾被刑部等處舉駁者」,即涉及普通百姓的並沒有因情破法的案
件,以及地方或者其它部門審理的引法不當受到刑部駁正的案件,共有一百
四十一件,這一類斷例「頒之天下」。另一類是「其命官將校依條須合奏案,
不須頒降天下,並諸色人斷例內不可頒降者」,即涉及官員因而須奏請的案
件,以及涉及普通百姓的不能公諸天下的案件,〔註18〕共有二百六十八件,
這一類斷例「頒降刑部大理寺檢用施行」。

斷例編集的初衷之一即爲實現與成文律條的協調,史載,北宋仁宗時梁適
「知審刑院,爲同郡牧使,與翰林侍讀學士宋祁共定法寺所用斷例,務在重輕
平法,例(吏)不得以高下」。〔註19〕可見「重輕平法」成爲編定斷例的基本要
求。在編修《乾道新編特旨斷例》時,我們也能看到臣僚篩選的標準。孝宗乾
道元年(1165)七月二十日,權刑部侍郎方滋言:「乞將紹興元年正月一日以後
至目今刑寺斷過獄案,於內選取情實可憫之類,應得祖宗條法奏裁名件,即編

〔註17〕 《長編》卷五〇八元符二年四月辛巳,第 12106 頁。
〔註18〕 結合可以頒降的是「諸色人斷例內可以令內外通知,非臨時移情就法之事」
　　　　 來分析,「諸色人斷例內不可頒降者」應該多爲「臨時移情就法」之事。
〔註19〕 〔宋〕王珪:《華陽集》卷五八《梁莊肅公適墓誌銘》,文淵閣四庫全書本。
　　　　 亦見〔宋〕杜大珪:《名臣碑傳琬琰集》中卷二八:「復知審刑院,爲同群牧
　　　　 使,與翰林侍讀學士宋祁共定法寺所用斷例,務在重輕平法,吏不得以高下。」
　　　　 文淵閣四庫全書本。

類成書，及將敕令所修進斷例更加參酌。」〔註20〕此次編修亦是選擇情實可憫、需要奏裁的案件，並且在這一過程中還需要參酌敕令所已經修成的斷例。淳熙六年（1179）七月一日，刑部侍郎潘景珪在奏請編修特旨斷例以外的一般刑名斷例時也指出：「乞下刑部將隆興以來斷過案狀編類成冊，許行參用，庶幾刑罰適中，無輕重之弊。」這一建議得到了認可，因而「詔刑部長貳選擇元犯與所斷條法相當體例，方許參酌編類，其有輕重未適中者，不許一概修入」。〔註21〕可以看到，特旨斷例的選擇較為重視「情實可憫」，而刑名斷例則更為重視「輕重適中」，二者存在一定差別，因而各有存在的必要，不能相互取代。

（三）斷例的編修程序

斷例的編修，除了遵循既定的原則，亦要嚴守法定的程序。戴建國先生指出：「斷例的編修，通常由皇帝下詔命官，或命有關機構進行，最後經皇帝批准成為定例，方可頒佈執行。」〔註22〕而且宋人對於修例的難度十分清楚，所以相當重視修例官員的選任：「修例於法外別作輕重，尤難於創法，非深識義理善揣情法者不能精也。」〔註23〕「深識義理、善揣情法」被認為是修例者所應具備的重要素養。

斷例編修的程序也同宋律及敕、令、格、式等其它法律形式一樣，較為嚴格和規範。哲宗元祐元年（1086）十一月二十八日，詔：「中書省編修《刑房斷例》，候編定付本省舍人看詳訖，三省執政官詳定，取旨頒行。」〔註24〕可見要經過編定、看詳、詳定三道程序，其嚴謹慎重程度已接近於制定成文法。又如哲宗紹聖四年（1097）：

> 詔樞密院，於刑部及軍馬司取索見用斷例，及熙寧、元豐年以來斷過體例，選差官兩員逐一看詳分明，編類成書，以備檢斷。令都副承旨兼領。其應於本院見編修文字，仍委今來所差官看詳刪定。
>
> 以宣德郎陳瓘、承事郎張庭堅充樞密院編修文字。〔註25〕

這裏令樞密院編集的是供內部檢斷使用的斷例，其程序也較為規範，要求選擇兩名官員，在對刑部、軍馬司斷例以及樞密院內部斷過案例逐一看詳

〔註20〕　《宋會要輯稿》刑法一之四七，第 6485 頁。
〔註21〕　《宋會要輯稿》刑法一之五一至五二，第 6487 頁。
〔註22〕　戴建國：《宋代刑法史研究》，第 98 頁。
〔註23〕　《長編》卷三九六元祐二年三月庚午，第 9659 頁。
〔註24〕　《宋會要輯稿》刑法一之一一四，第 6468 頁。
〔註25〕　《長編》卷四九二紹聖四年十月甲午，第 11685～11686 頁。

的基礎上編類成書。宣和年間，大理寺卿宋伯友更是因爲《宣和斷例》修成後未經過刑部看詳，因而遭到彈劾：「宣和五年七月五日，大理卿宋伯友降兩官，以刑部劾其上編斷例不輕（經）刑部，違紊官制是也。」〔註26〕

南宋紹興時，臣僚在奏請編修斷例時，也十分重視編修官和看詳官的選擇，並且多次強調要限制編修期限，防止拖延。如紹興四年（1134）：「乞再立嚴限，專委丞、評編集成書，復委通曉法令強敏郎官一二員，看詳允當，上之朝廷，審實行下，方得引用。」〔註27〕又如紹興九年（1139）：「乞下刑寺根究節次，立限之後如何編類，再立嚴限，專委官看詳。遂詔刑部委員官張柄、晏孝純，大理寺委平事何彥猷、趙子籤，依限一月。」〔註28〕

另外，除了斷例的編修外，我們還能看到例冊的編修問題，如仁宗慶曆四年（1044）七月丙戌，臣僚奏稱：

> 臣請詔天下按察官，專切體量州縣長吏及刑獄法官，有用法枉曲侵害良善者，具事狀奏聞，候到朝廷，詳其情理，別行降黜。其審刑、大理寺，乞選輔臣一員兼領，以愼重天下之法，令檢尋自來斷案及舊例，削其謬誤，可存留者著爲例冊。〔註29〕

臣僚希望審刑院、大理寺檢尋斷過的司法案件，刪除存在錯誤的內容，將有必要留存的案例編爲例冊。又如哲宗元祐元年（1086）十一月戊午，中書省言：「刑房斷例，嘉祐中宰臣富弼、韓琦編修，今二十餘年。內有該載不盡者，欲委官將續斷例及舊例策一處看詳情理輕重，去取編修成策，取旨施行。」〔註30〕例策即例冊，中書省希望編修新的刑房斷例，其來源爲「續斷例及舊例策」，可見斷例與例冊的內容和來源是基本一致的。但例冊的適用範圍似主要限於部門和機構內部，如紹聖元年（1094）十一月一日，刑部言：

> 被旨：六曹、寺、監檢例必參取熙寧、元豐以前，勿專用元祐近例。舊例所無者，取旨。按降元祐六門下中書後省修進擬特旨依斷例冊，並用熙寧元年至元豐七年舊例。本省復用黃貼增損輕重。本部欲一遵例冊，勿復據引黃貼。〔註31〕

〔註26〕 《宋會要輯稿》職官六九之一二，第3935頁。
〔註27〕 《建炎以來繫年要錄》卷一三三，第2480頁。
〔註28〕 《宋會要輯稿》刑法一之四七，第6485頁。
〔註29〕 《長編》卷一五一慶曆四年七月丙戌，第3672頁。
〔註30〕 《長編》卷三九一元祐元年十一月戊午，第9509頁。
〔註31〕 《宋會要輯稿》刑法一之一六，第6469頁。

這裏的例冊主要適用於中央司法機構的奏讞程序之中，在南宋時，例冊的用法也是如此，淳熙四年（1177）六月二十八日，詔：「刑部自今將情法相當、別無疑慮案狀依條施行外，有情犯可疑，即於已抄錄在部例冊內，檢坐體例比擬，特旨申省。如與例輕重不等，亦令參酌擬斷，申取指揮。」〔註32〕刑部在遇有情犯可疑的情況時，亦需要在部門例冊內檢尋類似的案件及其處理方式。〔註33〕

二、斷例的內容

（一）斷例的編排體例

由於宋代的斷例原文早已失傳，目前看不到宋代斷例的具體內容，但從一些零散的史料中，我們依稀能夠瞭解到宋代特別是南宋斷例的編排體例。如《紹興編修刑名疑難斷例》：

> （紹興三十年八月十一日），尚書右僕射、同中書門下平章事、兼提舉詳定一司敕令陳康伯等又上《刑部斷例》，《名例》、《衛禁》共二卷，《職制》、《戶婚》、《廄庫》、《擅興》共一卷，《賊盜》三卷，《鬥訟》七卷，《詐偽》一卷，《雜例》一卷，《捕亡》三卷，《斷獄》二卷，《目錄》一卷，《修書指揮》一卷。詔下刑寺遵守，仍以《紹興編修刑名疑難斷例》爲名。〔註34〕

又如《乾道新編特旨斷例》：

> （乾道）二年六月五日，刑部侍郎方滋上《乾道新編特旨斷例》五百四十七件，《名例》三卷，《衛禁》一卷，《職制》三卷，《戶婚》一卷，《廄庫》二卷，《擅興》一卷，《賊盜》十卷，《鬥訟》十九卷，《詐偽》四卷，《雜例》四卷，《捕亡》十卷，《斷獄》六卷，分爲一十二門，共六十四卷。《目錄》四卷，《修書指揮》一卷，《參用指揮》一卷，總七十卷。仍乞冠以《乾道新編特旨斷例》爲名。從之。〔註35〕

從《紹興編修刑名疑難斷例》與《乾道新編特旨斷例》來看，南宋這兩

〔註32〕《宋會要輯稿》職官一五之二六，第 2710 頁。

〔註33〕例冊更爲廣泛的運用是在行政事務中，可參見下文第三章第四節「宋代的事例」中「事例的類別與層次」部分。

〔註34〕《宋會要輯稿》刑法一之四六，第 6484 頁。

〔註35〕《宋會要輯稿》刑法一之四七，第 6485 頁。

部斷例都是按照《唐律疏議》、《宋刑統》等律典的篇目進行分類。戴建國先生指出：「斷例仿律而不是仿令分篇，表明了其刑法屬性，體現了宋代斷例作為法律規範的成熟性。」〔註36〕劉篤才先生也認為，這兩部斷例「不僅在形式上採用了唐律及宋刑統的順序，力圖與當時的法典保持一致，也說明了其內容髮展到了全面覆蓋社會各個領域的情況的系統程度」。〔註37〕兩位學者的理解是準確的。如此的編排方式，既表明南宋時期，已經編修的斷例與未經編修的斷例在規範程度上有顯著差異，也表明相較於早期編修的斷例，後期編修的斷例在形式和效力上又有進一步發展。

（二）斷例的具體形態

由於目前找不到宋代斷例的文本，因此對於其具體內容的分析，只能借助於推測而難有實據。斷例的編修材料是以刑部、大理寺為主的中央各部門的司法判決，這是沒有疑問的，諸多官員的上奏和皇帝的詔令都能證明。但修成後的斷例，其內容是抽象的條文還是具體的案例，則不得而知。綜合現有材料，本書認為斷例的內容是具體的案例，而劉篤才先生認為「編纂而成的斷例是由『條』和『例』混合構成的」，其所據史料主要有四，〔註38〕下面我們就以此為切入點展開論述。

第一則材料，是神宗元豐三年（1080）八月丁巳的詔令：

> 詔中書以所編刑房並法寺斷例，再送詳定編敕所，令更取未經編修斷例與條貫同看詳。其有法已該載而有司引用差互者，止申明舊條。條未備者，重修正。或條所不該載，而可以為法者，創立新條。法不能該者，著為例。其不可用者，去之。〔註39〕

劉篤才先生認為：「條，又稱條貫，就是條文，是抽象的法條。例，應該指案例、斷例、判例。所謂『可以為法者，創立新條；法不能該者，著為例』，表明在編纂而成的斷例中存在『條』和『例』兩種成分，既有條文，又有案例。」〔註40〕條指代條貫、是抽象的法條沒有問題，但值得商榷的是，詔令首句已明確指出是將刑房並法寺斷例、未修斷例與條貫同看詳，此處的條貫

〔註36〕戴建國：《唐宋變革時期的法律與社會》，第88頁。
〔註37〕楊一凡、劉篤才：《歷代例考》，第98頁。
〔註38〕楊一凡、劉篤才：《歷代例考》，第96～97頁。
〔註39〕《長編》卷三〇七元豐三年八月丁巳，第7471頁。
〔註40〕楊一凡、劉篤才：《歷代例考》，第96頁。

明顯是斷例之外的制定法。另外，這道詔令的意圖也不限於編修斷例，而是同時也對現有的制定法進行修訂，因此劉篤才先生的解讀似乎難以令人信服。對於這段史料的具體分析和說明，上文在論及斷例的編修原則時已有闡釋，此處不再贅述。

第二則材料，出自《宋史·徐處仁傳》：

> 初，處仁爲右丞，言：「六曹長貳，皆異時執政之選，而部中事一無所可否，悉稟命朝廷。夫人才力不容頓異，豈有前不能決一職而後可共政者乎？乞詔自今尚書、侍郎不得輒以事諉上，有條以條決之，有例以例決之，無條例者酌情裁決；不能決，乃申尚書省。」〔註41〕

劉篤才先生認爲這則史料亦能說明斷例包括抽象條文（條）和具體案例（例），但此處並沒有證據表明是斷例中的條和例，只是要求各部尚書、侍郎不能動輒將事務以無法處理爲由推交朝廷，而是應該有法律條文的依據條文，有先例的依據先例，既沒有律文也沒有先例的則參酌情理解決，確實解決不了的再申奏尚書省。據史料記載，徐處仁任尚書右丞大致是在徽宗大觀年間，類似的奏請亦見於南宋，紹興四年（1134）八月，權吏部侍郎胡交修等奏：

> 契勘近降細務指揮內一項，六曹長貳以其事治，有條者以條決之，無條者以例決之，無條例者酌情裁決。夫以例決事，吏部最爲繁多，因事旋行，檢例深恐人吏隱匿作弊，與七司各置例冊，凡敕箚批狀指揮可以爲例者，編之，令法司收掌以待檢閱。〔註42〕

從這條類似的史料中還可以看出，其所提到的「以例決之」更主要的是指行政事務中的例，而非司法審判中的斷例，因爲並不是六曹〔註43〕都有適

〔註41〕《宋史》卷三七一《徐處仁傳》，第 11520 頁。

〔註42〕《宋會要輯稿》帝系十一之二，第 214 頁。亦見《宋會要輯稿》職官八之二〇：「六月二十日，吏部侍郎胡交修言：『近降細務指揮內一項，六曹長貳以其事治，有條者以條決之，無條者以例決之，無條例者酌情裁決。蓋欲省減朝廷庶務，責之六曹也。令（今）欲乞令本部七司各置例冊，法司專掌諸案，具今日以來應干敕箚批狀指揮可以爲例者，限十日盡數關報法司，編上例冊。今後可以爲例事，限一日關法司鈔上，庶幾少防人吏隱匿之弊。』從之。」第 2567 頁。

〔註43〕六曹，即尚書省六曹簡稱，或稱六部、尚書省六部。參見龔延明：《宋代官制辭典》，中華書局，1997 年，第 191～192 頁。宋人云：「六曹惟刑部用例。」《長編》卷三九六元祐二年三月庚辰，第 9667 頁。

用斷例的機會和要求。

第三則材料，出自《宋史·高宗紀八》：「（紹興二十六年九月）戊辰，命吏、刑二部修條例爲成法。」〔註44〕劉篤才先生認爲，「所謂『修條、例爲成法』，是說經過修訂的條文和案例共同構成『成法』」，〔註45〕所修成的「成法」即斷例。但結合該詔令的發佈背景，以及從最終編修的成果來看，「命吏、刑二部修條例爲成法」應該理解爲責令吏部和刑部將位階較低的、零散不成體系的條例，編修爲更爲統一、規範和穩定的法典形式，包括但不限於斷例。《宋會要輯稿》載：

> 紹興二十六年九月二十九日，御史中丞湯鵬舉言：「……望詔吏部、刑部條具合用之例，修入見行之法，以爲中興成憲。」後敕令所詳定官王師心言：「據刑、寺具到崇寧、紹興刑名疑難斷例，並昨大理寺看詳本寺少卿元袠申明刑名疑難條例，乞本所一就編修。」
> 〔註46〕

《玉海》中對此也有記載：

> （紹興）二十六年九月二十九日戊辰，臣僚請以吏、刑部例修入見行之法。閏十月一日，刑寺具崇寧、紹興刑名疑難斷例三百二十條。二十七年，吏部尚書、詳定敕令王師心編修，以《紹興刑名疑難斷例》爲名，又以吏部改官例六十二條，修可行者三十條爲《紹興吏部改官申明》。〔註47〕

可以看到，在這一詔令發佈之後，相應的立法活動迅速展開，其中既有涉及行政事務的，也有涉及司法審判的，而且二者相互獨立、各自進行，並未合爲一體來修撰。至紹興三十年（1160）進一步的成果修成後，更能夠看出這一點。是年八月十一日，尚書右僕射、同中書門下平章事、兼提舉詳定一司敕令陳康伯等，上尚書左右選令、格、式、申明、〔註48〕目錄，侍郎左右選令、格、式、申明、目錄，尚書侍郎左右選通用敕、令、格、式、申明、目錄等共六十

〔註44〕《宋史》卷三一《高宗紀八》，第 586 頁。
〔註45〕楊一凡、劉篤才：《歷代例考》，第 97 頁。
〔註46〕《宋會要輯稿》刑法一之四六，第 6484 頁。
〔註47〕《玉海》卷六七，第 1276 頁。
〔註48〕申明，「是朝廷立法機構對某些法律所作的解釋，具有補充、修改法的功能」，但是「本身不能構成獨立的法律形式，它必須依附於具體的法律規範才得以生效」。參見戴建國：《唐宋變革時期的法律與社會》，第 91～92 頁。

六卷，〔註 49〕「詔下本所頒降，仍以《紹興參附尙書吏部敕卷格式》爲名」。
〔註 50〕同日，「陳康伯等又上《刑部斷例》，……詔下刑寺遵守，仍以《紹興編修刑名疑難斷例》爲名」。〔註 51〕可見亦是行政散例與司法散例分別編修、修成後分別進奏，而非劉篤才先生所認爲的修成囊括條與例的斷例。

第四則材料，出自《宋會要輯稿》刑法一之五一：

（淳熙六年）七月一日，刑部郎中潘景珪言：「朝廷欽恤用刑，以條令編類成冊，目曰《斷例》，可謂曲盡。昨有司刪訂，止存留九百五十餘件，與見斷案狀其間情犯多有不同，難以比擬。乞下刑部將隆興以來斷過案狀編類成冊，許行參用，庶幾刑罰適中，無輕重之弊。」詔刑部長貳選擇元犯與所斷條法相當體例，方許參酌編類，其有輕重未適中者，不許一概修入。〔註 52〕

劉篤才先生認爲：「這段話中，所謂『以條令編類成冊，目曰斷例』，是說斷例是條文；後面又要求『將隆興以來斷過案狀編類成冊，許行參用』，說明斷例中也有案例。」〔註 53〕暫且先不論「以條令編類成冊，目曰斷例」的具體含義，從該史料中可以看到，臣僚認爲目前存留的斷例「與見斷案狀其間情犯多有不同，難以比擬」，從而希望「將隆興以來斷過案狀編類成冊」，可見一直是在圍繞案例來陳述。況且僅言「編類成冊」，未見進一步提煉、創制爲抽象制定法的要求和活動。再回過頭來看「以條令編類成冊」，本書認爲斷例的內容是具體的案例而非抽象的條文，但並不否認斷例在形式上會採取成條的編排方式，因而這句話理解爲「通過系統的條令的方式將案例編類成冊」，更能與下文相銜接，也更契合潘景珪奏章的本意。

〔註 49〕此據《宋會要輯稿》刑法一中的記載統計，另外，《建炎以來繫年要錄》中的記載爲七十卷，《建炎以來繫年要錄》卷一八五，第 3593 頁；《建炎以來朝野雜記》則爲七十二卷，〔宋〕李心傳：《建炎以來朝野雜記》，中華書局，2000年，第 593 頁。

〔註 50〕《宋會要輯稿》刑法一之四五至四六，第 6484 頁。《宋史》卷二〇四《藝文志三》載：「《紹興參附尙書吏部敕令格式》七十卷（陳康伯等撰）。」沈家本認爲「康伯所撰當即紹興末奉詔所修之書」，見《歷代刑法考》律令六（宋），商務印書館，2011 年，第 230 頁。此説大體不錯，但同日所進的《紹興編修刑名疑難斷例》亦屬奉該詔所修的成果，而且早在紹興二十六、二十七年就已有零散的成果出現。

〔註 51〕《宋會要輯稿》刑法一之四六，第 6484 頁。

〔註 52〕《宋會要輯稿》刑法一之五一，第 6487 頁。

〔註 53〕楊一凡、劉篤才：《歷代例考》，第 97 頁。

綜上所述,劉篤才先生所謂斷例內容既有條文也有案例的推斷並不能成立。至少從目前所見史料來看,斷例由案例構成的可能性更大,而非既包括條文也包括案例。斷例的編修是以具體案件的原始審判材料爲基礎,按照既定的取捨原則篩選和甄別後,對案情進一步剪裁、濃縮,最後再分門別類的加以編排,並未經過成文化、抽象化的程序。斷例的核心就是體現著一定審判原則和規則的案例,或者反過來說同樣成立,即是以案例爲載體的審判原則和規則。〔註54〕

第二節　斷例的適用與性質

一、斷例的適用

(一)斷例適用的情形

宋代的斷例運用十分廣泛,但這並不意味著在任何條件、任何情形下都能適用斷例,戴建國先生認爲斷例的適用「必須有一個前提,那就是審理疑難案件,敕、律等常法沒有相應的條款時,可以比附援用例」。〔註55〕劉篤才先生則指出,「刑例是奏案制度的產物」,「刑例是宋朝在恢復奏讞制度過程中形成的」。〔註56〕都看到了斷例在適用方面非常關鍵的幾個問題。

哲宗元符二年(1099),臣僚在修成《元符刑名斷例》的進奏中,曾提到修例申明對於頒降斷例的內容與適用所作的說明,爲我們瞭解時人有關斷例運用的理念提供了幫助:「勘會申明,頒降斷例係以款案遍修刑名行下檢斷,其罪人情重法輕,情輕法重,有蔭人情不可贖之類,大辟情理可憫並疑慮,及依法應奏裁者自合引用奏裁。」〔註57〕申明中指出,頒降給地方使用的斷例,是供地方在奏案時加以檢斷的。如果遇到罪犯情重法輕、情輕法重,有蔭但是情重不可贖,判決死刑但是值得憐憫並且有疑慮,以及依法應該奏裁的情況,便需要在奏摺中引用相關斷例作爲參照。

而刑部、大理寺在審理本部門案件及地方上奏的案件時如果存在疑慮,

〔註54〕 這裏主要是以編修斷例時的奏議爲基礎、結合劉篤才先生的論證來分析的,其實從斷例適用的具體案件來看,更能說明這一問題,對此參見下文第二節「斷例的適用與性質」中「斷例適用的案例」部分。

〔註55〕 戴建國:《宋代刑法史研究》,第100頁。

〔註56〕 楊一凡、劉篤才:《歷代例考》,第92~93頁。

〔註57〕 《長編》卷五〇八元符二年四月辛巳,第12106頁。

需要再向上奏請時也需要引例。紹興九年（1139）十一月，臣僚在督促斷例編修的建言中就指出：「竊詳編類之意，蓋爲刑部進擬案，引用案例高下用情、輕重失當。今既未成書，不免隨意引用。」〔註58〕由於刑部在擬定意見上奏皇帝時，引用零散的、未經認可的案例在情理上存在問題，導致案件的處理輕重失當，所以需要編修正式的斷例。而斷例編修工作一直未能完成，導致引例行爲十分隨意。

　　淳熙四年（1177），《淳熙新編特旨斷例》頒佈後，朝廷要求：「令（今）後刑寺斷案別無疑慮，依條申省取旨裁斷外，如有情犯可疑，合引例擬斷事件，具申尚書省參照施行。」〔註59〕後又再次強調：「刑部自今將情法相當、別無疑慮案狀依條施行外，有情犯可疑，即於已抄錄在部例冊內檢坐體例比擬，特旨申省，如與例輕重不等，亦令參酌擬斷申取指揮。」〔註60〕要求遇到「情犯可疑」的情況時，先要在已有例冊內進行檢索和比照。淳熙十年（1183）八月，臣僚在建言中也希望刑部在奏案中列出相似的斷例，並提出相應的處理意見：「自今應擬貸刑名，並開具斷例之相類者，然後酌其輕重用小貼聲說，以取朝廷裁斷。」〔註61〕可以看到，在處理疑難複雜等難以定奪的案件時，無論是刑部、大理寺還是尚書省、中書省，都需要引用斷例向上級奏報。

（二）斷例適用的程序

　　在宋代，引例行爲廣泛存在於行政和司法活動之中，這裏主要關注司法活動中的引例，即引用斷例的行爲，其在司法審判中最重要的體現就是奏案中的「貼例」（或稱「帖例」），下面就對斷例適用的程序——貼例的問題進行分析。

　　貼例在宋代司法活動中得到廣泛地運用，大致始於神宗元豐改制後，史載：「元豐更定官制，斷獄公案並由大理、刑部申尚書省，然後上中書省取旨。」〔註62〕元豐三年（1080）八月，「詔審刑院並歸刑部」，〔註63〕刑部取代審刑院的原有職權，負責詳覆大理寺所斷奏案。「由於大理寺斷上的都是命官要案以及地方疑慮可憫的奏裁案，法律條文中基本上找不到判罪的依據，故刑部詳覆擬定的主要手段就是『帖例』，即檢索合適的『例』以比附定奪、草擬斷

〔註58〕　《宋會要輯稿》刑法一之四七，第6485頁。
〔註59〕　《宋會要輯稿》刑法一之五一，第6487頁。
〔註60〕　《宋會要輯稿》職官一五之二六，第2710頁。
〔註61〕　《宋會要輯稿》職官一五之二六，第2710頁。
〔註62〕　《宋史》卷一九九《刑法志一》，第4980頁。
〔註63〕　《長編》卷三〇七元豐三年八月己亥，第7456頁。

敕、進呈皇帝批准，稱爲『帖例擬進』。」〔註64〕

元豐五年（1082）發佈的詔令中指出：「刑部貼例擬公案並用奏鈔，其大理寺進呈公案，更不上殿，並斷訖送刑部。貼例不可比用，及罪不應法，輕重當取裁者，上中書省。」〔註65〕可見刑部在奏章中是需要貼例的，如果所貼例難以類比，及罪與法不相應需要奏裁的，則交由中書省。但嚴格依照此一套上奏程序來實行，其過程會較爲繁瑣和冗長，再加之貼例的濫用，也帶來了一些問題：

> 門下侍郎韓維言：「天下奏按，必斷於大理，詳議於刑部，然後上之中書，決之人主。近歲有司但因州郡所請，依違其言，即上中書，貼例取旨，故四方奏讞日多於前。欲望刑清事省，難矣。自今大理寺受天下奏按，其有刑名疑慮、情理可憫，須具情法輕重條律，或指所斷之法，刑部詳審，次第上之。」〔註66〕

該官員認爲，由於一些地方和部門過多地貼例上奏於中書，並且不按既定的程序，導致進入奏讞程序的案件十分繁多。因而要求大理寺受理地方的奏案，應當經過刑部的詳審後再奏聞於上。哲宗元祐二年（1087），三省又言：

> 今大理、刑部所上奏案，必先經尚書省，次上中書，中書貼例取裁，乃過門下。門下職在省審，見其差誤，理須駁正。不惟事涉迂滯，稽留犴獄，亦有逐省退下有司，其間輕重相反，有司緣此益增眩惑。欲刑部、大理奏案，兩司所議皆同，即令具指疑慮可憫、情法輕重之狀。若兩司所見異同，則各爲一狀，並上中書三省參聽，若州郡元作疑慮可憫及情法輕重奏上，而有司以爲罪不當讞，卻行改斷，依例具鈔奏上，內尚書、門下省點檢，尚有可疑，亦委三省同議。〔註67〕

指出大理、刑部的奏案，須經尚書省、中書省、門下省層層機構，頗爲繁冗，容易導致獄事積滯。因此要求根據大理寺、刑部兩寺所議之同異，區別處理。另外，這裏也提到了「中書貼例取裁」的做法。哲宗元祐六年（1091）五月丙子，御史中丞趙君錫等言：

〔註64〕 王雲海主編：《宋代司法制度》，河南大學出版社，1992年，第323頁。
〔註65〕 《長編》卷三二八元豐五年七月壬辰，第7897頁。
〔註66〕 《宋史》卷二〇一《刑法志三》，第5012～5013頁。
〔註67〕 《長編》卷三九六元祐二年三月庚午，第9659頁。

臣伏見近降敕命，任永壽特依大理寺前斷，決臀杖二十，千里編管。臣等取會刑部、大理寺元斷公案詳究，乃是先勘到永壽受任中立贓，係犯倉法流罪編管，該赦外，其報上不實，未奏，減一等斷杖一百。都省以開封府見任永壽冒請食料錢等未結案，退送刑部，候案到從一重斷罪。相次刑部、大理寺將後案再斷，徒一年，並具例數件，皆是編配，上尚書省。兼言永壽情重，合取旨，遂奉特旨施行。〔註68〕

　　刑部、大理寺將後案審理後，判決徒一年，並且備有數件亦是編配的斷例，以供參酌。直到南宋，貼例都廣泛存在於奏讞活動中。而與貼例相伴生的一個程序就是檢例，神宗元豐二年（1079），中書言：「刑房奏斷公案，分在京、京東西、陝西、河北五房，逐房用例，輕重不一，乞以在京刑房文字分入諸房，選差錄事以下四人專檢詳斷例。」〔註69〕可見臣僚希望差專人負責檢例。哲宗元祐元年（1086），刑部官員認為檢例乃是吏人之事，不應由官員來負責：

其應供檢案牘之事，專責吏人。所以分事體大小，別官吏高下。今看詳編修斷例房要例冊，草踏乃是專責吏人供檢之事，本房卻申請更令官吏同共保明，顯失朝廷分任省曹之體。欲乞三省諸房應案牘之事只令當行人吏供檢，委郎官催促應報，不須長、貳保明供納，庶不失官制格法之意。〔註70〕

　　但檢例之事看上去雖瑣屑，但卻直接影響到案件的進一步處理，並且放任吏員來檢用斷例會帶來諸如舞文弄法、徇私舞弊等問題，因而不少官員還是能夠認識到檢例的重要性，嚴格地選任相關人員。元祐二年（1087），三省長官奏請：「欲例之在有司者，收還中書。……欲擇燭理明審者二人，充中書刑房檢例官，使議去取類例，因令閱大理、刑部所上奏案，簽貼差失，以告於執政。」〔註71〕甚至主張由中書的官員來負責這一事務，以防止低級吏人插手。但刑部對於將部門中行用的例收歸中書的做法頗為不滿，畢竟檢例事雖小，其背後所體現的案件處理權限卻不小，《長編》元祐二年（1087）三月庚辰載：

〔註68〕 《長編》卷四五八元祐六年五月丙子，第 10964 頁。
〔註69〕 《長編》卷二九八元豐二年六月乙丑，第 7260～7261 頁。
〔註70〕 《長編》卷三九三元祐元年十二月丁亥，第 9551～9552 頁。
〔註71〕 《長編》卷三九六元祐二年三月庚午，第 9659 頁。

御錄劉賡傳云：元祐初，大臣議收刑部例還中書，設刑房檢討
官，乃上疏言官制盡出先帝聖畫，以例藏刑部，可比則擬鈔，不可
則取旨。六曹惟刑部用例，且唐制中書舍人六員押案，今以案爲房，
尚襲故事。置檢討官，則刑房舍人虛設矣。〔註72〕

時任刑部侍郎的范百祿甚至不惜以去官來抗爭：「百祿請去，且上疏極論
之。疏奏，悉如所請，既宥諸囚，而例復歸刑部。」〔註73〕有關北宋韓琦的
一則史料也載：

中書習舊弊，每事必用例，五房史（疑「吏」，下同）操例在手，
顧金錢惟意所去取，所欲與白舉用之，所不欲行或匿例不見。公令
刪取五房例及刑房斷例，除其冗繆不可用者，爲綱目類次之，封縢
謹掌，每用例必自閱。自是人知賞罰可否出宰相，五房史不得高下
於其間。〔註74〕

韓琦正是因爲將包括斷例在內的中書諸房所用之例的使用權限，由諸房
吏人轉移到自己手中，加強了管理和約束，有效地限制了五房史的不法行爲，
因而受到人們的讚譽。但這也從另一個側面表明，能夠親力親爲、具體而微
地專注於此項事務的官員之少見，在大多數情況下，檢例、用例還是爲地位
低下的胥吏所掌握。〔註75〕

直到南宋孝宗時，臣僚還以韓琦爲例，向朝廷建議加強對於斷例檢用的
管理，淳熙四年（1177）五月九日，刑部郎官梁總言：「昔韓琦在中書日，盡
取斷例編次綱目，封膽謹掌，每當用例，必自閱之。竊謂今之斷例，正亦斷
類此。乞明詔刑部，以斷例委之長貳或郎官封鐍收掌，用則躬自取閱，庶幾
定罪用刑在官而不在吏。」〔註76〕朝廷採納了這一建議，於同年六月五日下

〔註72〕《長編》卷三九六元祐二年三月庚辰，第 9667 頁。〔宋〕佚名：《翰苑新書集》
前集卷一九也載：「元祐元年三省言：中書置刑部檢例官。從之。獨刑部員外
郎劉賡上疏言：元豐官制，以例藏刑部，可比則取鈔，不可則取旨，今非故
事。詔如所請，而例復藏刑部，自是中外奏讞無所避矣。」文淵閣四庫全書
本。

〔註73〕《長編》卷三九六元祐二年三月庚辰，第 9667 頁。《宋史》卷三三七《范百
祿傳》也有記載。

〔註74〕〔宋〕朱熹、李幼武：《宋名臣言行錄》後集卷一，文淵閣四庫全書本。亦見
《名臣碑傳琬琰集》中卷四八。

〔註75〕關於胥吏在中央司法機構中的作用，參見張正印：《宋代獄訟胥吏研究》，中
國政法大學出版社，2012 年，第 160～184 頁。

〔註76〕《宋會要輯稿》職官一五之二五，第 2710 頁。

詔，要求：「刑部將擬斷案狀，照自來體例依條擬定，特旨中（申）尙書省，仍抄錄斷例在部，委長貳專一收掌照用。」〔註77〕再次強調了部門長官在檢用斷例時的主導作用。

（三）斷例適用的案例

下面我們通過幾個與斷例有關的具體司法案例，來進一步認識斷例的內容、適用等問題。

第一，《長編》神宗熙寧五年（1072）十一月丁卯載：

> 貶太子中允、權監察御史裏行張商英爲光祿寺丞、監荊南稅。
>
> 先是，商英言：「博州官吏失入贓不滿軍賊二人死罪，樞密院檢詳官劉奉世黨庇親戚，令法官引用贓滿五貫絞刑斷例，稱博州官吏不見斷例，失奏裁，止從杖罪取勘。」〔註78〕

張商英認爲博州官吏失入二人死罪，而樞密院檢詳官劉奉世庇護親戚，令負責審理的法官引用「贓滿五貫絞刑斷例」，避重就輕地認爲博州官吏在審判時未見到相關斷例，本應奏裁卻沒有，因而定以杖罪。〔註79〕可見斷例在審判活動中的適用是比較普遍的。另外，此案發生在神宗熙寧五年（1072），當時可能適用的斷例有《慶曆斷例》、《嘉祐中書刑房斷例》和《熙寧法寺斷例》三部，這些斷例本是僅供中書刑房、刑部、大理寺使用的，但從「博州官吏不見斷例，失奏裁」中可以看出，當時地方是能夠見到中央司法機構編集的斷例的，這幾部斷例的實際行用範圍並不限於編集時的初衷。

第二，《長編》神宗熙寧八年（1075）閏四月癸丑載：

> 大理寺言，洪州斷百姓周汝熊應坐徒而決杖，汝熊餘罪會恩免，官吏失出徒罪，當劾。中書堂後官劉袞駁議，以謂律因罪人以致罪，罪人遇恩者，準罪人原法，議曰：「因罪人致罪，謂保證不實之類，洪州官吏因推罪人以致失出之罪，自合從原。緣法寺斷例，官司出入人罪，不用因罪人以致罪之法，乞自今官司失出，許用此法。」

〔註77〕 《宋會要輯稿》職官一五之二五，第2710頁。

〔註78〕 《長編》卷二四〇熙寧五年十一月丁卯，第5834頁。

〔註79〕 出失入人罪：「斷罪失於入者，各減三等；失於出者，各減五等。」見《宋刑統》卷三〇《斷獄律》，第552頁。關於「失入死罪」處罰的演變，參見王雲海主編：《宋代司法制度》，第444～445頁。而失奏裁的罪名則相對較輕：「諸斷罪應言上而不言上，應待報而不待報，輒自決斷者，各減故、失三等。」見《宋刑統》卷三〇《斷獄律》，第549頁。

審刑院、大理寺以謂失入人罪，即是官司誤致罪於人，難用因罪人致罪之法，其失出人罪，宜如衰議。從之。〔註80〕

中書堂後官劉衰認爲律文規定，由於相關罪犯的原因而導致犯罪的，如果相關罪犯遇到恩赦被減免刑罰，受牽連的罪犯亦如此，〔註81〕官吏犯失出人罪時也應適用這一律文。但法寺斷例對此卻有不同規定，當官員涉嫌出入人罪時，不適用因罪人以致罪的律文。可見因罪人以致罪的律文中，沒有規定官員在出入人罪的情形下是否適用的問題，而法寺斷例則作出了具體規定，給予否定的回答。

第三，《長編》哲宗紹聖四年（1097）七月戊辰載：

> 殿中侍御史陳次升言：「穜貪污卑猥，跡狀甚明，姦佞傾險，清議不與。自去年屢有進擢，不協公議，臣嘗論奏，陛下付之有司考實，悉如臣言，特與放罪。且臣嘗爲刑部郎官，伏見刑部斷例，有受寄財物輒費用者，所犯杖罪，遇恩特旨衝替。穜擅用張綬供給等錢，計會弟秩出文帖，以寄還爲名，支付梢工，卻令手分收取文帖，三年並不報知，致綬論訟事發，方始寄回澧州。所爲如此，無異於盜，原情量重，豈止與受寄財物輒費用者爲比乎。設使就輕，姑以受寄財物輒費用論，猶有徒罪，比之前例，衝替有餘，朝廷特與放罷。」〔註82〕

陳次升提到，在任刑部郎官時曾見過刑部斷例，其中記載，有受寄財物徑自使用的官吏被處以杖罪，遇到恩赦後，仍降特旨予以貶官。〔註83〕其通過引用此斷例來比照周穜的貪污行爲，證明其嚴重程度。而且從「有……者」的描述方式來看，也足以說明斷例是由具體案例而非抽象條文組成的。

第四，《宋會要輯稿》刑法四，宣和三年（1121）十二月五日，臣僚言：

> 伏見大理寺斷袁州百姓李彥聰令人力何大打楊聰致死公事，其大理寺以元勘官作威力斷罪可憫，寺正、丞、評並無論難，因少卿轟宇看詳駁難，稱是李彥聰止合杖罪定斷，其寺丞與評事亦

〔註80〕《長編》卷二六三熙寧八年閏四月癸丑，第6449～6450頁。
〔註81〕《宋刑統》卷五《名例律》：「即因罪人以致罪，而罪人自死者，聽減本罪二等。若罪人自首及遇恩原減者，亦準罪人原減法。其應加杖及贖者，各依杖、贖例。」第86頁。
〔註82〕《長編》卷四八九紹聖四年七月戊辰，第11612頁。
〔註83〕衝替，貶降官職。

從而改作杖罪。案上刑部，看詳疏難，稱大理寺不將李彥聰作威
力，使令毆繫致死，斷罪未當，欲令改作斬罪。其寺正、評事議
論反覆，少卿轟宇執守前斷，供報省部。本部遂申朝廷，稱大理
寺所斷刑名未當，已疑難不改，若再問，必又依前固執，枉有留
滯。伏乞特賜詳酌。既而大理寺檢到元豐斷例，刑部方始依前斷
杖罪施行。〔註84〕

在對案犯李彥聰該如何定斷的問題上，大理寺與刑部各執己見，互不退
讓。直到大理寺檢索到元豐斷例中的相關內容，刑部才依從了大理寺的意見。
在這一案件處理過程中，斷例發揮了關鍵性的作用，如果沒有查找到之前的
斷例，最終結果將難以預料。這體現了臣僚對於斷例的重視，也反映出斷例
在當時司法實踐中的重要地位，斷例的效力得到廣泛認可。

第五，《蘇魏公集》卷十七《論胡俛罪名》：

臣等伏見，前尚書度支員外郎、充集賢校理胡俛，昨因解賓
王論告，先知登州日將斫伐到廨宇內桐木，製造籠子入己，坐監
主自盜法，計贓不滿一貫文，遂至停廢。竊聞俛被劾之日，曾攀
援法寺斷例，有廨宇內斫竹賣錢入己者，只作收到地利，並不書
罪。及有依前官言說，將賣公使菜園錢入己者，只作誤認官私財
物罪名定斷。〔註85〕

據蘇頌奏摺中載，胡俛被論告在知登州時，將官舍內的桐木製籠子據爲
己有，從而因犯監守自盜罪被停廢。胡俛在被劾問時曾援引法寺斷例中的兩
個類似案例，一是將官舍內竹子賣錢入己的，二是將賣菜園錢入己的，對於
其中涉及的官員，都未按監主自盜這樣較重的罪名來定斷。〔註86〕從胡俛提
及的這兩條斷例來看，其內容亦是具體的案例。

二、斷例的性質

斷例的性質是什麼？這主要涉及兩個問題，一爲斷例是不是法律形式，
二爲斷例是不是判例，下面就對這兩個問題逐一進行探討。

〔註84〕 《宋會要輯稿》刑法四之七八至七九，第6660~6661頁。
〔註85〕 〔宋〕蘇頌：《蘇魏公集》卷一七《論胡俛罪名》，文淵閣四庫全書本。
〔註86〕 《宋刑統》卷一九《賊盜律》：「諸監臨主守自盜，及盜所監臨財物者，（若親
王財物而監守自盜，亦同。）加凡盜二等，三十匹絞。（本條已有加者亦累加
之。）」第346頁。

（一）斷例是不是法律形式

郭東旭先生認爲「例」是一種靈活方便的法律形式，編例是宋代法律的重要形式，是宋代一項重要的立法活動。〔註87〕戴建國先生認爲，「如果按照法律適用方式把宋代法律分爲常法和非常法，那麼敕、律、令、格、式屬常法，斷例是非常法」，「是常法的補充」，「宋人常將例與敕律等常法對立而論。但以我們今天的法律觀念來看，兩者儘管有區別，斷例仍是法的一種」。〔註88〕劉篤才先生也有類似的觀點，指出：「在有宋一代，斷例經過不斷演變，已經具有了近似法的或者說準法的性質。」〔註89〕

王侃先生則認爲「宋例不是法、不是法典、也不是法律形式」，其觀點主要基於五個理由：其一，宋朝史料中例與法經常並提而且是對立的；其二，官員要求把可行之例修入法，說明例不是法；其三，從一些皇帝紛紛下詔，臣僚屢屢上請廢例守法來看，例不是法；其四，法是要公之於眾的，而例則藏於吏手；其五，例與法的修訂編纂程序有簡繁之差。〔註90〕

筆者認爲，在分析斷例的性質問題之前首先需要明確一點，那就是宋例既包括司法例，也包括行政例。司法例即斷例，有已經編修和未經編修之分；行政例包括條例、格例、則例和事例等，有成文與不成文之別。這幾種例之間存在著較大差別，性質亦各有不同，難以一概而論。其中能視爲法律形式的是已經編修的斷例和成文的行政例，關於成文的行政例，下文還會詳述，這裏僅就已經編修的斷例的性質問題作一分析。本書認爲經過編修的斷例是法律形式，理由有二：

第一，從編修的程序來看。如上文所述，斷例的編修需要遵循一定原則和程序，編修機構和官員的選擇也頗受重視。王侃先生認爲，編修斷例「既不重要，也不頻繁，更不是立法活動，僅僅是選擇其處刑比較符合法律規定或刑罰適中的例加以編輯而已」，〔註91〕但宋代斷例編修之頻繁是有目共睹的，雖然「在數量上遠不能與編敕相比，但宋代編修斷例的活動沒有間斷過」。〔註92〕其難度也並非想像中那麼低，上文曾引述過宋人「修例於法外別作輕

〔註87〕郭東旭：《論宋代法律中「例」的發展》，《史學月刊》1991 年第 3 期。
〔註88〕戴建國：《宋代刑法史研究》，第 103～114 頁。
〔註89〕楊一凡、劉篤才：《歷代例考》，第 98～99 頁。
〔註90〕王侃：《宋例辨析》，《法學研究》1996 年第 2 期。
〔註91〕王侃：《宋例辨析》，《法學研究》1996 年第 2 期。
〔註92〕郭東旭：《論宋代法律中「例」的發展》，《史學月刊》1991 年第 3 期。

重，尤難於創法」的說法。〔註93〕況且編敕亦不過是將皇帝的散敕加以編錄、刪定，但卻是公認的宋代最爲活躍和權威的法律形式之一。王侃先生認爲官員要求把可行之例修入法，說明例不是法，並引用了相關史料來論證：

> 三尺之法，天下之所通用也。四海九州，萬邦黎獻，知法之所載而已，安知百司庶府之有例乎？例之所傳，乃老奸宿贓秘而藏之，用以附下罔上，欺或世俗，舞文弄法，貪饕貨賂而已。望詔吏部、刑部條具合用之例，修入見行之法，以爲中興成憲。〔註94〕

但正如上文所分析過的，此建言落實後的一項重要成果，就是紹興三十年（1160）的《紹興編修刑名疑難斷例》，〔註95〕可見編修斷例本身就是立法活動。王侃先生還引用了《宋會要輯稿》中的兩則史料，其一曰：

> （紹興二十六年）閏十月一日，臣僚言：「文昌，政事之本。今戶部之婚田，禮部之科舉，兵部之御軍，工部之營繕，以至諸寺監一司專法之外，竊意無條而用例者尚多有之。欲望深詔大臣董正治官，悉令有司子細編類，條具合用之例，修入見行之法。一有隱匿之弊，重寘典憲。」〔註96〕

臣僚所列舉的「無條而用例」的部門和事務，基本都屬行政、軍事範疇，從中我們並未看到曾提及刑部、大理寺的審判活動。其二曰：

> 要在與收可行之例，歸於通行之法，庶幾公共而不膠。今朝廷既已復置詳定敕令一司，臣以爲凡有陳乞申請，倘於法誠有所不及，於例誠有所不可廢者，乞下敕令所詳酌審訂，參照前後，委無牴牾，則著爲定法，然後施行。如有不可，即與畫斷，自後更不許引用。如是則所行者皆法也，非例也。〔註97〕

此爲光宗紹熙二年（1191）臣僚奏請，從「凡有陳乞申請」來看，亦是針對行政事務中濫引不成文的事例而言，也非針對斷例。

第二，從運用的方式來看。已經編修的斷例相較於未經編修的斷例，在運用上的一個顯著差異就是，已經編修的斷例不再是胥吏私藏之物，而是具有了相當的公開性和穩定性。無論是編修後頒降刑寺和地方的一般刑名斷

〔註93〕　《長編》卷三九六元祐二年三月庚午，第9659頁。
〔註94〕　《宋會要輯稿》刑法一之四六，第6484頁。
〔註95〕　參見上文第二章第一節「斷例的編修與內容」中「斷例的具體形態」部分。
〔註96〕　《宋會要輯稿》刑法一之四三，第6483頁。
〔註97〕　《宋會要輯稿》刑法一之五六，第6489頁。

例，還是僅限於中央範圍的特旨斷例，其內容和範圍都相對地固定了下來，未經編修的斷例則不能再隨意被引用，所謂「看詳允當，上之朝廷，審實行下，方得引用」。〔註98〕

斷例適用的情形有著明確的規定，適用的程序也有檢例、貼例等具體的要求。因而斷例之例，與所謂「例與法並提而且對立」、「修可行之例入法」、「廢例守法」中的例是不同的，後者多指不成文的行政事例，而前者的地位在宋代特別是南宋，已經得到廣泛地認可。王侃先生認爲宋朝史料中「例與法並提而且對立」、「廢例守法」說法的頻繁出現說明例不是法，舉其要者有六：

1. （孝宗隆興二年）二月二十四日，臣僚言：「今日之弊，在於捨法用例。法者率由舊章，多合人情。出（例）者，出於朝廷一時之予奪，官吏一時之私意。欲望明詔中外，悉遵成法，毋得引例。如事理可行而無正條者，須自朝廷裁酌，取旨施行。」〔註99〕

2. （紹興七年）閏十月二日，左正言辛次膺奏：「近有廢法而用例者，且以二事言之。故侍從、執政之家用致仕遺表恩澤，乃援例而補異姓者，特奏名進士及以恩例補文學之人，不候敕恩，乃援例而參部者。且事或無條，乃可用例，事既有條，何名爲例？一例既開，一法遂廢。望今後凡有正條，不許用例。」〔註100〕

3. 詔下本所頒降，仍以《紹興參附尚書吏部敕卷（令）格式》爲名。……上曰：「頃未立法，加以續降太繁，吏部無所遵承。今既有成法，若更精擇天官長貳，銓曹其清矣。」宰臣湯思退奏曰：「頃未立法，官員到部，有所整會，一求之吏，並緣爲奸，金多者與善例，不然則否。」上曰：「今既有成法，當令一切以三尺從事，不可更今（令）引例也。」〔註101〕

4. 嘉泰元年二月十四日，禮部尚書兼吏部尚書張釜言：「《吏部七司法》蓋尚左、尚右、侍左、侍右、司勳、司封、考功通用之條令。……然編類之後，迨今又及二十有七年，其間有朝廷一時特降之指揮，有中外臣僚報可之申請，歷時浸久，不相參照，重複牴牾，

〔註98〕 《建炎以來繫年要錄》卷一三三，第2480頁。
〔註99〕 《宋會要輯稿》刑法一之四七，第6485頁。
〔註100〕 《宋會要輯稿》刑法一之三七，第6480頁。
〔註101〕 《宋會要輯稿》刑法一之四六，第6484頁。

前後甚多。或例寬而法窄，則引例以破法。或例窄而法寬，則援法而廢例。予奪去取，一出吏手。」〔註102〕

5. 太學博士許應龍奏請刪定近制，其各曰：「臣聞有法之弊，有例之弊，法之弊易見，例之弊難革。……乃若例者，或出於一時之特恩，或出於一時之權宜。有徇親故而開是例者，有迫於勢要而創是例者，揆之於法，大相牴牾。」〔註103〕

6. 淳熙元年，參知政事龔茂良言：「官人之道，在朝廷則當量人才，在銓部則宜守成法。法本無弊，例實敗之。法者，公天下而為之者也。例者，因人而立以壞天下之公者也。昔之患在於用例破法，今之患在於因例立法。諺稱吏部為例部。……」於是重修焉。既而吏部尚書蔡洸以改官、奏薦、磨勘、差注等條法分門編類，名《吏部條法總類》。十一月，《七司敕令格式申明》成書。〔註104〕

　　細繹這六條史料，我們發現其陳述的對象都是不成文的行政事例，而非斷例。如第一條中「事理可行而無正條者」，顯然是針對行政事務而言。另外，從淳熙元年的詔書中也能看出，孝宗時《刑名斷例》是允許引用的。〔註105〕而第二條中臣僚所舉「廢法而用例」之事，一為致仕時援例蔭補異姓，二為不侯赦恩就參加吏部銓選，二者皆與司法活動無涉。第五條中「有徇親故而開是例者，有迫於勢要而創是例者」亦是如此。第三條、第四條、第六條則分別涉及《紹興參附尚書吏部敕卷（令）格式》、《吏部七司法》、《吏部條法總類》和《七司敕令格式申明》，臣僚意在通過此類成文的行政法規來制約不成文的行政事例，防止後者以例破法，亦是就行政例而言。

（二）斷例是不是判例

　　下面再來看斷例是不是判例的問題。在分析斷例是不是判例之前，有必

〔註102〕《宋會要輯稿》刑法一之五八，第6490頁。
〔註103〕〔宋〕許應龍：《東澗集》卷七《論法例箚子》，文淵閣四庫全書本。亦見〔明〕王圻：《續文獻通考》卷一六七《刑考‧刑制上》，明萬曆三十年松江府刻本。王侃先生在《宋例辨析》一文中誤為《文獻通考》。
〔註104〕《宋史》卷一五八《選舉志四》，第3715頁。
〔註105〕《宋會要輯稿》刑法一之四九至五〇，淳熙元年十月九日：「詔：六部除刑部許用乾道所修《刑名斷例》，及司勳許用《紹興編類獲盜推賞刑部例》，並乾道元年四月十八日《措置條例弊事指揮》內立定合引例外，其餘並依成法，不得引例。」第6486頁。

要先對判例的概念作一番界定。對於判例，本書接受《中國大百科全書‧法學卷》中的說法：「指法院可以援引，並作爲審理同類案件的法律依據的判決和裁定。」﹝註106﹞關於中國古代判例諸內容以及中西判例比較的問題，學界已有不少研究成果。﹝註107﹞對於如此宏大和複雜的問題，本書無力也無意過多涉及，在這裏筆者想探討的是：有宋一代，在成文法律之外是否存在以案例爲基礎彙纂而成的、能夠作爲司法審判依據的判例，即斷例？﹝註108﹞

王侃先生認爲，宋例也不是判例。原因有二：其一，例不來自中央司法審判機關，而是出自君主；其二，斷例不是作爲判例，而是作爲「例子」被援引。﹝註109﹞

戴建國先生則認爲：「斷例雖無『判例』之名，但事實上卻具有我們通常所說的判例的性質。」﹝註110﹞本書亦認爲斷例是判例，根據有三：

第一，從具體的內容來看。斷例產生和來源於具體的案例，其編修是從具體案例中取材，這一點從臣僚編修斷例的奏請，及修成斷例的上書中都能看到。如哲宗元符二年（1099）修成《元符刑名斷例》時，臣僚提到其材料

﹝註106﹞《中國大百科全書‧法學卷》，中國大百科全書出版社，1984 年，第 87 頁。
﹝註107﹞ 比較有代表性的有：劉篤才：《中國古代判例考論》，《中國社會科學》2007 年第 4 期，其中概括的判例的三個要素，極具眞知灼見：「首先，作爲判例的首要條件，是在法律沒有明確規定，或者雖然有規定但是不適應案件的特殊情況，及不能滿足統治者的特殊需要的情況下，通過變通的方式對某一案件做出的判決。」「其次，判例之所以是判例，必須保持其自身的形態，即作爲具體的判決而在其後的司法領域發生法律效力。」「第三，判例需要特殊的批准程序。」；王志強：《中英先例制度的歷史比較》，《法學研究》2008 年第 3 期；《中國法律史敘事中的「判例」》，《中國社會科學》2010 年第 5 期，王志強先生富有啓發地指出中國歷史上的判例「以刑事爲中心、以量刑爲目的、以事實類比爲方式、以書面裁判爲內容」，與西歐存在明顯差別，認爲對於中西判例的闡釋應當採取雙向功能主義的研究視角。
﹝註108﹞ 對於中國古代社會視野下案例、判例及成文法律之間的關係，筆者的理解是這樣的：案例在形式上加以規範化，並賦予其法律效力就成爲了判例。判例必須以案例爲基礎，且以之爲表現形式。判例如果進一步抽象化，對其體現的原則和規則加以提煉，不再依附於具體的案例，則變爲成文法律，案例與判例的區分不容混淆。另外，古代中國是成文法國家（現在依然如此），因此並不存在西方意義上的判例法，而只有成文法理念和體系主導下的有限的判例制度，判例法的概念不應不加甄別地濫用。
﹝註109﹞ 王侃：《宋例辨析》，《法學研究》1996 年第 2 期。
﹝註110﹞ 戴建國：《宋代刑法史研究》，第 113 頁。

來源係「元豐四年至八年、紹聖元年、二年斷草，並刑部舉駁諸路所斷差錯刑名文字共一萬餘件，並舊編成刑部大理寺斷例」。〔註 111〕孝宗乾道元年（1165），臣僚在奏請編修《乾道新編特旨斷例》時也提到，希望「將紹興正月一日以後至目今刑寺斷過獄案，於內選取情實可憫之類，應得祖宗條法奏裁名件，即編類成書」。〔註 112〕可見亦是獄案。淳熙六年（1179），刑部侍郎潘景珪在奏請編修特旨斷例以外的一般刑名斷例時也指出：「乞下刑部將隆興以來斷過案狀編類成冊，許行參用，庶幾刑罰適中，無輕重之弊。」〔註 113〕

　　第二，從適用的方式來看。斷例內容是否由案例構成是判定斷例是否具有判例性質的前提，而在運用過程中是否能脫離其所依存的案例則是更進一步的標準。斷例在運用時並沒有脫離其所依存的案例，可以看到不少直接冠以人名的具體斷例。如司馬光在討論阿雲案時的《議謀殺已傷案問欲舉自首狀》奏摺中，就曾提到許遵所引的「蘇州洪祚斷例」：

　　　　遵所引蘇州洪祚斷例，案《律疏》云：「假有因盜故殺傷人而自首者，盜罪得免，故殺傷罪仍科。」疏既指言故殺傷人，明是因盜謀殺傷人者，自從謀法。當時法官誤斷，不可用例破條。〔註 114〕

　　而即使是未冠以具體人名的斷例，我們從臣僚徵引斷例的描述中，也能看到將其與正在審理案件的情節進行對比的過程。對此，上文在介紹斷例適用的案例時曾有詳細說明，這裏不再贅述。〔註 115〕可見在運用斷例時，需要具體地分析斷例中的情節，而非拋開其所依存的案例只引用抽象的法律原則和規定，這就體現出斷例與成文法之間的本質區別。

　　第三，從發揮的作用來看。斷例在宋代的司法審判中是否發揮了重要作用，能否成為審理案件的依據，則是除具體內容、適用方式外，判定斷例是否具有判例性質的另外一個要素。在宋代，斷例能夠作為制定法的補充，在制定法沒有規定或規定不盡合理時，成為案件處理的依據，發揮重要的法律效力。從適用的程序來看，斷例作用的發揮往往伴隨著疑難案件的奏讞程序，

〔註 111〕　《長編》卷五〇八元符二年四月辛巳，第 12106 頁。
〔註 112〕　《宋會要輯稿》刑法一之四七，第 6485 頁。
〔註 113〕　《宋會要輯稿》，刑法一之五一，第 6487 頁。
〔註 114〕　〔宋〕司馬光：《溫國文正公文集》卷三八《議謀殺已傷案問欲舉自首狀》，四部叢刊本。
〔註 115〕　參見上文第二章第二節「斷例的適用與性質」中「斷例適用的案例」部分。

如戴建國先生所言,「適用斷例是與疑難案件的奏報裁決聯繫在一起的」,因而「適用斷例的案件須經朝廷和皇帝批准,這就容易造成假象,似乎斷例不能作為判決案件的法律依據」。〔註116〕王侃先生就認為:「例不來自中央司法審判機關,而是出自君主……法寺對死罪案件或情理可憫等案件只有『引例擬斷』,即提出意見之權,而無判決權。皇帝倒可以用判例判案,但皇帝都可不依法律而『量情處分』何必引自己的判例呢?」〔註117〕

正如劉篤才先生所指出的,斷例最終須由皇帝定奪恰恰是中國古代判例的要素之一:「只有在奏讞或者奏案程序中經過皇帝批准,被明示其具有法律效力,或者被實際援用作為生效的判決依據,我們才將其定性為判例。」〔註118〕確實如此,在中國古代社會皇權專制的背景下,各種制定法的效力都取決於皇帝,遑論具有判例性質的斷例。〔註119〕而且上文在分析斷例適用的情形和程序時已經提到,在宋代,刑部、大理寺在處理疑難案件時需要引例,中書省則要貼例取旨,將以前的類似斷例附上,以供皇帝決斷時參考。雖然最終決定權在皇帝,但正如胥吏檢例的情況會影響到官員之後的判決一樣,官員引用的斷例及其擬定的判決,也會在很大程度上影響皇帝的最終判決。況且所引用的斷例又往往是皇帝之前對類似案件的處理,因而斷例雖然在很大程度上出自君主,但所反映的卻並非只是君主個人的意志,此種情形下斷例所發揮的作用是不容小視的。

〔註116〕戴建國:《宋代刑法史研究》,第106頁。

〔註117〕王侃:《宋例辨析》,《法學研究》1996年第2期。王志強先生認為:「這裏涉及的是『判決之權』,但根本上反映的是對『判例』效力的理解。在『判決具有約束力』這一意義上,中國古代司法中『判例』的存在自然很容易被否定。」王志強:《中國法律史敘事中的「判例」》,《中國社會科學》2010年第5期。

〔註118〕劉篤才:《中國古代判例考論》,《中國社會科學》2007年第4期。

〔註119〕而如果進一步對西歐的判例追根溯源,可以發現效力問題並非判例的核心要素,正如王志強先生所指出的:「在西歐,無論歷史上還是現代,效力、特別是約束效力的問題,並未成為理解『判例』制度的核心要素。」「由此反觀中國,即使沿著『在中國尋找西方』的方法論查考中國歷史上『判例』的有無,也不難看到這一路徑下既有研究的偏頗。其過於強調判決的『效力』,包括其實際或能夠被『援引』、以及其效力的確定性(如皇帝的批准),而這些在西歐『判例』的概念中都並不是核心的問題,甚至根本就不存在,因此,這種概念的引入和使用,本身就成了無源之水。」王志強:《中國法律史敘事中的「判例」》,《中國社會科學》2010年第5期。

第三節　斷例的地位與成因

一、斷例的地位

斷例在宋代的司法活動中具有十分重要的地位，這主要體現在兩個方面，一是編修頻繁，二是運用廣泛。

（一）編修頻繁

宋代斷例的編修是十分頻繁的，對此上文在「斷例的編修」一節中已經有所涉及，下面以南宋高宗紹興年間這一斷例編修活動格外頻繁的時期為例，再作進一步說明。

由於靖康之難後「高宗播遷，斷例散逸」，包括斷例在內的諸多法典都已散失，因此編修斷例就顯得格外迫切。先是紹興四年（1134）四月二十三日，「刑部侍郎故（胡）交修等乞編集刑名斷例，當時得旨，限一季編集」。〔註120〕但未能成書。紹興四年（1134）七月癸酉，又「命大理寺丞、評刊定見行斷例」。〔註121〕而紹興五年（1135），因權戶部侍郎王俁建言，「詔左右司、樞密院檢詳官取索措置，條具申尚書省」。〔註122〕紹興九年（1139）三月六日，臣僚又奏：「請以建炎以來斷過刑名近例分類門目編修，亦得旨限一月。」〔註123〕此次「雖曾編修審覆，即未上朝廷」。〔註124〕因此紹興九年（1139）十一月戊寅朔，臣僚再次陳請編修，於是高宗「申命刑部大理官編次刑名斷例」。〔註125〕由大理評事何彥猷等編集，刑部郎官張柄等看詳。《宋會要輯稿》載：「時編集止紹興十年。」〔註126〕可見此次編修是有成果的（暫名之為《紹興（十年）刑名斷例》）。

紹興二十六年（1156）九月二十九日，御史中丞湯鵬舉奏：「敕令所且言，詔（照）得《紹興斷例》，大理寺元止編到紹興十五年以前，所有以後至二十六年終即未曾編類，理合一就編集。」〔註127〕可見紹興十年（1140）到紹興

〔註120〕《宋會要輯稿》刑法一之四七，第 6485 頁。
〔註121〕《建炎以來繫年要錄》卷七八，第 1480 頁。
〔註122〕《建炎以來繫年要錄》卷九六，第 1832 頁。
〔註123〕《宋會要輯稿》刑法一之四七，第 6485 頁。
〔註124〕《宋會要輯稿》刑法一之四七，第 6485 頁。
〔註125〕《宋史》卷二九《高宗紀六》，第 542 頁。
〔註126〕《宋會要輯稿》刑法一之四七，第 6485 頁。
〔註127〕《宋會要輯稿》刑法一之四七，第 6485 頁。

十五年（1145）之間，亦曾編集過斷例（暫名之爲《紹興（十五年）刑名斷例》）。臣僚要求將紹興十五年之後的斷例加以編集，至紹興三十年（1160）八月十一日書成：「尚書右僕射、同中書門下平章事、兼提舉詳定一司敕令陳康伯等又上《刑部斷例》。……詔下刑寺遵守，仍以《紹興編修刑名疑難斷例》爲名。」〔註128〕紹興三十年編修的這部斷例，是目前能見到的紹興年間最後一部斷例。

可見在南宋初年，爲了解決因斷例散落遺失而導致的司法審判缺乏有效依據的問題，朝廷上下都十分重視斷例的重新編集和修撰。從這一時期開始，斷例的編修進入了一個新的階段，相對於北宋而言，南宋斷例的編修更爲頻繁，也更爲規範，並在體例上逐漸向制定法接近。另外，從紹興年間朝廷多次下詔編修斷例，卻又數度無果而終來看，其原因固然是多方面的，但編修斷例所需要的疑難案例材料的積累，以及編修活動本身所具有的難度，應該是其中不易克服的主要問題之一。

（二）運用廣泛

宋代的斷例除了編修十分頻繁外，運用也十分廣泛，時人曾指出：「刑部自祖宗以來法與例兼行。」〔註129〕表明法與例都爲司法活動所必須。徽宗政和七年（1117）十二月十三日，詔：「除刑部斷例外，今後應官司不得引例申請。」〔註130〕可見刑部斷例被認爲與其它例不同，是可以引用的。斷例特別是經過編修的斷例，其作用已被充分肯定，尤其是在南宋，人們已不再將斷例與其它的例混在一起來批評。正如川村康先生所指出的：「南宋初的混亂時期，斷例在刑部、大理寺也曾被活用，成爲不可或缺的存在，其必要性已經被充分地認識到了。」〔註131〕高宗紹興四年（1134）七月癸酉：

> 初命大理寺丞、評刊定見行斷例。時議者乞「明詔有司，應小大之獄，既得其情，一斷以法，無使一時之例，復預其間。如其斷刑舊例，法家所援有不可去者，乞條具申上，付之所司，立爲永法，布示中外，使知所遵守。庶幾刑罰平允，人無冤濫。」〔註132〕

〔註128〕《宋會要輯稿》刑法一之四六，第6484頁。
〔註129〕《長編》卷四六五元祐六年閏八月壬午，第11118頁。
〔註130〕《宋會要輯稿》刑法二之六八至六九，第6529～6530頁。
〔註131〕〔日〕川村康：《宋代斷例考》，載中國政法大學法律史學研究院編：《日本學者中國法論著選譯》，第383頁。
〔註132〕《建炎以來繫年要錄》卷七八，第1480頁。

　　臣僚也認爲斷例與一時之例不同，通過對斷例加以編修、立爲永法，能夠更好地發揮斷例的作用。紹興五年（1135）權戶部侍郎王俣也建言：「伏望明詔大臣，除刑寺斷例合依舊存留照用外，其餘委官，悉取已行之例，精加詳定。有不戾於法，而可行於時者，參訂修潤附入本例。嚴戒有司，自今以始，悉遵成憲，毋得受理。敢有弗率，必罰無赦。」〔註133〕此一建言明確提出，希望刑寺斷例「依舊存留照用」，刑寺斷例之外的例則交由官員，對已行用之例進行詳定，有不與法條違戾且有行用價值的附入刑寺斷例中。在其看來，遵循編修後的斷例不僅不屬於備受批評的引例破法行爲，反而是「悉遵成憲」的體現，說明經過編修的斷例在時人眼中已經取得近於成法的地位。

　　這一點從孝宗淳熙元年（1174）十月九日的詔書中也能夠看出來：「詔六部除刑部許用乾道所修《刑名斷例》，及司勳許用《紹興編類獲盜推賞刑部例》，並乾道元年四月十八日《措置條例弊事指揮》內立定合引例外，其餘並依成法，不得引例。」〔註134〕乾道所修《刑名斷例》（即《乾道新編特旨斷例》）雖未被視爲成法，但被列入允許引用的範圍內，地位與效力遠非一般例所能及。在紹興二年（1132）九月十八日刑部的一道奏摺中，也能看到斷例在案件處理時所具有的效力：「今年九月一日赦書內一項，應命官、公人、軍人犯罪除名，有特旨斷例並刑部、大理寺合斷刑名外，一時特旨除名、停替、羈管、編配、安置之類，本不合坐罪者，並與除落，仍理元斷月日。」〔註135〕刑部所奏爲解釋當年九月赦書中一條文，其內容涉及到斷例的地位和效力。赦書中指出，命官、公人、軍人因犯罪被除名，除有特旨斷例及刑部、大理寺依法定斷外，通過一時特旨給予處理、其行爲本身並不該獲罪的，則予以取消，可見特旨斷例的效力要比一時特旨更爲權威和穩定。

二、斷例的成因

　　斷例在宋代的廣泛運用決非偶然，而是與當時的諸多歷史條件息息相關，特別是與唐宋之際法律形式演變這一時代背景密不可分，具體可以從三個方面來認識：

〔註133〕《建炎以來繫年要錄》卷九六，第 1832 頁。
〔註134〕《宋會要輯稿》刑法一之四九，第 6486 頁。又見《宋史》卷一九九《刑法志一》：「淳熙初，詔除刑部許用乾道刑名斷例，司勳許用獲盜推賞例，並乾道經置條例事指揮，其餘並不得引例。」第 4966 頁。
〔註135〕《宋會要輯稿》刑法四之四三，第 6643 頁。

（一）經濟社會的發展和傳統律典的僵化

唐代律、令、格、式的法律體系可謂集中國傳統法典之大成，《唐六典》載：「凡律以正刑定罪，令以設範立制，格以禁違正邪，式以軌物程事。」〔註136〕四種法律形式分工不同，在適用過程中相互配合和補充，特別是唐律，被認爲「出入得古今之平」〔註137〕，爲後世所沿用。但唐律這座高峰形成之日，也是其僵化開始之時，僅有 502 條的唐律遠不能涵蓋社會生活的方方面面。早在唐代後期，律典之外的格後敕就開始發揮越來越重要的作用，通過這種相對靈活的法律形式以彌補不能輕易更改的律文。〔註138〕

如果說唐律在唐代還勉強能夠應對社會的發展，那麼到了經濟和社會發生了巨大變革的宋代，傳統律典在現實中的作用無疑更爲有限。唐宋之際，中國社會發生了諸多深刻的變化，無論是政治組織、經濟模式還是社會結構，宋代都與前代存在很大的差別，這被日本學者內藤湖南概括爲「唐宋變革說」，而爲唐宋史學界所廣泛接受。〔註139〕戴建國先生指出了這種變革及於法律領域的必然性：「唐中葉以來的社會巨變，必然要反映到法律領域。統治階級採取什麼樣的法律體系，歸根結底是由現實社會決定的，其背後蘊含著當時深刻的政治背景，體現了社會重大變化。」〔註140〕

有宋一代，以唐律爲藍本而制定的《宋刑統》雖仍居於根本性地位，但編敕和斷例等其它法律形式則更爲活躍，作用也更爲凸顯。宋代在沿襲唐代法律形式的基礎之上，結合五代的法制經驗和成果，在立法中更加重視編敕和編例，並對唐以來的律、令、格、式法律體系加以修正，史載：

〔註136〕《唐六典》卷六，第 185 頁。

〔註137〕〔清〕紀昀等：《四庫全書總目提要》卷八二《史部·政書類二》，第十六冊，商務印書館，1931 年，第 83 頁。

〔註138〕而唐以後的歷朝雖都對唐律加以繼承，但也均發展出律以外的、各具特色的法律形式，如宋代的編敕、斷例、條法事類，元代的條格、斷例，明清的條例等。美國學者馬伯良先生認爲「律條是作爲一個死亡了的過去的神聖遺物而繼續存在的，實踐中使用的是其它法律形式」，「保留下來的《唐律》條款儘管改變了形式，即使不是作爲特定的補救方法，但作爲一般的實體規則也是有用的」，「《唐律》長期持續的影響是建立在它的效用之上的」。《〈唐律〉與後世的律：連續性的根基》，載高道蘊、高鴻鈞、賀衛方編：《美國學者論中國法律傳統》（增訂版），清華大學出版社，2004 年，第 289～290 頁。

〔註139〕〔日〕內藤湖南：《概括的唐宋時代觀》，載劉俊文主編：《日本學者研究中國史論著選譯》第一卷，中華書局，1992 年，第 10 頁。

〔註140〕戴建國：《唐宋變革時期的法律與社會》，第 15 頁。

國初用唐律、令、格、式外，又有《元和刪定格後敕》、《太和新編後敕》、《開成詳定刑法總要格敕》，後唐《同光刑律統類》、《清泰編敕》、《天福編敕》，周《廣順續編類敕》、《顯德刑統》，皆參用焉。〔註141〕

神宗以律不足以周事情，凡律所不載者一斷以敕，乃更其目曰敕、令、格、式，而律恒存乎敕之外。〔註142〕

編敕雖較刑統而言較爲靈活簡便，但與其同爲制定法的範疇，既然是成文法，就難以避免並徹底解決僵化、滯後的問題，畢竟「法有一定之制，而事有無窮之變，苟事一爲之法，則法不勝事」。〔註143〕因此，基於實際案件特別是由皇帝裁決的疑難重大案件而形成的斷例，就能夠在成文法鞭長莫及時發揮其獨特作用，從而在司法審判活動中日益受到重視。仁宗慶曆三年（1043）三月，「詔刑部、大理寺，以前後所斷獄及定奪公事編爲例」。〔註144〕自此拉開了宋代斷例編纂的序幕，「社會和經濟的變化可能刺激了新法律的大量產生，而大量的新法律又會激勵產生更靈活的法律形式」。〔註145〕因而斷例與唐律形成以後律典逐漸僵化的背景息息相關。

（二）中央集權的加強和奏讞制度的完善

宋代承接五代之亂局，深知國家分裂和地方割據的危害，因此高度重視加強中央集權，在制度設計和機構設置上也十分注意分權和制約，始終堅持「事爲之防，曲爲之制」，〔註146〕以確保大權統於君上。這種理念在司法領域也有諸多體現，司法機構上如中央審刑院、刑部、大理寺之間的制約，諸路提點刑獄司的設立，州府中州院（府院）與司理院的分掌等。司法制度上如翻異別勘、鞫讞分司制度的實行，重大案件的制勘與推勘等，其中與斷例的廣泛適用關係最爲密切的，當屬奏讞制度的完善。

所謂奏讞，往往與疑難案件聯繫在一起，《宋史》載：「獄，重事也。稽者

〔註141〕《宋會要輯稿》刑法一之一，第6462頁。
〔註142〕《宋史》卷一九九《刑法志一》，第4963~4964頁。
〔註143〕《宋會要輯稿》刑法一之二三，第6473頁。
〔註144〕《長編》卷一四〇慶曆三年三月戊辰，第3358頁。
〔註145〕〔美〕馬伯良：《從律到例：宋代法律及其演變簡論》，載高道蘊、高鴻鈞、賀衛方編：《美國學者論中國法律傳統》（增訂版），清華大學出版社，2004年，第333頁。
〔註146〕《長編》卷一七開寶九年十月乙卯，第382頁。

有律，當者有比，疑者有讞。」〔註147〕《長編》也載：「古者，獄疑則司寇以告於王，王命三公參聽之。」〔註148〕奏讞制度，或稱奏裁制度，是指「對刑名疑慮、情理可憫的案件必須上奏朝廷敕裁的制度」，〔註149〕這一制度在秦漢時期就已出現，既體現了皇權對於司法審判最終權限的控制，也反映出中國古代統治者重視獄訟和民命的恤刑精神。〔註150〕而「宋代將這一精神加以發揚光大，特別重視對疑獄的奏讞，即使因奏讞而造成大量滯獄也在所不惜，形成了宋代司法制度上的一大特點」。〔註151〕北宋《天聖令》載：「諸州有疑獄不決者，奏讞刑法之司。仍疑者，亦奏下尚書省議。」〔註152〕且宋代刑部的職責之一就是「若情可矜憫而法不中情者讞之，皆閱其案狀，傳例擬進」。〔註153〕

之所以說斷例與奏讞制度密切相關，是因爲斷例體現著中央司法機構乃至皇帝處理類似案件時的意見和態度，而在自上而下的奏讞程序中，無論是地方司法機構還是中央司法機構都需要斷例：地方司法機構（主要是諸州）需要通過斷例來瞭解中央司法機構及皇帝對於類似案件的處理方式；中央司法機構（包括不屬於司法機構的中書省）則需要通過斷例來進行檢例、貼例，並提出意見、作出擬判，最後交由皇帝裁決。

奏讞制度的存在催生了適用斷例的必要，而皇帝也希望通過斷例的適用限制奏讞案件的範圍和數量，從而更好地發揮奏讞程序的作用和價值。元符二年（1099）四月，臣僚在修成《元符刑名斷例》的進奏中，就將編修好的斷例分爲「頒降刑部大理寺檢用施行」的和「頒之天下」的兩個部分。〔註154〕

〔註147〕《宋史》卷二〇〇《刑法志二》，第 4994 頁。
〔註148〕《長編》卷三九六元祐二年三月庚午，第 9659 頁。
〔註149〕王雲海主編：《宋代司法制度》，第 315 頁。
〔註150〕鄭顯文先生指出：「對於普通的刑事民事案件，司法機關在審判時，通常會按照國家的法律條文判決。但如果該案件比較特殊，在法典中找不到相對應的法律條文，司法機關便將該案件逐級上報，最後由中央最高的司法機構研究討論，奏請皇帝裁決，作出統一的法律解釋，該判決也就成爲法例，爲此後的司法審判所援引，成爲先例，該項制度就是中國古代的奏讞制度。奏讞制度是我國古代具有解釋權的中央司法機關對某些重大疑難案件所作出的權威性解釋。」鄭顯文：《中國古代重大疑難案件的解決機制研究》，《法治研究》2014 年第 1 期。
〔註151〕王雲海主編：《宋代司法制度》，第 315 頁。
〔註152〕《天一閣藏明鈔本天聖令校證》，第 336 頁。
〔註153〕《宋史》卷一六三《職官志三》，第 3857 頁。
〔註154〕參見上文第二章第一節「斷例的編修與內容」中「斷例的編修原則」部分。

而且爲使地方領會朝廷頒降斷例的用意，臣僚建議將編修斷例的申明一併頒行：「頒降斷例係以款案遍修刑名行下檢斷，其罪人情重法輕，情輕法重，有蔭人情不可贖之類，大辟情理可憫並疑慮，及依法應奏裁者自合引用奏裁，慮恐諸處疑惑，欲乞候頒降日令刑部具此因依申明，遍牒施行。」〔註155〕可見，斷例適用與奏讞制度之間存在密切聯繫。

因此，中央集權的加強和奏讞制度的完善也是斷例廣泛行用的原因。值得注意的是，強勢的中央集權一方面決定了宋代以斷例爲中心的判例制度有存在的必要，卻也在另一方面限制了判例制度進一步發展的可能。君主集權專制背景下的判例制度，決定了判例的形成與運用都必須以皇帝爲代表的朝廷中央的認可爲基礎和條件，這與西方的判例法制度大相徑庭，正如學者所言：「中國古代之所以未能形成西方那樣的判例法制度，這是實行君主集權體制的必然結果。」〔註156〕

（三）統治階層的重視和現實形勢的推動

「自古帝王理天下，未有不以法制爲首務。法制立，然後萬事有經，而治道可必。」〔註157〕宋代是中國古代法制建設卓有成效的朝代，時人曾云：「本朝所以立國定制，維持人心，期於永存而不可動者，皆以懲創五季，而矯唐末之失策。爲言細者愈細，密者愈密，搖手舉足，輒有法禁。」〔註158〕並且「內外上下，一事之小，一罪之微，皆先有法以待之」。〔註159〕從一個側面反映出宋代各項制度之完備、規則之繁多。〔註160〕楊鴻烈先生也認爲：「宋代法典之多，超越各代，前此的法典不過是每易一君主即編修一次而已，但宋代則每改一年號必有一次乃至數次的編修。」〔註161〕而更爲重要的是，宋代統

〔註155〕《長編》卷五〇八元符二年四月辛巳，第 12106 頁。

〔註156〕楊一凡、劉篤才：《歷代例考》，第 408 頁。

〔註157〕《長編》卷一四三慶曆三年九月丙戌，第 3455 頁。

〔註158〕〔宋〕葉適：《水心集》卷三前集《法度總論二》，四部叢刊本。

〔註159〕《水心集》卷四前集《實謀》。

〔註160〕而宋代臣僚關於重法的言論也很多見，其中更是不乏精當之論，如《宋史全文》卷一建隆四年七月己卯，引呂中的評論道：「任人而不任法，以處他事則可，以治刑獄則不可，此刑統之不可無也。夫律令之明，條章之具，使罪應其法，法應其情，奸吏猶自爲之輕重，況無法乎？宋朝格式律令皆有常書，張官置吏，所以行其書爾。」〔元〕佚名：《宋史全文》，李之亮點校，黑龍江人民出版社，2005 年，第 35 頁。

〔註161〕楊鴻烈：《中國法律發達史》，中國政法大學出版社，2009 年，第 330 頁。

治者除少數皇帝外，普遍能夠認識到法制的重要性，法律得到了較好地實施和遵守。加上宋代重文抑武、優待士人的統治策略，宋代可謂是中國古代政治運作最爲寬鬆、法制環境最爲優越的時代。〔註162〕

宋代斷例編修的數量和規模是繁多和龐大的，其背后皇帝和臣僚的推動自然毋庸置疑。對於法律未有規定和難以處理的案件，由皇帝最終定奪，並以斷例的形式表現出來，經過系統地編修後成爲具有約束力的法律淵源。這看似只是皇帝意志的表達和記錄，但斷例所體現的處理方式，在形成過程中無疑或多或少參考了臣僚的建議，而這樣的建議則是從之前皇帝和臣僚對類似案件的處理中得來的。並且新形成的斷例又會成爲被檢索和引用的對象，對皇帝和臣僚之後的決斷提供參考和指引。

這樣的處理模式逐漸確定下來，成爲宋代中央決策者處理棘手法律問題的常態化手段。如果皇帝對現有的諸多法令毫不在意，對之前自己關於類似案件的處理方式完全不顧，對臣僚的建言皆不採納，那斷例的編修就不僅沒有必要，反而會成爲約束自己的枷鎖，以其爲基礎形成的疑難案件處理模式也自然完全沒有可能。因此，正是皇帝和臣僚對於法制的重視和對於傳統的因循，才促成了斷例的廣泛編纂和運用。

而到了南宋，斷例的行用則有了更爲現實和迫切的理由：「高宗播遷，斷例散逸，建炎以前，凡所施行，類出人吏省記。」〔註163〕「自國朝以來斷例，渡江以來，皆已散失。今所引用，多是自建炎以來近例。若建炎以前，皆出官吏省記，間亦引用。」〔註164〕可見在南宋初期，由於經過戰亂，導致原來歷年積纍下來的斷例都已散失。而經過北宋長期的編修和運用，斷例已經爲司法審判活動所依賴。尤其是中央司法機構在處理疑難和可矜案件時，更是需要藉斷例爲依據。〔註165〕因此在宋代，斷例已經成爲規範和約束司法審判

〔註162〕這一點在神宗朝阿雲案中得到了充分地體現，圍繞著案件的定罪問題，持不同意見的官員展開了深入而持久地爭論，神宗本人則對雙方都表現出極大地寬容，從這一看似普通的案件中，可以解讀出有關宋代政治和法律運作的諸多內容。關於阿雲案，參見徐道鄰：《中國法制史論集》，臺北誌文出版社，1975 年，第 104～105 頁；蘇基朗：《唐宋法制史研究》，香港中文大學出版社，1996 年，第 149～178 頁；戴建國：《阿雲案與宋代的自首制度》，林明、馬建紅主編：《中國歷史上的法律制度變遷與社會進步》，山東大學出版社，2004 年，第 212～229 頁。

〔註163〕《宋史》卷一九九《刑法志一》，第 4965 頁。

〔註164〕《建炎以來繫年要錄》卷七八，第 1480 頁。

〔註165〕「文籍散落」在南宋初期行政事務方面產生的影響，則是「指揮」的廣泛運

的重要手段，在制定法付之闕如的地方，有斷例可供參酌要遠勝於沒有依據的自由裁量。

第四節　斷例的價值與弊端

一、斷例的價值

對於宋代斷例所具有的重要價值，宮崎市定先生有過概括說明，指出：「斷例是由中央政府編纂的，身附來自天子的權威，具有法律效力，可以作爲審判疑難案件的參考。出現這樣的斷例，無論如何也是社會的一大進步。」〔註 166〕具體來看，斷例的價值主要體現在兩個方面：一方面，斷例是成文法的必要補充，另一方面，斷例是成文法的有益變通。

（一）成文法之必要補充

正如上文在分析斷例廣泛適用的原因時所指出的，以唐律爲藍本制定的

用。郭東旭先生在《論宋代法律中「例」的發展》一文中指出：「南宋時『指揮自是成例』之後，『例』的數量、地位和效力都明顯的優於敕律。」其觀點對於學界影響很大。王侃先生則在《宋例辨析續》中就學界關於「指揮」問題存在的誤解，進行了深入的辯正，指出指揮不是例，而是「皇帝聖旨的一種」。（王侃：《宋例辨析續》，《法學研究》，1996 年第 6 期）戴建國先生也認爲，宋代的指揮「實際就是詔敕，經立法程序，整理刪修後才能成爲具有永久效力的法律，在此之前，不是法律形式」。（戴建國，《唐宋變革時期的法律與社會》，第 95～96 頁。）對於郭先生所引「指揮自是成例」的說法，尚有值得推敲之處，這裏簡要作一補充。該說法出自宋人朱弁的《曲洧舊聞》卷二《新政不以赦降去官過失原減》：「國朝以來，凡州縣官吏無問大小，其受代也必展剌交相慶謝。蓋在任日除私過外，皆得以去官原免，其行慶謝之禮，爲此故也。自新政初頒，大臣恐人情不附，乃有不以赦降去官原減指揮，自是成例，而命官有過犯，雖經赦宥及去官，必取旨特斷。以此恩霈悉爲空文，而公卿士大夫莫有釐正之者。」中華書局，2002 年，第 107 頁。可見宋初規定官員在任時，除犯私罪以外，其它公罪皆可通過去官的方式得以原免，新政之後取消了這一優待官員的措施，頒下指揮不以赦降去官原減，自此形成了慣例。這一記載確能說明朝廷的指揮能夠成爲例的淵源，但似乎並不能夠表明指揮本身即是例，也難以據此說明指揮能夠廣泛地對後事具有約束力，以及證明例的效力等優於敕律。況且朱弁（1085～1144）在建炎元年（1127）時作爲通問副使赴金，繼而爲金所拘禁，被滯留十六年後於紹興十三年（1143）始得回宋，《曲洧舊聞》就作於被羈期間，因而其所述情形應非指南宋時期。

〔註 166〕〔日〕宮崎市定：《宋元時期的法制與審判機構——〈元典章〉的時代背景及社會背景》，載楊一凡總主編：《中國法制史考證》丙編第三卷，第 9 頁。

《宋刑統》，其內容是有限的，並不能涵蓋社會的各種情形，也難以應對隨著時代發展所出現的新問題。特別是在疑難案件的處理中，常法往往捉襟見肘，不敷使用，史載：「天下疑獄，讞有不能決，則下兩制與大臣若臺諫雜議，視其事之大小，無常法，而有司建請論駁者，亦時有焉。」〔註167〕因此傳統律典之外的其它法律形式，就有了存在的必要和發展的空間，通過其靈活方便的優勢，來克服不宜頻繁更動的律典所帶來的僵化滯後的弊端。斷例的一個重要價值，就是在成文法沒有規定時，作為類似案件的處理依據，填補制定法的空白，以實現類似案件類似處理，防止同罪異罰。即使是對「引例破條」深惡痛絕的司馬光，也不得不承認：「從來律令敕式，有該說不盡之事，有司無以處決，引例行之。」〔註168〕

上文曾引用熙寧八年劉奰關於法寺斷例的駁議，〔註169〕其中當時行用的法寺斷例規定：「官司出入人罪，不用因罪人以致罪之法。」劉奰認為這樣的規定不盡合理，官司失出人罪應當適用律條中的「因罪人以致罪」的規定。《宋刑統》卷五「犯罪已發未發自首門」中規定：「因罪人以致罪，而罪人自死者，聽減本罪二等。若罪人自首及遇恩原減者，亦準罪人原減法。」其疏議曰：「因罪人以致罪，謂藏匿罪人，或過致、資給及保證不實之類。」〔註170〕可見律條中並未明確規定在官司出入人罪時是否應當適用，而法寺斷例則對此作出了補充規定，進一步明確在官司出入人罪的情形下，不適用律典中「因罪人以致罪」的規定。〔註171〕

另外，從有關捕捉盜賊的一則史料中，也能夠看出斷例對於制定法的補充作用。仁宗寶元二年（1039）八月，祠部郎中、判大理寺杜曾在奏章中曾提到：「法寺久例，將行劫賊人，本因吞併財物，或嫌懦弱傷殘，恐有

〔註167〕《宋史》卷二〇一《刑法志三》，第5005頁。
〔註168〕《長編》卷三五九元豐八年八月癸酉，第8583頁。
〔註169〕參見上文第二章第二節「斷例的適用與性質」中「斷例適用的案例」部分。
〔註170〕《宋刑統》卷五《名例律》，第86～88頁。
〔註171〕筆者認為法寺斷例的規定是合理的，因為在官司失出入人罪、後罪犯因恩赦而得以減免的案件中，實際上存在著兩個法律行為，一是罪犯本身的行為，二是官司的審判行為。無論罪犯是否得到赦免，官司失出和失入的不當行為都是已然發生和存在的，因而需要加以追究，其與罪犯行為的性質是不同的，不應適用「因罪人以致罪」的律條而隨之一同原減。但劉奰的建言最終得以採納，法寺斷例也因而被修改，官司在失出人罪時得以適用律條的規定，這實際上是對官員的縱容，減輕了官員在失出人罪時的責任。

累敗，遂自相屠害。又並不依應宣教，告官群前，因怯贓物，竄伏草野，不改前非，別謀行劫，捕獲之後，只作杖六十定罪。」〔註172〕對於盜賊內部出於各種原因而自相殘殺應該如何規制，宋刑統賊盜律中並未有如此細緻的說明，因此大理寺內部長久行用的斷例，就起到了塡補律條空白的作用。杜曾認爲大理寺杖六十的刑罰，對於「自相殺並」的盜賊而言太輕，起不到震懾的作用，但在明確的成文立法頒佈之前，這樣長久行用的斷例無疑是有效的。知盧州王質就因不循斷例，「將似此不歸首劫賊已行處死」，而受到大理寺「依舊斷體例疏駁」，最終被朝廷劾罪，杜曾也因「不當因事請改法」而降官。〔註173〕

　　因此，塡補成文法的空白和漏洞成爲斷例的重要價值，在律條終歸有限的宋代（其它朝代同樣存在類似問題）法律體系中發揮了重要作用。正如川村康先生所指出的：「法令條文是有限的，人的行爲是無限的。即使多麼注意詳細的用語，也不能完全對應上僅憑法規定處理的具體案件。這種法的不完備和缺欠，就產生了由判決例的應用來補充的必要性。」〔註174〕趙旭先生也認爲：「『用例』的發展是解決司法中疑獄及正條不載之案件的必由之路。例可以破條，但同時又補充了法律。若能抓住典型案例，處斷合情合理，以爲後比，然後審愼用之，也符合法制在實踐中不斷發展的一般規律。」〔註175〕但也應該看到，斷例對於成文法的補充價值，相較於下文中將會談到的變通價值是相對次要的。一方面因爲僅起到補充作用（而無變通作用）的斷例，與具體案例的關係相對疏離，對其進行抽象化的難度較低，容易被納入制定法的範疇；另一方面，在宋代，其它法律形式如編敕，亦發揮著對律典進行補充的作用，而且規模更爲龐大，編修也更爲頻繁。

〔註172〕《宋會要輯稿》職官六四之三八，第3839頁。
〔註173〕《長編》卷一二四寶元二年八月庚午：「先是，盜殺其黨，不自言而獲者，舊止坐杖六十。時知盧州王質輒論殺之。大理寺援舊比，駁以爲非是。質曰：『盜殺其徒，自首者原之。所以疑壞其黨，且許之自新，此法意也。今殺人取貲，而捕獲。貸之，豈法意乎？』數上疏，不報。判大理寺杜曾言：『群盜自相屠害，初因並取其財，或以強凌弱，而罪止杖六十。故爲盜者肆行剽劫，第殺其黨一人，則雖就執，皆可以自免。惠養奸惡，恐非法意，請付有司議。』朝廷以方劾盧州官吏，曾不當因事請改法，降曾知密州。質尋亦罷盧州，監靈仙觀。然論者以曾、質所言爲得。」第2921頁。
〔註174〕〔日〕川村康：《宋代斷例考》，載中國政法大學法律史學研究院編：《日本學者中國法論著選譯》，第358頁。
〔註175〕趙旭：《論北宋法律制度中「例」的發展》，《北方論叢》2004年第1期。

（二）成文法之有益變通

上文分析了斷例在成文法沒有規定時的補充功能，在很多情況下，成文法雖有規定，但難以與案件的具體情形相匹配，在處理時則需要對法律規定酌情作出變通，這就體現了斷例的另一個重要價值，即爲成文法的有益變通，以防止過於簡單和機械地適用法律所導致的千篇一律、不近人情的問題。這是斷例最爲獨特的價值，也最能體現斷例與具體案件緊密結合的特點。哲宗元祐六年（1091）閏八月，刑部侍郎彭汝礪針對朝廷重法處置劫殺人獄、不引例貸配的情況，連上數奏，其中提到：

> 刑部自祖宗以來法與例兼行。強盜殺人不分首從，在法皆死。強盜一次及盜殺人，其非爲首及元不曾商量殺人，後來徒中殺人，或殺人不曾見、不曾聞、不曾知，或曾有悔戒之言，在例皆貸，前後甚多。〔註176〕

彭汝礪在折中說「強盜殺人不分首從，在法皆死」，確實如此，強盜行爲在中國古代社會被認爲是一種嚴重威脅封建統治秩序的犯罪，向來受到嚴厲打擊，在宋代亦是如此。〔註177〕《宋刑統・賊盜律》沿襲唐律的相關條文，規定：「諸強盜，不得財徒二年，一尺徒三年，二匹加一等，十匹及傷人者絞，殺人者斬。其持仗者，雖不得財，流三千里，五匹絞，傷人者斬。」〔註178〕可見只要在犯罪實施過程中存在故意殺人的行爲和後果，便須處斬，並不考慮具體情節如主從犯等問題。而太祖建隆三年（962）十二月的詔敕中對此又作了加重處罰：

> 今後應強盜計贓錢滿三貫文足陌，皆處死。不滿三貫文，決脊杖二十，配役三年。不滿二貫文，決脊杖二十，配役二年。不滿一貫文，決脊杖二十，配役一年。其贓錢並足陌。不得財者，決脊杖二十放。雖不得財，但傷人者，皆處死。〔註179〕

進一步將刑罰加重到只要計贓達到較小的數額，便予以處死。彭汝礪認爲，雖律條規定如此，但根據刑部行用的斷例，如果是初次犯強盜罪、并非首犯、臨時起意殺人、并不知曉同伴有殺人行爲，及犯罪後表示悔改，則可

〔註176〕《長編》卷四六五元祐六年閏八月壬午，第 11118 頁。
〔註177〕關於宋代強盜罪的懲處及其演變，參見戴建國：《宋代刑法史研究》，第 127～130 頁。
〔註178〕《宋刑統》卷一九《賊盜律》，第 342 頁。
〔註179〕《宋刑統》卷一九《賊盜律》，第 344 頁。

免除死刑，給予寬大處理。可以看到，斷例對於強盜罪行具體情節的考慮，實際上構成了對「一刀切」的法律規定的變通。斷例體現出對案件細節的充分關注，比處理方式簡單的律條更爲全面，有助於在司法實踐中糾正律典的弊端。斷例的這一變通價值，從紹興四年（1134）正月，朝臣有關「宣州檀偕殺人疑慮獄案」的討論中亦能得見：

> 先是，有葉全三者，盜其窖錢，偕令耕夫阮授、阮捷殺全三等五人，棄屍水中。當斬，屍不經驗，奏裁。詔授、捷杖脊，流三千里，偕貸死，決杖配瓊州。孫近爲中書舍人，言：「偕殺一家五人，雖不經驗，而證佐明白，別無可疑。貸宥之恩，止及一偕，而被殺者五人，其何辜焉？」乃命重別擬斷。始近之提點浙東刑獄也，紹興民俞富因捕盜，而並斬盜妻。近奏富與盜別無私仇，情實可憫。詔貸死，（去年三月戊寅）故法寺援之。近言：「富執本縣判狀，捕捉劫盜，殺拒捕之人，並及其妻女。而偕私用威力，拘執打縛，被殺者五人，所犯不同。」刑部亦言：「右治獄近斷孫昱殺一家七人，亦係屍不經驗。法寺爲追證分明，不用疑慮奏裁，何不依例？」法寺堅執不移……乃詔偕論如律，大理寺當職丞、評，刑部郎官皆贖金有差。〔註180〕

宋代司法審判活動十分重視證據的運用，證據制度相當完備，也是檢驗制度得到巨大發展的時代。宋法規定，發生命案後，如果屍體不經檢驗，地方司法機關不能遽爲判決，而是應當逐級奏裁，以示愼重。〔註181〕時人云：「在法，大辟情法相當之人，合申提刑司詳覆，依法斷遣。其有刑名疑慮、情理可憫、屍不經驗、殺人無證，見四者，皆許奏裁。」〔註182〕《宋史》也載，紹興二十九年（1159）：「令殺人無證、屍不經驗之獄，具案奏裁，委提刑審問。如有可疑及翻異，從本司差官重勘，案成上本路，移他監司審定，具案聞奏。否則監司再遣官勘之，又不伏，復奏取旨。」〔註183〕而臣僚在討論中提到，刑部之前斷過案例中有孫昱殺一家七人的案件，雖也是屍不經驗，但由於大理寺認爲該案眾證分明，因而不被視爲疑慮案件對其加以貸

〔註180〕《建炎以來繫年要錄》卷七二，第1384～1385頁。
〔註181〕在奏裁（或稱「奏讞」）程序中則需要引用斷例，參見上文第二章第三節「斷例的地位與成因」中「斷例的成因」部分。
〔註182〕《攻媿集》卷二七《繳刑部箚子》。
〔註183〕《宋史》卷二〇一《刑法志三》，第5024頁。

配。可見是對屍不經驗則作疑慮案件奏裁制度的變通，這一斷例所體現的處理方式是很有價值的，大理寺和刑部的相關官吏還因爲不引用該案作參考受到了處罰。〔註184〕

在上文中我們談到，法律條文總歸是有限的，因而斷例起到了很好的補充作用。除此之外，法律條文往往還是相對固定的，這是律典爲了保證自身權威所應具備的特徵。但具體案件卻總是千變萬化，特別是在堅信「徒法不足以自行」、「有治人，無治法」，且對情理法的結合孜孜以求、主張「論心」和「原情」的古人看來，相當多的案件（特別是疑難複雜案件）在引法裁斷時，往往或者情輕法重，或者情重法輕，因而需要人來發揮作用，特別是居於最高地位、掌握生殺大權的人主。西晉劉頌曾言：「君臣之分，各有所司。法欲必奉，故令主者守文；理有窮塞，故使大臣釋滯；事有時宜，故人主權斷。」〔註185〕宋人也云：「法者，天下之取平。特旨者，人君之利柄。以法令與罪人之情或不相當，則法輕情重者，特旨重之。法重情輕者，特旨輕之。此乃所以爲利柄也。」〔註186〕

雖然《宋刑統》沿襲了唐代的規定：「諸制敕斷罪，臨時處分，不爲永格者，不得引爲後比。」〔註187〕但體現著人主和朝廷意旨的斷例，必然爲各級官府、上下臣僚所傚仿，成爲風險最低的裁斷依據。時人云：「朝廷好惡，有司以爲表。其所行，有司以爲例。上有好者，下必有甚焉。」〔註188〕《長編》載，太祖開寶五年（972）正月癸酉，「陝州言，民范義超周顯德中以私怨殺同里常古眞家十二人，古眞年少脫走，得免，至是長大，擒義超訴於官，有

〔註184〕《宋會要輯稿》刑法四之八〇載：「（紹興）四年二月七日，都省言：『大理寺斷百姓孫昱等案，内孫昱所殺人，係屍不經驗，作疑慮奏裁，其刑寺並不引用。此緣朝廷疏問，方乞添入，顯屬鹵莽。』詔大理寺當職丞、評各將罰銅十斤，刑部人吏各罰銅五斤。」第6661頁。

〔註185〕《晉書》卷三〇《刑法志》，第936頁。但劉頌也指出了在刑獄審判中過多用情的弊端：「夫法者，固以盡理爲法，而上求盡善，則諸下牽文就意，以赴主之所許，是以法不得全。刑書微文，微文必有乖於情聽之斷，而上安於曲當，故執平者因文可引，則生二端。是法多門，令不一，則吏不知所守，下不知所避。姦僞者因法之多門，以售其情，所欲淺深，苟斷不一，則居上者難以檢下，於是事同議異，獄犴不平，有傷於法。」「夫善用法者，忍遠情不厭聽之斷，輕重雖不允人心，經於凡覽，若不可行，法乃得直。」見同書，第935～936頁。

〔註186〕《長編》卷四五八元祐六年五月丙子，第10964頁。

〔註187〕《宋刑統》卷三〇《斷獄律》，第550頁。

〔註188〕《長編》卷四六五元祐六年閏八月壬午，第11119頁。

司引赦當原。上曰：『豈有殺一家十二人而可以赦論乎。』命斬之」。〔註189〕
戴建國先生認為：「通常殺人特大案，遇大赦不予赦免。但此案的兇犯作案於
前朝五代之時，到宋開寶五年，已是換了一個朝代，並經歷了好幾次大赦，
故最初職能部門欲引大赦免其罪。然而宋太祖認為此案犯殺人太多，不予赦
免。」〔註190〕

　　在宋太祖看來，如果按照大赦的一般效力對其罪行予以免除，無疑是「情
重而法輕」，無以平民憤，最後的處斷體現出對常法的變通，這樣的處理方式
也成為後世法官可資援引的有力依據。《齊東野語》卷一○《俞侍郎執法》載：
「常德有舟艄程亮，殺巡檢宋正國一家十二口，累歲始獲，乃在寧廟登極赦
前，吏受其賂，欲出之。（俞）澄奏援太祖朝戮范義超故事，以為殺人於異代，
既更開國大霈，猶所不赦，況亮乎。於是遂正典刑。」〔註191〕俞澄在審理程
亮殺人案中，就援引了宋太祖對於范義超殺人案的處理方式作為依據。此外，
劉篤才先生在《歷代例考》中徵引的一組案例也值得注意：

　　　　民有盜瓜傷主者，法當死，（李）仕衡以歲饑，奏貸之。〔註192〕

　　　　陳執方大卿通判江州時，民饑，有刈人之禾而傷其主，法當死
　　　　者。執方以為：「古之荒政，所以恤人者盡矣，然尚緩刑，況於今
　　　　哉！」即奏貸其死。（按：李士衡觀察，權知天雄軍。民有盜瓜傷
　　　　主者，法當死，士衡以歲饑奏貸之。自是著為例。執方之奏，蓋用
　　　　此例也。）〔註193〕

　　劉篤才先生認為：「李仕衡對於盜瓜傷主案的判決，後來成了陳執方判決
『刈人之禾而傷其主』的根據。」〔註194〕《宋刑統・賊盜律》中規定，因盜
竊而傷人，如果是出於故意，就因其行為符合「以威若力而取其財」而轉化為
強盜罪；〔註195〕如果是出於過失，則「以鬥殺傷論，至死者加役流」。〔註196〕

〔註189〕《長編》卷一三開寶五年五月癸酉，第284頁。
〔註190〕戴建國：《宋代刑法史研究》，第92頁。
〔註191〕〔宋〕周密：《齊東野語》卷一○《俞侍郎執法》，中華書局，1983年，第180
　　　　頁。
〔註192〕《宋史》卷二九九《李仕衡傳》，第9937頁。
〔註193〕〔宋〕鄭克：《折獄龜鑒》卷八《矜謹》「陳執方緩刑」條，上海古籍出版社，
　　　　1988年，第518頁。亦見楊一凡、徐立志主編：《歷代判例判牘》第1冊，
　　　　中國社會科學出版社，2005年，第508頁。
〔註194〕楊一凡、劉篤才：《歷代例考》，第93頁。
〔註195〕《宋刑統》卷一九《賊盜律》，第342頁。

這几案中的法官都是考慮到饑荒的特殊背景，擔心嚴格適用法律會導致「情輕而法重」，有悖於人情。從而對本該治罪的行爲法外開恩，以免對地方的災情雪上加霜，以期達到緩和社會矛盾、穩定社會秩序的目的。

因此，斷例形成了對成文法的變通，以實現情與法的融合與貫通，防止刻板和機械適用法律所帶來的問題。斷例的這一價值，產生於案例與法律之間的衝突與矛盾，而在其之後的運用過程中，也離不開與待決案件具體情狀的比較與分析。可見始終與案例不可分割，難以將其簡單抽象爲成文化的制定法，而只能連同案情加以記載、編類。這就決定了斷例對於成文法的變通價值，相較於補充價值是更爲獨特的，也是編例能夠與編敕等律典之外的其它法律形式並行不悖的根本原因。正如時人所言：「前後臣僚屢有建請，皆欲去例而守法，然終於不能革者，蓋以法有所不及，則例亦有不可得而廢者，但欲盡去欲行之例，只守見行之法，未免拘滯而有礙。」〔註197〕

另外，出於更爲有效地震懾和打擊犯罪的目的，中國古代的律典往往較爲嚴苛和殘酷，而斷例所體現出的更加注重情理的處理原則和方式就顯得彌足珍貴。時人云：

> 夫罪疑惟輕，帝者之治也。刑罰之疑有赦，王者之治也。使某之事誠可疑者，尚冀廟堂之上仁以權之，使僥倖於帝王之治。況本之以情，程之以法，參之以例，了然無可疑者乎？獨以爲太優，某竊惑之。且天下之所取平，與所取信者，法與例而已矣。荀子曰：謂有法者以法行，無法者以類舉是也。有法有例，其事雖優不可得而已也，無法無例，其事雖殺不可得而行也。〔註198〕

王侃先生認爲宋例不是判例、不是法典，也不是法律形式，其屬性乃是恤刑，具有恤刑性質。〔註199〕本書雖不贊同將恤刑視爲斷例的屬性或性質，但承認斷例與恤刑之間有密切的內在聯繫，認爲恤刑是宋代斷例所具有的鮮明特徵，是其發揮的重要作用，也是斷例變通價值的體現。

二、斷例的弊端

川村康先生認爲斷例的弊端主要體現在三個方面，第一個方面是斷例的

〔註196〕《宋刑統》卷二〇《賊盜律》，第354頁。
〔註197〕《宋會要輯稿》刑法一之五五至五六，第6489頁。
〔註198〕〔宋〕鄒浩：《道鄉集》卷二二《上政府書》，文淵閣四庫全書本。
〔註199〕王侃：《宋例辨析》，《法學研究》，1996年第2期。

公開性低，第二個方面是斷例產生的多樣性，第三個方面是用例破法。〔註200〕
分析全面而精當。本書從另一個角度出發，認為斷例的弊端可以從兩個層面
來看：一是未經編修的斷例的弊端，二是已經編修的斷例的弊端。

（一）未經編修的斷例的弊端

第一，具體內容不公開。未經編修的斷例散見於各部門中，不能集中起
來予以公開。非但不能公開，由於此時的斷例繁雜瑣碎，不便檢索查閱，因
而其使用就為精通細務的低級公吏所掌握，官員反受其制。史載：「中書習舊
弊，每事必用例，五房吏操例在手，顧金錢惟意所去取，所欲與白舉用之，
所不欲行或匿例不見。」〔註201〕且「例之所傳，乃老奸宿贓秘而藏之，用以
附下罔上，欺或世俗，舞文弄法，貪饕貨賂而已」。〔註202〕雖主要針對行政事
例而言，但零散的斷例無疑也存在類似問題。可見未經編修的斷例不僅不是
法，反而是法的對立物。

特別是在南宋初期，經過靖康之亂後，散例內容不公開的問題愈加凸顯：
「自渡江以來，官司文籍散落，無從稽考。乃有司省記之說，凡所與奪，盡
出胥吏，其間未免以私意增損，舞文出入。」〔註203〕直至孝宗乾道、淳熙時，
情況仍未有改觀：「當是時，法令雖具，然吏一切以例從事，法當然而無例，
則事皆泥而不行，甚至隱例以壞法，賄賂既行，乃為具例。」〔註204〕「今之
有司既問法之當否，又問例之有無。法既當然，而例或無之，則是皆沮而不
行。夫法之當否，人所共知，而例之有無，多出吏手，往往隱匿其例，以沮
壞良法，甚者俟賄賂既行，乃為具例，為患不一。」〔註205〕為克服這樣的弊
端，宋代官員主要採取了兩方面的對策：

一方面要求對斷例加以編修，改變斷例不公開的狀況。上文在探討斷例
的編修問題時曾指出，隨著斷例編修活動的不斷深入，斷例編修的技術也是

〔註200〕〔日〕川村康：《宋代斷例考》，載中國政法大學法律史學研究院編：《日本學
　　　　者中國法論著選譯》，第372～389頁。
〔註201〕《宋名臣言行錄》後集卷一。
〔註202〕《宋會要輯稿》刑法一之四六，第6484頁。
〔註203〕《宋會要輯稿》刑法一之三四，第6478頁。
〔註204〕《宋史》卷一九九《刑法志一》，第4965～4966頁。需要加以說明的是，這
　　　　裏所指的「例」不僅包括斷例，更包括行政諸例，雖然尚不能排除有針對司
　　　　法斷例的可能性，但根據後文對於行政事例弊端的分析可以看出，這一批評
　　　　更多的是就行政例，特別是零散的事例而言的。
〔註205〕《宋會要輯稿》刑法一之四九至五〇，第6486頁。

日臻成熟，這表現為斷例的編修機構逐漸集中和統一，以及編修程序逐漸規範和完善。南宋紹興初年，由於斷例久未修成，刑部用例之弊益甚，因而臣僚希望「專委丞、評編集成書，復委通曉法令強敏郎官一二員，看詳允當，上之朝廷，審實行下，方得引用」。〔註206〕另一方面則要求斷例的使用須由官員負責，而不能委之於胥吏，防止其徇私舞弊。北宋嘉祐年間，韓琦就曾「令刪取五房例及刑房斷例，除其冗繆不可用者，為綱目類次之，封縢謹掌，每用例必自閱」。〔註207〕南宋淳熙四年（1177），臣僚也奏請「乞明詔刑部，以斷例委之長貳或郎官封鐍收掌，用則躬自取閱，庶幾定罪用刑在官而不在吏」。〔註208〕

第二，運用程序不規範。既然具體內容不公開、不透明，那麼運用上的不規範就難以避免，二者必然如影隨形。紹興九年（1139）十一月，臣僚言：「竊詳編類之意，蓋為刑部進擬案，引用案例高下用情、輕重失當。今既未成書，不免隨意引用。」〔註209〕由於斷例沒有被修纂成書，所以在處理奏案、需要引用斷例時就沒有一定的標準，也沒有限定的範圍，因而出現引用較為隨便的情況，為徇情枉法、徇私舞弊大開方便之門。史載：「自國朝以來斷例，渡江以來，皆已散失。今所引用，多是自建炎以來近例。若建炎以前，皆出官吏省記，間亦引用。至於進擬案用例，或罪輕而引用重例，或罪重而引用輕例，或有例而不引，無例而強引，即無檢察斷罪指揮。」〔註210〕

甚至還有更為嚴重的情況出現，《建炎以來繫年要錄》卷一三三載：「議者以為刑部用例之弊，非止臨時翻檢案牘、隨意引用、輕重適（疑『失』）當而已，外議相傳有部吏賣例之說。」〔註211〕其弊端已經不限於隨意引用，而是出現了「賣例」的行為，也即上文所提到的「操例在手，顧金錢惟意所去取」。此類非法行為在各種行政例的使用過程中體現得更為突出，但從這則史料來看，其亦存在於司法審判活動中。

第三，處理方式不統一。未經編修的斷例的第三個問題就是，在對類似案件的處理上存在差異，例出多門，不同部門的斷例有著不同的處理方式，

〔註206〕《建炎以來繫年要錄》卷一三三，第2480頁。
〔註207〕《宋名臣言行錄》後集卷一。
〔註208〕《宋會要輯稿》職官一五之二五，第2710頁。
〔註209〕《宋會要輯稿》刑法一之四七，第6485頁。
〔註210〕《建炎以來繫年要錄》卷七八，第1480頁。
〔註211〕《建炎以來繫年要錄》卷一三三，第2480頁。

甚至同一部門內的斷例，也因適用對象不同而不一致。《長編》載，元豐二年
（1079）六月，中書曾針對刑房引用斷例時區分過細的問題建言：「刑房奏斷
公案，分在京、京東西、陝西、河北五房，逐房用例，輕重不一，乞以在京
刑房文字分入諸房，選差錄事以下四人專檢詳斷例。」〔註212〕中書希望將在
京刑房所用斷例作爲範本，並專差四人負責檢詳，以克服「逐房用例，輕重
不一」的弊端，此爲同一機構內斷例存在的差異。而從元祐五年（1090）十
二月御史中丞蘇轍的奏請中，我們既能夠看到不同機構的斷例存在差異，也
能夠看到同一機構內部的斷例存在差異，其繁雜情況令人咋舌：

> 竊見大理寺、審刑院舊制，文臣、吏民斷罪公案並歸中書，武
> 臣、員弁人並歸密院，而中書、密院又各分房，逐房斷例，輕重各
> 不相知，所斷既下，中外但知奉行，無敢擬議。及元豐五年，先帝
> 改定官制，知此情弊，遂指揮凡斷獄公案並自大理寺、刑部申尚書
> 省，上中書取旨。自是，斷獄輕重比例始得歸一，天下稱明。〔註213〕

可見在元豐改制以前，中書和樞密院各有本機構處理案件的範圍，並且
兩機構下又分諸房，各房斷例又有差異。直到元豐改制，將案件處理權限統
歸於大理寺、刑部，以及之上的尚書省、中書，不再區分文武，才基本實現
了「斷獄輕重比例始得歸一」。而在南宋乾道初年，朝廷對運用斷例的態度曾
出現過較大改變，也正是因爲斷例存在處理方式不一致的問題：

> 乾道元年五月，詔：「法令禁奸，理宜畫一，比年以來，旁緣出
> 入，引例爲弊，殊失刑政之中。應今後犯罪者，有司並據情欵，直
> 引條法定斷，更不奏裁。内刑名有疑，令刑部大理寺看詳，指定聞
> 奏，永爲常法，仍行下諸路遵守施行，其刑部、大理寺見引用例冊，
> 令封鎖架閣，更不引用，仰刑部遍牒諸州，大字出榜曉諭。」〔註214〕

雖然如此極端對待斷例的措施只是曇花一現，但我們仍能夠感受到浸淫
於成文法傳統之中的統治階層，對於諸事不能一斷於法的擔憂。〔註215〕應該

〔註212〕《長編》卷二九八元豐二年六月乙丑，第 7260～7261 頁。
〔註213〕《長編》卷四五三元祐五年十二月丁巳，第 10873～10874 頁。
〔註214〕《宋會要輯稿》帝系一一之六，第 216 頁。
〔註215〕在此詔書發佈兩個月後，朝廷就同意了臣僚編修斷例的要求，《宋會要輯稿》
　　　　刑法一之四七載：「乾道元年七月二十日，權刑部侍郎方滋言：『乞將紹興正
　　　　月一日以後至目今刑寺斷過獄案，於内選取情實可憫之類，應得祖宗條法奏
　　　　裁名件，即編類成書，及將敕令所修進斷例更加參酌。』從之。」第 6485
　　　　頁。第二年成書，是爲《乾道新編特旨斷例》。

看到，斷例處理方式不統一的問題，首先是由於負責司法審判的機構和部門的不統一，其次才是斷例本身的問題。而隨著斷例編修活動的進行，處理方式不統一的弊端也逐漸得以消除和克服。

（二）已經編修的斷例的弊端

未經編修的斷例（散例）由於存在種種弊端，因而需要對其進行整理、加以纂集。已經編修的斷例（編例），無論從形式上、內容上、還是效力上，都與編修前存在著很大不同。二者最顯著的區別，就是編修後的斷例取得了接近於法的效力和地位。不管稱之爲「非常法」還是「準法」，可以看到，此時的斷例內容公開、範圍確定、編排有序，已非彼時零散無序、繁多冗雜的散例所能比。但編修後的斷例是否就沒有問題和弊病了？回答是否定的，編修後的斷例，其最大問題是在效力上容易產生與律條的矛盾與衝突，即爲時人所詬病的「引例破法」、「用例破條」等。﹝註216﹞類似問題在前朝就已出現，《唐會要》載：「開元十四年九月三日敕：如聞用例破敕及令式，深非道理，自今以後，不得更然。」﹝註217﹞這條敕文爲宋代所繼承和沿用，《宋刑統》載：

﹝註216﹞ 「引例破法」、「用例破條」的問題並非司法審判中的斷例所獨有，行政事務中的事例在這方面的問題要嚴重的多，時人大多數時候批評的是行政例而非斷例，這是需要結合具體史料加以甄別的。而且即便是就刑獄之事而有類似說法，也未必是針對斷例而言，因爲司法機構在處理日常行政事務中亦會產生例，可稱之爲司法行政例。如《長編》卷一九〇嘉祐四年七月庚申載：「有御營卒桑達數十人，酗酒鬥呼，指斥乘輿，有司不之覺。皇城使以旨捕送開封府推鞫，案成，棄達市。糾察刑獄劉敞移府問所以不經審訊之由，府報曰：『近例，凡聖旨、中書門下、樞密院所鞫獄，皆不應問。』敞曰：『此豈可行耶。』遂奏請自今一准定格。樞密使以開封府有例，不復論可否進呈，報敞不行。敞爭之曰：『……今乃曲忤聖旨，中書門下、樞密院所鞫公事，不復審察，未見所以尊朝廷，審刑罰，而適足啓府縣弛慢，獄吏侵侮，罪人銜冤不得告訴之弊。又朝廷舊法，不許用例破條，今顧於刑獄極謹、人命至重之際，而廢條用例，此臣所不喻也。』上乃以敞章下開封府，著爲令。」這裏所說的「用例破條」指的是有關案件是否經過應問程序方面的司法行政例，而不涉及與定罪量刑有關的斷例。《宋會要輯稿》兵一三之一四，紹興三年（1133）十月，左通直郎唐恕奏稱：「江湖之上，強盜虜劫舟船，間有舉船書遭屠戮，蹤跡滅絕，官司無由得知。蓋緣刑部久例，有獲賊盜，不知被主姓名，無人照對，則不該推恩。捕盜官司既知無激勸之方，又欲逃捕限之責。爲盜者窺知此意，往往殺人唯恐噍類之不盡。乞下有司，若強盜案據分明，已經論決，雖無被主照對，其捕盜官司特與依獲盜之法推賞。」第 6974 頁。此處的刑部久例亦爲司法行政例。關於行政例「引例破法」、「用例破條」的問題，後文還會詳述。

﹝註217﹞《唐會要》卷三九《定格令》，第 706 頁。

「準《刑部格》敕：如聞諸司用例破敕及令、式，深乖道理，自今以後，不得更然。」〔註218〕可見在宋以前就存在用例破法的問題。

　　僅就宋代斷例而言，未經編修的斷例同樣存在這樣的問題，只是在當時由於散例被公認不具有法律效力，也不允許被引用，因而「以散例破成法」受到了一致的反對，所以其問題較為明顯且相對容易解決。而對於已經編修的斷例，朝廷雖亦是不准用例破條，強調「有司所守者法，法所不載，然後用例」。〔註219〕但由於編例被賦予了法律效力並允許在審判中予以引用，加之制定法與斷例之間存在的模糊性，導致「以編例破成法」的危害更為隱蔽，也更容易引發爭論，而且難以真正解決。宋人孫覿的《鴻慶居士集》中，曾記載了惠迪任大理寺主簿時的上奏，其文曰：

> 畫一之法，守之如金石，行之如四時，所以使我人遷善遠罪、徙義修慝之道也。而本寺一司敕外又有申明，此附斷例之屬，無一定之制，老奸宿贓以獄為市，輕重高下皆出其手。正條不可則入之申明，申明不可則入之比附，比附不可則斷例。有司雖知其非，屬已著之申令，無如之何矣。〔註220〕

雖然《宋刑統》中明確要求斷罪須俱引律令格式，並且規定了適用的順序和方法，但在奸吏面前顯然形同虛設。〔註221〕奸吏們更關心的是，如何通過選擇判案依據來實現自己的非法目的，而以斷例為代表的成法以外的幾種法律形式，自然因其靈活性而受到青睞。至於成法的權威和效力是否會受到影響，則不在他們的考慮範圍之內。光宗紹熙元年（1190）正月二十一日，臣僚言：

> 古者以例而濟法，後世因例而廢法。夫例者，出格法之所不該，故即其近似者而仿行之。如斷罪無正條，則有比附定刑之文。法所不載，則有比類施行指揮。雖名曰例，實不離於法也。沿襲既久，

〔註218〕《宋刑統》卷三○《斷獄律》，第550頁。

〔註219〕《宋史》卷一九九《刑法志一》，第4964頁。

〔註220〕〔宋〕孫覿：《鴻慶居士集》卷三九《宋故國子博士惠公墓誌》，文淵閣四庫全書本。

〔註221〕《宋刑統》卷三○《斷獄律》：「諸斷罪皆須具引律、令、格、式正文，違者笞三十。」第549頁。「準唐長興二年八月十一日敕節文：今後凡有刑獄，宜據所犯罪名，須具引律、令、格、式，逐色有無正文，然後檢詳後敕，須是名目條件同，即以後敕定罪。後敕內無正條，即以格文定罪。格內又無正條，即以律文定罪。律、格及後敕內並無正條，即比附定刑，亦先自後敕為比。事實無疑，方得定罪。慮恐不中，錄奏取裁。」第551頁。

行法者往往循私忘公，不比法以爲例，而因事以起例。甚者自有本法亦捨而弗用，轉相攀援，奸胥猾吏皆得以制其出入，而法始廢矣。〔註222〕

這段話十分概括地指出了法與例之間的關係，以及斷例對於成法的破壞。斷例編集的初衷是補法之不足、爲法之變通，依託制定法來發揮作用，只有法所不及時才能用例。但在臣僚看來，隨著時間推移，斷例的作用卻由「濟法」轉爲了「廢法」。這一點在北宋重臣司馬光與其它朝臣有關引例奏裁案件的限制及其懲處的爭論中，體現得特別充分。元豐八年（1085）八月，針對曹州百姓趙倩、呂德、呂文打劫南華縣界頓榮家一案，司馬光主張對於此三人「準律敕合決重杖一頓處死」，但「刑部檢到例，擬並特貸，命決脊杖二十，各刺面配廣南遠惡州軍牢城」。〔註223〕司馬光認爲曹州案中，三人打劫頓榮家、刺傷頓榮的行爲，事實清楚。只是因爲頓榮被刺傷沒有經官檢驗，地方就以此爲由奏裁求貸，這實際上姑息和縱容了犯罪行爲。關於這一點，其在同月針對泰寧軍姜齊張存殺孫遇案、懷州魏簡殺郭昇案、耀州張志松殺張小六案的奏摺中說得更爲明確：

> 此三人皆即時毆殺，當死無疑。止是逐州避見失入罪名，妄作「情理可憫」，或「刑名疑慮」奏裁。刑部即引舊例，一切貸命。若因循不改，爲弊甚大。所以然者，從來律令敕式，有該說不盡之事，有司無以處決，引例行之。今鬥殺當死，自有正條，而刑部不問可貸與否，承例盡免死決配，作奏鈔施行。是殺人者不死，其鬥殺律條更無所用也。〔註224〕

在宋代，正常的引例行爲，即在法有所不及時引用斷例以爲補充和變通，是合法的，對此司馬光也是認同的：「凡律、令、敕、式或不盡載，則有司引例以決。」〔註225〕但對於這三宗案件中的行兇者而言，司馬光認爲是有明確法律依據的，並無可憫與疑慮之處，這三人的行爲都合歸入鬥殺而處死。〔註226〕

〔註222〕《宋會要輯稿》職官七九之六，第4212頁。
〔註223〕《溫國文正公文集》卷四八《乞不貸強盜白箚子》。
〔註224〕《溫國文正公文集》卷四八《乞不貸故鬥殺箚子》。
〔註225〕《宋史》卷二〇一《刑法志三》，第5012頁。
〔註226〕《宋刑統》卷二一《鬥訟律》：「諸鬥毆殺人者絞，以刃及故殺人者斬。雖因鬥，而用兵刃殺者，與故殺同。不因鬥，故毆傷人者，加鬥毆傷罪一等。雖因鬥，但絕時而殺傷者，從故殺傷法。」第373頁。

因此，司馬光最後建議：

> 欲乞今後應諸州所奏大辟罪人，並委大理寺依法定斷。如情理無可憫，其刑名無疑慮，即仰刑部退回本州，令依法施行。如委實有可憫及疑慮，即仰刑部於奏鈔後別用貼黃聲說情理如何可憫，刑名如何疑慮，今擬如何施行，令門下省省審，如所擬委得允當，則用繳狀進入施行。如有不當及用例破條，即仰門下省駁奏，乞行取勘。〔註227〕

建言中強調，應當約束地方不加區別、不加限制地以情理可憫和刑名疑慮為由，上奏貸免死刑犯。大理寺和刑部也應依法定斷和施行，由門下省對不當奏裁和引例的行為加以監督。司馬光的建議得到了皇帝的支持與肯定，並以詔令的形式確定了下來：「詔諸州鞫訊強盜，情理無可憫，刑名無疑慮，而輒奏請，許刑部舉駁，重行朝典，無得用例破條。」〔註228〕《長編》元豐八年（1085）七月甲寅的一段史料中，詳細地記載了這條詔令背後的爭論。〔註229〕支持司馬光觀點的認為：

> 「祖宗以來，大辟可愍與疑慮得奏裁」，則情理無可愍，刑名無疑慮者，有司妄讞以希寬縱，非辟以止辟之意。今使刑部舉駁，不得用例破條，正合祖宗立法之意。治奸惡，安善良，則斷獄雖多，乃致刑清之漸也。〔註230〕

> 本朝累聖一德，主於好生，然亦未嘗縱捨有罪。末流之弊，吏以便文自營為俗，雖於用法無疑者，皆以上讞，輒見虧除。是故奸宄以為幸，而民多冤。司馬光所以救有司之過，以輔成王者制亂之仁，此天下正議也。〔註231〕

而反對者的聲音亦為不少，刑部侍郎范百祿稱：「熙寧之令，非疑慮與可憫而輒奏者免駁勘。至元豐刪去之。去年詔書不得用例，貸配不當，即奏劾，自是官吏畏罪，不憚論殺。」〔註232〕給事中王震也與司馬光有過爭辯：

> 震見光省中曰：「天下奏案一耳，前此例貸死，今皆殺之！」光曰：「刑輕於古，民易犯，矧刑名疑慮，引例求貸，皆古所無。」震

〔註227〕 《溫國文正公文集》卷四八《乞不貸故鬥殺箚子》。
〔註228〕 《宋史》卷二〇一《刑法志三》，第5011～5012頁。
〔註229〕 《長編》卷三五八元豐八年七月甲寅，第8570～8572頁。
〔註230〕 《長編》卷三五八元豐八年七月甲寅，第8570頁。
〔註231〕 《長編》卷三五八元豐八年七月甲寅，第8572頁。
〔註232〕 《長編》卷三五八元豐八年七月甲寅，第8571頁。

曰：「漢約法三章：『傷人及盜抵罪。』今盜固有至死者，罪疑惟輕，
與其殺不辜，寧失不輕，皆聖人在上憫元元之意也。且漢有決事，
此何謂無。」〔註233〕

　　隨著這一詔令所導致的死刑案件數量的增多，到元祐時又被廢止：「癸
酉，詔罷元豐八年十一月二十三日奏讞大辟不當及用例破條法。」〔註234〕此
次爭論後，關於引例奏裁的規定又有過多次反覆，這裏不再贅述。〔註235〕

　　從目前能夠掌握的史料來看，到元豐八年（1085）時，宋代已經至少編
纂了五部斷例。而且從元豐斷例開始，斷例的編修日益規範和成熟，再加之
奏讞制度的逐步確立和完善，運用斷例與遵循成法之間的矛盾開始顯現。雖
然正常的引例行爲是合法和必要的，也得到廣泛認同，但斷例本身所具有的
模糊性，卻決定了引例由合法走向非法、由濟法轉爲廢法的界限總是難以把
握，更無法精確地作出規定。

　　另外，經過編修的斷例，在一定程度上體現出對皇帝意志的固化和確定，
但這種固化和確定，在專制集權的背景下無疑十分脆弱和有限。因此，也就
決定了想要通過編修斷例來完全限制恣意的皇權，將小大之事統歸於成法及
與成法相一致的斷例，是難以從根本上實現的，畢竟「概爲定法則事歸有司，
而人主操柄失矣」。〔註236〕總的來看，經過編修的斷例與制定法在整體上是協
調的，二者能夠相互配合、相互補充。但其背後的衝突與矛盾也始終存在，「用
例破條」的潛在風險和現實弊病更是如影隨形，難以徹底釐清。

本章小結

　　本章對宋代司法例也即斷例的問題進行了探討，通過本章的分析能夠得
出以下幾點結論：

〔註233〕《長編》卷三五八元豐八年七月甲寅，第 8571 頁。
〔註234〕《長編》卷四一一元祐三年五月癸酉，第 10010 頁。
〔註235〕關於「不應奏而奏」的責任及其演變問題，參見王雲海主編：《宋代司法制度》，
　　　　第 319～320 頁。
〔註236〕《宋會要輯稿》刑法一之二三，第 6473 頁。《宋史》二〇〇《刑法志二》也
　　　　載，崇寧五年，詔曰：「出令制法，重輕予奪在上。比降特旨處分，而三省引
　　　　用敕令，以爲妨礙，沮抑不行，是以有司之常守，格人主之威福。夫擅殺生
　　　　之謂王，能利害之謂王，何格令之有。臣強之漸，不可不戒。自今應有特旨
　　　　處分，間有利害，明具論奏，虛心以聽。如或以常法沮格不行，以大不恭論。」
　　　　第 4990 頁。

　　第一，宋代共編修有十多部斷例，從編修原則和程序來看，斷例日益規範與完善。斷例的內容與成文法典存在很大的差別，斷例是在具體案件的基礎上形成的。雖然宋代的斷例在編排體例上逐漸向成文法趨同，特別是在南宋，一些斷例採用了與律典相同的分類方式，但斷例的具體形態基本保持了案件的原貌，並非條文與案例的混合。

　　第二，斷例的適用既有情形上的規定，也有程序上的要求。斷例是宋代法律體系的重要組成部分，作為成文法典之外的補充性法律形式，斷例在當時的司法審判活動中發揮了不可替代的作用，否認斷例是一種法律形式的論斷是不太客觀的。斷例的內容、運用和效力等表明斷例具有判例的性質，雖然與西方的判例存在諸多不同，但在本質上二者卻具有相似性。

　　第三，斷例在宋代的司法活動中具有重要地位，這主要體現在兩個方面，一是編修頻繁，二是運用廣泛。斷例在宋代得到廣泛運用決非偶然，而是與當時的諸多歷史條件息息相關，既折射出唐宋時期政治、經濟、社會發展的新趨勢，也體現出唐宋之際法律形式演變的新脈絡。宋代的斷例既是社會變遷和法制發展的產物，又以其重要的作用和獨特的價值推動著這樣的進程。

　　第四，宋代斷例既有很大價值，也有不少弊端。斷例的價值可以從兩個方面來認識，一方面斷例是成文法的必要補充，另一方面斷例是成文法的有益變通，這對於解決成文法體系下律典的有限和僵化問題，發揮了不小的作用。而無論是未經編修的斷例還是已經編修的斷例，都存在一些難以徹底解決的問題，伴隨著斷例運用的整個過程。

第三章　宋代的行政例——條例、格例、則例、事例

　　宋例既包括司法例，也包括行政例。司法例即斷例，有已經編修和未經編修之分；行政例則有成文與不成文之別，主要包括條例、格例、則例和事例，其中條例、格例、則例多為成文的例，而事例多為不成文的例。在上一章我們考察了宋代斷例的相關問題，接下來本章將對宋代的行政諸例分別加以探討。

第一節　宋代的條例

一、條例的含義與概況

（一）條例的含義

　　條例在宋代法律文獻中主要有五個含義：

　　一是法律的泛指和代稱。〔註1〕如太宗雍熙二年（985）九月乙未，詔：「嶺南諸州民嫁娶、喪葬、衣服制度，委所在長吏漸加誡勵，俾遵條例。其殺人

〔註 1〕條例的這一用法不僅宋代如此，唐代和明清時亦是如此。唐代時的情況，如《唐會要》卷七七《貢舉下》載：「起今已後，望令天下州府，薦童子並須實年十一十二已下，仍須精熟，經旨全通，兼自能書寫者。如違條例，本道長吏，亦宜議懲罰。」第 1402 頁。明清時的情況，則如蘇亦工先生所指出的：「明清兩代的文獻中提到條例時通常會有兩種不同情況：一種是專指的，即專指單行或附著於律典中的刑事條例，如《問刑條例》；另一種是泛指的，為習慣的用法，非專指哪部特定的法規。」蘇亦工：《明清律典與條例》，中國政法大學出版社，2000 年，第 44 頁。

祭鬼，病不求醫，僧置妻孥等事，深宜化導，使之悛革。無或峻法，以致煩擾。」〔註2〕又如元豐元年（1078）六月二十一日，詔：「司農寺見行條例繁複，致州縣未能通曉，引用差誤。昨令編修，已經歲時，未見修成。令丞吳雍、孫路、主簿閻令權罷其餘職事，專一刪修，限半年，仍月以所修成條例上中書。」〔註3〕二者都是從寬泛的角度來使用條例一詞。

二是指某一具體的、以條例為名的法律。如太祖乾德二年（964）八月癸未，權知貢舉盧多遜言：「諸州所薦士數益多，乃約周顯德之制，定發解條例及殿罰之式，以懲濫進，詔頒行之。」〔註4〕其中提到了發解條例。又如真宗咸平五年（1002）二月甲午，審刑院上秦州私販馬條例：「自今一疋杖一百，十疋徒一年，二十疋加一等，三十疋奏裁，其馬納官，以半價給告事人。」〔註5〕可見審刑院曾制定過秦州私販馬條例。

三是指零散的事例。「由於古人往往把各種形式具有『條舉事例』特徵的例都泛稱為條例」，〔註6〕因而不少史料中提到的條例，實際上並非指明確和專門的立法，而是指零散的事例或一般的規則。如神宗熙寧三年（1070）年五月癸卯，臣僚言：「大抵條例戒於妄開，今日行之，它日遂為故事，若有司因循，漸致墮紊。」〔註7〕又如同年十二月乙丑，權知開封府韓維言：「本府衙司投名及鄉戶衙前等，人數差遣不均，良民頗受其害。蓋由條例繁雜，猾吏緣以舞弄。」〔註8〕此種含義的條例也包括一些經過初步整理和編纂的事例，雖然其規範程度有所改觀，但並不屬於具體以條例為名的法律形式範疇。

四是指條與例的合稱。如《宋史‧徐處仁傳》中載：「乞詔自今尚書、侍郎不得輒以事諉上，有條以條決之，有例以例決之，無條例者酌情裁決；不能決，乃申尚書省。」〔註9〕又如紹興四年（1134）八月，權吏部侍郎胡交修等奏：「契勘近降細務指揮內一項，六曹長貳以其事治，有條者以條決之，無條者以例決之，無條例者酌情裁決。」〔註10〕條與例分別指稱不同的法律形

〔註2〕《長編》卷二六雍熙二年九月乙未，第599頁。
〔註3〕《宋會要輯稿》刑法一之一一一，第6467頁。
〔註4〕《長編》卷五乾德二年八月癸未，第132頁。
〔註5〕《長編》卷五一咸平五年二月甲午，第1117頁。
〔註6〕楊一凡、劉篤才：《歷代例考》，第8頁。
〔註7〕《長編》卷二一一熙寧三年五月癸卯，第5126頁。
〔註8〕《長編》卷二一八熙寧三年十二月乙丑，第5301頁。
〔註9〕《宋史》卷三七一《徐處仁傳》，第11520頁。
〔註10〕《宋會要輯稿》帝系一一之二，第214頁。

式，而條例在這裏則用作二者的合稱。

五是有「條分例舉」之意，指有條理地加以說明。如太宗至道二年（996）五月壬子，就李繼遷寇靈州事，臣僚張洎奏稱：「靈武郡城，介在河上，饋運艱阻，臣請備陳始末，一二條例以言之。」〔註11〕又如真宗咸平五年（1002）正月乙丑，真宗在與臣僚討論防秋策略時稱：「今已復春時，汲汲經營，至將來猶慮不及。中書、樞密院可各述所見，且今歲防邊宜如何制置，條例以聞。」〔註12〕可見並非指名詞意義上的條例。

綜上來看，除泛指法律、條與例合稱及作列舉講以外，宋代條例一詞主要在兩個層面上使用：一是零散的事例層面，二是正式頒行的法律規則層面。

（二）條例的概況

本書對《宋會要輯稿》、《宋史》、《續資治通鑑長編》及《建炎以來繫年要錄》中出現的，在正式頒行的法律規則層面上使用的條例進行了統計，詳見附表一、二、三、四。〔註13〕通過對宋代基本史料中條例內容的梳理，可以看到這一時期的條例有以下幾個特點：

第一，主要用於規範行政和經濟事務。與明清時條例主要作為「律的補充和輔助的刑事法規」，〔註14〕廣泛適用於司法活動不同，宋代條例適用範圍與唐代大體一致，主要用於具體的行政和經濟事務。以《宋會要輯稿》為例，「條例」一詞在《宋會要輯稿》中共出現了 540 次之多。〔註15〕其中在帝系中出現了 18 次，后妃中出現了 4 次，禮中出現了 19 次，儀制中出現了 15 次，崇儒中出現了 13 次，在職官中出現了 206 次，在選舉中出現了 26 次，在食貨中出現了 154 次，在刑法中出現了 33 次，在兵中出現了 34 次，在方域中出現了 10 次，在蕃夷中出現了 8 次。

〔註11〕《長編》卷三九至道二年五月壬子，第 835 頁。
〔註12〕《長編》卷五一咸平五年正月乙丑，第 1112 頁。
〔註13〕按：限於辨別上的困難和理解上的差異，部分難以界定是泛指意義上的法律規則，還是具體以條例為名的法律規則的情況亦列入表中。
〔註14〕蘇亦工：《明清律典與條例》，第 42 頁。但蘇亦工先生也指出，明清時期條例的刑事性質也不是絕對的，比如：「乾隆間頒行的《欽頒磨勘簡明條例》、光緒二十一年頒行的《欽定武場條例》等雖名為條例，卻是有關行政方面的規定。」見同書，第 44 頁。
〔註15〕不區分條例的具體含義。

可見職官部分和食貨部分是條例運用最多的，條例被大量運用的領域主要有兩個：一是官員管理領域，二是經濟生活領域。其最爲直接的原因，自然是王安石執政時期力推的、以「均通天下財利」爲中心任務的制置三司條例司的設置和存續。但條例相較於成文法而言的簡便易行的特點，無疑也是條例能夠在這兩個領域發揮作用的重要原因。〔註16〕

第二，結構和內容上既有單數形式，也有複數形式，以前者爲多。有的學者認爲：「古代的例有些只是一件事例或一個案例，是以單數的形式出現的；有些則包括多個事例或案例，是以複數形式出現的，故從構成數量角度可把它們區分爲單數或複數。」〔註17〕這一分類標準對於審視宋代的條例很有幫助。

宋代的條例，除了少數如發解條例、客省條例、四方館條例、國子監太學條例、禮房條例、吏部侍郎左右選條例、高麗國入貢接送館伴條例等爲複數形式以外，多數的條例爲單數形式，即僅爲針對某一具體事務的處理方式和規則。如上文所提到的「秦州私販馬條例」，其內容爲：「自今一疋杖一百，十疋徒一年，二十疋加一等，三十疋奏裁，其馬納官，以半價給告事人。」可見並未囊括複雜多樣的內容，而僅規定了制裁私販馬行爲的具體量刑等級和告賞辦法。又如眞宗咸平元年（998）十二月，給事中柴成務所定「諸司使至三班有罪當續條例」：「諸司使以上領遙郡者從本品，諸司使同六品，副使至內殿崇班同七品，閤門祗候、供奉言、侍禁同八品，殿直內品同九品，奉職、借職同九品下。詔著於令。」〔註18〕也僅是規定從諸司使到三班使的官員，在犯罪後敘復時起始的不同品級，內容較爲單一。

第三，規範化程度相對較低，脫胎於具體事例的痕跡明顯。上文在分析宋代條例的含義時曾提到，除泛指法律、條與例合稱及作列舉講以外，宋代條例一詞主要在兩個層面上使用：一是零散的事例層面，二是正式頒行的法律規則層面。作爲零散事例層面的條例是不成文的，其規範性的欠缺自不待言。即便是經過整理和編修、甚至正式頒行的條例，相較於成法而言依舊層

〔註16〕 關於宋代條例與王安石變法及制置三司條例司的關係問題，所涉內容龐雜宏大，非本書有限篇幅所能涵蓋，故暫予從略。

〔註17〕 楊一凡、劉篤才：《歷代例考》，第4頁。

〔註18〕 《宋會要輯稿》刑法一之二，第6462頁。諸司使，唐及五代時爲實職，在宋代漸成階官，僅爲武臣遷轉之階；三班，宋代以供奉官、左右班殿直爲三班，後亦以東西供奉、左右侍禁及承旨借職爲三班。

次較低。

　　雖然以今天的眼光來看，宋代的條例已經具備了法律形式的特徵，也在實際事務的處理中發揮了積極作用，但在時人看來，條例尚不能與律、令、格、式、敕等傳統法律形式相提並論。仁宗慶曆四年（1044）八月辛卯，范仲淹奏稱：「今中書，古天官冢宰也。樞密院，古夏官司馬也。四官散於群有司，無三公兼領之重，而二府惟進擢差除循資級，議賞罰檢用條例而已。上不專三公論道之任，下不專六卿佐王之職，非法治也。」〔註19〕范仲淹認爲當時的官制名實不符、事權分散，中書門下（東府）和樞密院（西府）作爲主管政務和軍事的兩大核心機構，卻只是負責「進擢差除循資級，議賞罰檢用條例」之類簡單低級的日常性工作。而神宗熙寧二年（1069），與王安石同制置三司條例司的陳升之，在請求罷條例司時強調「條例者有司事爾，非宰相之職，宜罷之」，〔註20〕「宰相無所不統，所領職事，豈可稱司」。〔註21〕條例地位之低可見一斑。哲宗元祐四年（1089）八月乙丑，左諫議大夫梁燾也稱：「今中書、門下外省編修條例，六曹、寺、監之事也。編修敕令，刑部之事也。城隍土木，工部之事也。考覈吏額、吏祿，三省五房之事也。」〔註22〕明確指出編修條例與編修敕令是不同的，前者是六曹、寺、監的職務範圍，而後者則由刑部負責，差別顯而易見。

　　第四，適用的範圍主要包括部門內部事務和地方性事務。通過對宋代史料的梳理和統計，可以發現存在眾多以部門（包括部門內的官員）和地方爲名的條例。以部門爲名的條例如中書戶房條例、六曹寺監條例、宗正寺條例、樞密院諸房條例、國子監太學條例、御書院條例等。以官員爲名的條例如外官條例、太一宮眞儀庫官條例、發運司屬官條例、諸倉界監官條例、發運司屬官條例、保甲司勾當官條例、諸司押綱使臣條例等。

　　可見不少部門內部都編有條例，以爲日常運作過程中處理事務的依據。史載：「（陳）恕在三司，前後逾十數年，究其利病，條例多所改創。」〔註23〕可見陳恕在三司任職時，改變和創制了不少在三司內部行用的條例。又如天禧元年（1017）十月，尚書右丞、兼宗正卿趙安仁奏稱：「望自今前殿依舊奏

〔註19〕《長編》卷一五一慶曆四年八月辛卯，第3673頁。
〔註20〕《宋史》卷一六一《職官志一》，第3792頁。
〔註21〕《宋史》卷三一二《陳升之傳》，第10238頁。
〔註22〕《長編》卷四三二元祐四年八月乙丑，第10436頁。
〔註23〕《長編》卷五五咸平六年六月丙戌，第1205頁。

事外，崇政、承明殿及再坐，諸司常務顯有條例者，令本司施行訖奏事，其審官、三班院、吏部銓亦令分日引對。」〔註24〕指出諸官司在上殿奏事時，如果本機構內部有處理事務的條例，則遵循相關的條例來處理，事畢後上殿奏明。以避免不分事情大小、新舊、難易，一概面奏而帶來的事情繁多的問題。當面對類似事件，朝廷的處理方式前後有別時，也需要翻檢前後的不同規定，重新編修相對統一的條例，如治平三年（1066）正月十八日，樞密院言：「使臣差出勾當許乘遞馬體例不一，欲檢會前後條例，就差本院編例官重行刪定。」〔註25〕

而條例一經確定，便不僅在本部門和機構發揮作用，也能夠成為其它部門和機構處理類似事務時所仿傚的對象和參照的標準。如哲宗紹聖元年（1094）七月，提點江淮荊浙福建廣南路坑冶鑄錢王喚言：「乞置虔州提點司準備差使五員，主管幹運，許本司踏逐校尉以上有物力、諳練錢穀土人充選。所有理任、請給，乞並依諸司押綱使臣條例，仍別量支食錢，庶幾有以激勸。」〔註26〕王喚希望選差虔州提點司使臣五人，其理任、請給等具體問題則依照諸司押綱使臣條例的規定。又如徽宗政和三年（1113）七月十三日，詔：「京東路安撫使司可創置本司勾當公事一員，以京朝官或選人充。許從安撫司奏辟，其請給、人從並依保甲司勾當官條例施行。」〔註27〕可見允許京東路安撫使司設置勾當官一員，相關具體安排依照保甲司勾當官條例來實行。從這些條例運用的情形來看，多為皇帝或臣僚對某一機構的人員安排、選任條件、運作方式、活動細則等作出規定後，後來的其它機構及官員也要求依照先前的規定來行事，或者希望獲得類似的待遇。

此外，宋代還有「市舶條例」，行用於負責對外貿易的市舶司，日本學者藤田豐八先生指出：「市舶條例唐時已開其端，至宋而略備，及元更周密。宋代的市舶條例因時地而不同，尚無一定。」並認為其內容大致有八項：一為「入口海舶運貨的檢查與輸入稅的徵收」；二為「禁榷即專買及其它舶貨的收買、出賣、保管與解送」；三為「關於海舶出口許可證的付給與回舶事項的規定」；四為「舶貨販賣許可公憑即販賣許可證的發給」；五為「蕃國與蕃舶的招徠及其迎送」；六為「銅幣出口的禁止」；七為「對於一般官吏及市舶官吏

〔註24〕《長編》卷九〇天禧元年十月庚午，第2083頁。
〔註25〕《宋會要輯稿》兵二四之一七，第7187頁。
〔註26〕《宋會要輯稿》職官四三之一四五，第3346頁。
〔註27〕《宋會要輯稿》職官四一之九四，第3213頁。

舞弊事項的規定」；八為「關於飄著船舶與居留蕃人的規例」。〔註28〕可見基本上都是關於市舶司具體事務的一些規定。

以地方為名的條例亦不在少數，如京東路條例、邕州條例、陝西等路條例、平夏城靈平寨條例、開封府界條例、京城條例等。與機構之間相互參照類似，這些條例也多為地方在處理具體事務時形成的，一經朝廷確定，便可為其它地方所傚仿。可參見附表一、二、三、四中的統計，這裏不再贅述。

二、條例的內容

（一）條例的編修原因

中國傳統社會是人治的社會，而傳統政治制度則是專制的制度，皇帝對於諸多事務擁有最終的決定權，宋代也不例外。但一方面事務繁多，皇帝不可能事無鉅細地過問每一件事，另一方面，對於類似的事件和情形，由於時機和場合的不同，皇帝的處理也不可能完全一致。為了避免事務管理的混亂和處理的差異，以維持有效的統治，制度性的措施就顯得十分必要。而律令格式等相對固化的法律形式往往內容有限、更新遲緩，因此律令格式以外的其它法律形式就有了發揮作用的餘地。條例以其靈活便捷的特點，在宋代行政事務的處理中得到了廣泛的運用，時人云：「素有令式者歸有司，未有令式者立條例。」〔註29〕

中國古代的皇帝雖然反對法律制度凌駕於自身權威之上，但只要不是昏庸和愚昧之至，往往並不反對將一些具體性的事務納入制度的範圍，所謂「不立制度，則未之前聞」。〔註30〕特別是對於格外注重守成的宋代皇帝來說，通過確立最終需獲得其認可的制度規範，一方面可以防止部門和地方的長官獲得過多的決定權和裁量權，另一方面也可以樹立自己遵守法度的良好形象。從臣僚的角度來看，將部門內部和地方具體事務加以整理和編排乃至立法，既可以在一定程度上約束皇帝賞罰不均、任免無序等行為，也可以防止胥吏利用零散、繁複的不成文事例謀取非法利益的情況出現。

如大中祥符五年（1012）十二月丙寅，詔：「諸司使副任緣邊部署、知州、鈐轄、巡檢等，入辭日，求補蔭子姪，遠近之際，恩典不均，宜令樞密院差

〔註28〕〔日〕藤田豐八：《宋代之市舶司與市舶條例》，商務印書館，1936年，第85～129頁。
〔註29〕《長編》卷二五七熙寧七年十月庚辰，第6277頁。
〔註30〕《唐律疏議》卷一《名例律》，第1頁。

定條例。」〔註31〕慶曆四年（1044）二月丁巳，針對審官院、三班院、銓曹這三個負責人事管理、對官員進行考課、選任、銓注的機構，內部條例極為繁雜的情況，范仲淹奏稱：

> 臣竊見審官、三班院並銓曹，自祖宗以來，條貫極多，逐旋衝改，久不刪定。主判臣僚，卒難詳悉，官員使臣，莫知涯涘，故司屬高下，頗害至公。欲乞特降指揮，選差臣僚，就審官、三班院並銓曹，取索前後條例，與主判官員，同共看詳，重行刪定，畫一聞奏。付中書、樞密院，參酌進呈。別降敕命，各令編成例策施行。
> 〔註32〕

由於負責選官的機構內部行用的條例極為繁多，即使是部門官員對此都難以知悉，因而侵害到了選任制度的公正程度。所以范仲淹希望將審官院、三班院、銓曹這三個機構內部的條例，重新加以刪定和纂修，以期處理方式協調劃一。可見部門內部有不少零散的條例，這些零散的條例積纍多了以後就難免會前後牴牾，因而有必要加以整理和分類，這一點在熙寧四年（1071）四月臣僚的上奏中也有體現，中書言：

> 選人磨勘並酬獎、致仕、改官，前後條例不一。請自今節度、觀察判官六考，進士太常丞，餘太子中舍，不及六考，進士太子中允，餘著作佐郎。支使、掌書記、防禦團練判官六考，進士太子中允，餘著作佐郎。不及六考，進士著作佐郎，餘大理寺丞。兩使推官、令、錄事參軍、軍事判官六考，進士著作佐郎，餘大理寺丞。不及六考，進士大理寺丞，餘衛尉寺丞。不及三考，進士光祿寺丞，餘大理評事。初等職官知縣、錄事參軍，防禦、團練軍事推官，軍、監判官六考，進士大理寺丞，餘衛尉寺丞。不及六考，進士光祿寺丞，餘大理評事。不及三考，進士大理評事，餘奉禮郎。判、司、主簿、尉七考，進士大理寺丞，餘衛尉寺丞。不及七考，進士光祿寺丞，餘大理評事。不及五考，進士大理評事，餘奉禮郎。不及三考，進士奉禮郎，餘將作監主簿。〔註33〕

中書官員指出，有關選人、磨勘、酬獎、致仕、改官方面的條例規定前後

〔註31〕《長編》卷七九大中祥符五年十二月丙寅，第1807頁。
〔註32〕《長編》卷一四六慶曆四年二月丁巳，第3550頁。
〔註33〕《長編》卷二二二熙寧四年四月壬午，第5412～5413頁。

不一，因而制定了新的規則，對於不同級別官員的考選次數及相應的改官級別作出了明確而具體的規定。但再明確的規則，行用日久之後，其弊端又會逐漸顯現，因而對相關條例加以編纂的需要始終存在。又如《宋會要輯稿》載，欽宗靖康元年（1126）八月一日，吏部尚書莫儔言：「有旨將四選條例編纂，其間事理一等，而有予有奪、或輕或重不可勝舉。今欲檢其事理相類而體例不侔者，委本曹郎官看詳，長貳覆定，歸於至當，庶幾不至散漫。」〔註34〕要求編纂四選條例的初衷，亦是考慮到之前的規則，對於類似的事件卻予奪不同、輕重各異，因而需要重新對舊有條例進行檢尋、看詳和覆定。

（二）條例的編修來源

條例的形成有兩個主要途徑：一是自發生成的途徑，即零散的、不成文的事例經過長期行用而形成；二是正式編修的途徑，這又具體分為兩種情況：其一為對自發生成的條例進一步明確和規範而形成，如中書條例；其二為在對詔敕加以刪修的基礎上形成的體系化的成文規則，如吏部條例。所以從廣義的角度來看，條例編修的來源既包括事例，也包括詔敕。但是二者並不完全相同，後者由於出自政權中樞而規範性更強。關於事例，後文還會詳述，因此下面主要以源於詔敕的條例為中心，對宋代條例的編修來源問題進行探討。

在宋代正式編修的條例中，有很多來源於皇帝發佈的詔敕，這一點可以從不少史料中看出來。如《長編》載，真宗大中祥符五年（1012）四月癸卯：「令禮部貢院取前後詔敕經久可行者，編為條例。」〔註35〕可見是要求將經久可行的前後詔敕編纂為條例。〔註36〕又如熙寧五年（1072）二月甲寅：「大宗正司上編修條例六卷。先是，嘉祐六年正月，詔魏王宮教授李田編次本司先降宣敕，成六卷，以田輒刪改元旨，仍改命大宗正丞張稚圭李德芻、館閣校勘朱初平陳侗林希同編修，至是上之。」〔註37〕史料中提到，原編修官李田在編修大宗正司條例時，因為隨意刪改作為基本材料的詔旨而被更換，再

〔註34〕《宋會要輯稿》職官八之八，第2561頁。

〔註35〕《長編》卷七七大中祥符五年四月癸卯，第1761頁。

〔註36〕貢院是宋代負責貢舉考試的機構和場所，「舊制，貢院專掌貢舉，其印章曰禮部貢院之印，遇鎖試則知舉官總領」。（《宋會要輯稿》職官一三之四，第2666頁。）此次大中祥符五年令禮部貢院編修條例，雖未見有後續說明，但從《宋會要輯稿·崇儒一》中的多處記載來看，直到南宋孝宗時仍存在著貢舉條例，在相關事務中發揮著作用。

〔註37〕《長編》卷二三〇熙寧五年二月甲寅，第5589頁。

次說明部分條例編修的來源是皇帝的詔敕（詔旨、詔令）。哲宗元祐元年（1086）四月乙未，門下、中書外省在修成元豐尚書、戶部、度支、金部、倉部敕令格式時稱：

> 取到戶部左右曹、度支、倉部官制條例，並諸處關到及舊三司續降並奉行官制後案卷、宣敕，共一萬五千六百餘件。除海行敕令所該載者已行刪去，他司置局見編修者各牒送外，其事理未便順，並繫屬別曹合歸有司者，皆鑒析改正，刪除重複，補綴闕遺。修到敕令格式一千六百一十二件，並刪去一時指揮，共六百六十二冊，並申明畫一一冊，乞先次頒行，以元豐尚書戶部度支金部倉部敕令格式爲名。〔註38〕

雖未直接指出戶部左右曹、度支、倉部官制條例的來源，但能夠與續降（指揮）〔註39〕、宣敕等一同編修，也從一個側面反映出這幾類的內容是大體一致的。〔註40〕另外，條例的內容也較爲繁多冗雜，如果說這裏的一萬五千六百餘件還難以具體確定哪些屬於官制條例，那麼在另一條史料中，條例的繁雜則體現得更爲明顯，紹興二十八年（1158）九月辛巳，臣僚言：「被旨修吏部條例，本所取會到續降指揮計五千件，而刪定官止五員，恐難辦集。望於大理寺權暫差官五員，不妨本職，同共刪修。」〔註41〕臣僚指出，作爲吏部條例編修基礎的續降指揮有五千件之多，僅僅五員刪定官是不夠的，負責編修的官員希望從大理寺再差官五員，因而一共動用十人來從事吏部條例的編修，其規模是不小的。〔註42〕

因此，部分（正式編修的）條例與編敕在來源上具有一致性，即皆爲散

〔註38〕《長編》卷三七四元祐元年四月乙未，第9079頁。

〔註39〕續降指揮，「新敕令格式修成後至下一個法典修訂之前，皇帝還常常根據有司或大臣的奏請，陸續發佈一些詔敕，對社會發生的大小事件做出處理，或制定新的規則，修改已定之法，宋謂之『續降指揮』。」戴建國、郭東旭：《南宋法制史》，第6頁。

〔註40〕而且從這則史料中也能看到，條例的層次相比於敕令格式是較低的，已經較爲規範化的戶部左右曹、度支、倉部官制條例還需要經過進一步的編修，才能成爲正式法律體系（敕令格式）的一部分。

〔註41〕《建炎以來繫年要錄》卷一八〇，第3458頁。

〔註42〕此次吏部條例是否修成尚難以確定，但至孝宗時已有修成的吏部條例，史料載：「孝宗乾道九年，葉顒權吏部尚書，召對便殿，賜坐賜茶。帝因言：『吏部條例，朕置一通在禁中，卿當以何者爲先？』對曰：『以公忠爲先。』」見〔清〕嵇璜：《續通典》卷二七《職官·尚書下》，文淵閣四庫全書本。

敕。宋代的編敕編修頻繁，內容龐雜，而且既包括海行敕，也包括一司一務
敕。〔註 43〕經過刪修的散敕，大部分而且優先成爲了更爲規範的編敕，如神
宗熙寧元年（1068）二月六日，詔：「近年諸司奏辟官員，就本司編錄條例簿
書文字，頗爲煩冗。今後應係條貫體例，仰本司官依《編敕》分門逐時抄錄
入冊，不得積留，別差辟官。如續降宣敕歲久數多，合行刪修，即依祖宗朝
故事，奏朝廷差官修定。」〔註 44〕詔令中指出，有司近年來奏辟官員，在本
部門內部編錄相關的條例和文書，十分煩冗不便。因而要求今後遇到類似的、
需要纂集規則的情形時，由部門官員按照編敕的門類抄入，可見刪修編敕在
層次上要優於和高於編錄條例。但條例的生成途徑更爲多樣，適用範圍更爲
具體，層次也更低（多爲部門內部和地方事務），也更具有針對性（官員管理
和經濟活動），所以並不能被編敕完全取代，亦有其獨特價值。

（三）條例的編修原則

　　有關條例在編修時所應遵循的原則，在史料中能夠見到的描述比較少，
這一方面是由於大部分的條例並不是經由正式編修的途徑，而是隨著實踐的
長期運用而逐漸形成；另一方面則是由於條例的編修往往層次較低，多存在
於部門或地方內部，較少由朝廷來主導。此外，以詔敕爲來源的正式編修的
條例，其方式與編敕較爲接近，並無太多特別之處。

　　因此，下面主要圍繞中書條例來進行探討，正如上文所言，中書條例並
非是以詔敕爲基礎編修的，而是通過對自發生成的層次較低的條例進一步明
確和規範而形成。其本身實屬部門內部層次和範疇的條例，但卻因神宗致力
於變法和改革的特殊背景，得到了統治階層的大力推動，爲我們瞭解這一類
條例的編修原則提供了難得的材料。北宋中期神宗即位後，希望革除積弊，
「謂中書政事之本，首開制置中書條例司，設五房檢正官，以清中書之務」。
〔註 45〕對於中書編修條例十分重視，熙寧三年（1070）五月戊戌，針對中書
編修條例的問題，神宗曾有過原則性的指示和說明：

　　　　中書所修條例，宜令簡約有理，長久可施行遵守。仍先令次第
　　編排，方可刪定取捨。今中書編條例，聞已千餘冊，遇事如何省閱，
　　雖吏人亦恐不能悉究。可令先分出合爲中書每行一司條例爲三等，

〔註43〕有關宋代的編敕，參見戴建國：《宋代刑法史研究》，第 72～90 頁。
〔註44〕《宋會要輯稿》刑法一之六至七，第 6464～6465 頁。
〔註45〕《宋會要輯稿》職官一之七四，第 2366 頁。

> 仍別見行、已革、重複者，例或分明，與條無異，止錄其已施行者。
> 或自有正條違之以爲例者。或不必著例自可爲條者。或條不能該，
> 必須例爲比者，使各自爲處，然後中書日以三五件參定存去修創之。
> 朕所見大概當如此，卿等宜更審度，恐尚有不盡事理。近見閣門編
> 儀制，取索文字費力，蓋吏人不喜條例分明，亦須量立賞罰，以防
> 漏落。〔註46〕

可見要求中書所編條例在總體上應該「簡約有理，長久可施行遵守」，在方法上則須「先令次第編排，方可刪定取捨」，並且要「別見行、已革、重複者」。又具體分爲四種情況：第一，「例或分明，與條無異，止錄其已施行者」。如果條例十分明確，且與律條沒有衝突的，只收錄已經施行的。第二，「自有正條違之以爲例者」。本身已有相關的律條，但卻違背其規定形成和制定了條例，這樣的自然不在收錄之列。第三，「不必著例自可爲條者」。不需要著爲條例，而可以定爲律條的，則要定爲律條。第四，「條不能該，必須例爲比者」。不應載於律條，需要著爲條例以爲比照和參考的，則著爲條例。原來中書所編的條例有千餘冊之多，這些爲數眾多的條例或者只經過簡單的整理編排，或者只是單純的各種行政事例的積纍和記錄，因而在檢索和使用過程中十分困難，爲胥吏上下其手、謀取私利創造了條件。神宗深諳其弊，因而頗有針對性的提出了編修上的幾點基本原則和注意事項，希望能夠對中書內部行用的條例作一系統清理。

三、條例的適用

（一）條例的檢詳

無論是自發形成的條例，還是正式制定的條例，在運用過程中首先遇到的一個問題就是條例的檢詳，或稱爲檢用。通過上文的分析我們知道，宋代的條例規模龐大，零散的、未經編修的條例自不待言，即便是經過一定編修、乃至正式制定的條例，其數量也十分可觀。因而不少機構內部都有專門的人員負責檢用條例，比如樞密院檢詳官。樞密院檢詳官，又稱樞密院檢詳諸房文字、樞密院檢詳文字、檢詳官、檢詳等，始置於神宗熙寧四年（1071），〔註47〕《文獻通考》卷五八載：

〔註46〕《長編》卷二一一熙寧三年五月戊戌，第 5121～5122 頁。
〔註47〕《宋史》卷一五《神宗本紀二》：「丙辰，置樞密院檢詳官。」第 280 頁。

　　檢詳之職古無之，宋熙寧四年，詔以編修經武要略官四人王存、陳侗、陳奉世、蘇液檢詳樞密院諸房文字，禮遇視中書檢正官。元豐三年詔定置三員，及改官制，檢詳官尋罷。建炎三年，樞密院請依祖宗朝，置檢詳諸房文字兩員，敘位在左右司之下。〔註48〕

其職掌為「檢閱、審核樞密院諸房條例與行遣文字，及起草機要文書，並按月將諸房所管外路兵官賞罰事迻進奏院等」。〔註49〕可見，檢詳樞密院內部行用的條例是其重要職責之一，而且為使檢用條例時能夠更為專門化和具體化，在熙寧五年（1072）二月到四月間，還曾短暫地設置過樞密院檢用條例官，《長編》載：

　　光祿寺丞杜純為樞密院宣敕庫檢用條例官。先是，詔可專差官一員檢用條例，其逐房所呈判檢文字，並先送宣敕庫貼寫條例呈覆，故用純為之。〔註50〕

　　罷樞密院檢用官杜純歸編敕所。先是，諸房條例即檢詳官檢用，及都承旨李評建議，始別置檢用官專主之，而每用例則亦取之諸房，徒使移報往復，益為迂滯，故罷之。〔註51〕

這兩則史料主要是敘述樞密院檢用條例官的置廢問題，但也提到在檢用條例官設置之前，「諸房條例即檢詳官檢用」。雖然這一職位由於不符合原有的檢例機制、徒增事端而被取消，但卻表明，在當時檢用條例的重要性已經得到廣泛的認可。

　　除了樞密院以外，其它機構在日常行政事務處理中也需要檢用條例，如熙寧三年（1070）八月己卯，詔：「中書，應大卿監以下陳乞恩澤，並檢條例進擬，不須面奏。」〔註52〕指出職位在大卿監以下的，只需要檢具條例奏上，並不需要上殿面奏。又如元豐五年（1082）六月癸亥，詔：「尚書省六曹事應取旨者，皆尚書省檢具條例，上中書省。」〔註53〕尚書省下六部如果有事需要奏請，須由尚書省先檢具相關條例，再上中書省。而且另一則史料中也提到，「官司如轄下有申請，並須明具合用條例行下，不可泛言依條例

〔註48〕《文獻通考》卷五八《職官一二》。
〔註49〕龔延明：《宋代官製辭典》，第 109 頁。
〔註50〕《長編》卷二三〇熙寧五年二月丁卯，第 5602 頁。
〔註51〕《長編》卷二三二熙寧五年四月丙子，第 5640 頁。
〔註52〕《長編》卷二一四熙寧三年八月己卯，第 5219 頁。
〔註53〕《長編》卷三二七元豐五年六月癸亥，第 7877 頁。

－107－

施行」。〔註 54〕在奏請的時候須具體列明相關的條例，而不能泛泛地稱所奏事項是依據條例的。

（二）條例的頒行

條例一詞的含義在中國古代十分寬泛，宋代尤其如此，對此上文曾有過闡述。宋代的條例可以指稱諸多效力層次的規則，從最低級的零散的事例，到相對規範、經過初步編排的規則，再到經過正式的編修逐漸成文化和規範化的條例，最高級的則是公開頒行的、接近於成法的條例。

宋代正式頒行的條例是比較少的，如康定元年（1040）四月壬子：「李淑等上新修《閤門儀制》十二卷、《客省條例》七卷、《四方館條例》一卷。」〔註 55〕其中提到了《客省條例》和《四方館條例》。熙寧八年（1075）二月己丑：「看詳編修中書條例李承之等上《禮房條例》十三卷並《目錄》十九冊，詔行之。」〔註 56〕其中提到了《禮房條例》。又如政和七年（1117）十二月，樞密院言：

> 修成《高麗敕令格式例》二百四十冊，《儀範坐圖》一百五十八卷，《酒食例》九十冊，《目錄》七十四冊，《看詳》卷三百七十冊，《頒降官司》五百六十六冊，總一千四百九十八冊，以《高麗國入貢接送館伴條例》為目，繕寫上進。〔註 57〕

有的條例則被明確要求予以頒行或頒示，政和七年（1117）四月十六日，「詳定一司敕令所奏，修成《吏部侍郎左右選條例》，詔令頒行」。〔註 58〕南宋高宗紹興年間，葉顒「除吏部侍郎，復權尚書。時七司弊事未去，上疏言選部所以為弊，乃與郎官編七司條例為一書，上嘉之，令刻板頒示」。〔註 59〕甚至有要求將條例雕版印賣的記錄，《宋會要輯稿》載，靖康元年（1126），「詔吏部四選將逐曹條例編集成冊，鏤板印賣，從尚書莫儔之請也」。〔註 60〕建炎

〔註 54〕《宋會要輯稿》刑法二之三六，第 6513 頁。
〔註 55〕《長編》卷一二七康定元年四月壬子，第 3009 頁。
〔註 56〕《長編》卷二六〇熙寧八年二月己丑，第 6348 頁。
〔註 57〕《宋會要輯稿》刑法一之三〇，第 6476 頁。
〔註 58〕《宋會要輯稿》刑法一之二九，第 6476 頁。
〔註 59〕《宋史》卷三八四《葉顒傳》，第 11820 頁。
〔註 60〕《宋會要輯稿》選舉二三之一二，第 4615 頁。吏部四選，北宋神宗元豐改制後，「銓注之法，悉歸吏部。於是吏部有四選之法：以審官東院為尚書左選，流內銓為侍郎左選，審官西院為尚書右選，三班院為侍郎右選」。龔延明：《宋代官制辭典》，第 94 頁。

四年（1130），臣僚言：「望下省部諸司，各令合干人吏將所省記條例攢類成冊，奏聞施行。內吏部銓注條例，乞頒下越州雕印出賣。」〔註61〕

（三）條例的作用

條例在宋代的政治生活和法律體系中發揮了十分重要的作用，具體可以從三個方面來認識：

第一，促使朝廷處理方式相對一致。眾所週知，中國古代社會帶有強烈的人治特徵，宋代也是如此，特別是從北宋開始，專制主義中央集權有日益加強之趨勢，諸多事務的決定權都掌握在以皇帝為中心的朝廷手中。但需要處理的事情千頭萬緒，加上皇帝也不可能對處理過的事情過目不忘，如果缺乏制度性的措施，就很難保證類似事件得到類似的處理。而這正是臣僚所不願看到的，一方面為了防止可能得到的利益的損失，另一方面也便於提高處理類似事件的效率，因而用條例將皇帝的處理方式固定下來就顯得尤為必要。如乾德二年（964）八月癸未，「權知貢舉盧多遜言諸州所薦士數益多，乃約周顯德之制，定發解條例及殿罰之式，以懲濫進，詔頒行之」。〔註62〕可見為了對諸州薦舉的人數進行約束，防止濫進，於是制定發解條例予以規範。

又如熙寧九年（1076）正月乙亥，中書言：「中書主事以下，三年一次，許與試刑法官，同試刑法。第一等升一資，第二等升四名，第三等兩名，無名可升者，候有正官，比附減半磨勘，餘並比附試刑法官條例。」〔註63〕對於中書主事以下官員試刑法的問題，除特別加以規定的以外，其它事項則參照試刑法官條例，可見之前確定的試刑法官條例就為類似事務的處理帶來了不少便利。政和三年（1113）七月十三日，詔：「京東路安撫使司可創置本司勾當公事一員，以京朝官或選人充。許從安撫司奏辟，其請給人從並依保甲司勾當官條例施行。」〔註64〕京東路安撫使司所置的勾當公事一員，其請給、人從等待遇問題可依照保甲司勾當官條例，亦能看出先前的保甲司勾當官條例所發揮的參考作用。在南宋時，發揮著這樣作用的條例也很常見，如：「詔中書、門下省檢正官，歲舉官如左、右司條例。」〔註65〕又如：「觀文殿學士、醴泉觀使、

〔註61〕《宋會要輯稿》刑法一之三四，第6478頁。
〔註62〕《長編》卷五乾德二年八月癸未，第132頁。
〔註63〕《長編》卷二七二熙寧九年正月乙亥，第6661頁。
〔註64〕《宋會要輯稿》職官四一之九四，第3213頁。
〔註65〕《建炎以來繫年要錄》卷二六，第611頁。

兼侍讀秦檜爲樞密使。應干恩數，並依見任宰相條例施行。」〔註66〕相關具體情況可參見附表，這裏不再贅述。

第二，促使部門具體事務有據可循。如上文中所分析的，不斷膨脹的皇權總是希望將更多事務的決定權掌握在自己手中，但這在事實上是不可能實現的，皇帝的意志必然需要通過具體的部門和機構才能得以落實。而且部門制度的完善與中央集權的加強也並不矛盾，部門機構運行越規範，就越能防止部門長官擁有較多的事務決定權，因而也就越容易爲皇帝所掌控。在部門具體事務的處理中，條例無疑發揮了十分重要的作用。《長編》載，慶曆三年（1043）十月己未，范仲淹奏稱：

> 臣竊見京朝官、使臣選人等進狀，或理會勞績，或訴雪過犯，或陳乞差遣，其事理分明可行可罷者，則朝廷便有指揮。內有中書、樞密院未見根原文字，及恐審官、三班院、流內銓別有條例難便與奪者，多批送逐司。其逐司爲見批送文字，別無與奪，便不施行，號爲送煞。〔註67〕

爲防止因此而造成的事務積滯，范仲淹希望以後遇到此類情況時「仰逐司主判子細看詳。如內有合施行者，即與勘會，具條例情理定奪進呈，送中書、樞密院再行相度，別取進止。如不可施行，即仰逐司告諭本人知悉」。如果遇到朝廷對這幾類事件沒有明確指揮的情況，中書和樞密院「恐審官、三班院、流內銓別有條例難便與奪者，多批送逐司」，可見審官院、三班院、流內銓如果有內部行用的條例，在此時也能夠發揮重要作用，因而中書、樞密院難以擅自決斷。另外，范仲淹在其建議中還指出，雖無相關規定，但部門官員認爲可以施行的，也應「具條例情理定奪進呈」。

上文在分析條例的檢用時曾指出，樞密院內部有專門的檢詳官負責條例的檢用和審核，實際上除了樞密院，其它不少部門內部也有條例。如元祐元年（1086）閏二月甲申，司馬光在議論元豐改制後原先由三司統掌的財政權被不同機構分奪時，也提到：「祖宗之制，天下錢穀，自非常平倉隸司農寺外，其條皆總於三司，一文一勺以上，悉申帳籍，非條例有定數者，不敢擅支。」〔註68〕可見三司的支給是有定數的，須依條例所規定的執行。大理寺內部也

〔註66〕《建炎以來繫年要錄》卷一〇八，第 2036 頁。
〔註67〕《長編》卷一四四慶曆三年十月己未，第 3484 頁。
〔註68〕《長編》卷三六八元祐元年閏二月甲午，第 8871 頁。

有條例，《建炎以來繫年要錄》載，紹興四年（1134）四月丙戌：

> 大理少卿張礿請自今朝廷降指揮，應特旨處死，情法兩不相當，許本寺奏審。從之。去冬，都督府獲奸細董寶以聞，下寺核治，無他情狀，礿用案問，徒三年，詔從軍法。礿欲奏讞，而以法寺未有執奏條例，弗敢言，至是乃上此奏。〔註69〕

在之前董寶案的處理中，大理少卿張礿本欲奏請，但因為大理寺沒有相關情形下可以執奏的條例規定，所以不果行。此次的建言得到了皇帝的認可，自然形成了相應的條例。這裏的條例雖然並非正式編修的、制度化的規則體系，但作為大理寺奏讞程序的具體規定，也為大理寺處理相關事務提供了依據。

第三，促使地方管理逐漸規範有序。除了在朝廷和中央部門發揮作用以外，條例在地方事務管理中更是功不可沒，目前從史料中看到的以地方及地方機構為名的條例，有相當多都是涉及地方事務的管理。如州學教授條例：「欲望依西外宗正司見行舊法，置敦宗院教授一員。庶幾教導宗子，不致失學，請給人從乞依州學教授條例施行。」〔註70〕又如文州條例：「照得敘州年額買馬專委知、通主管，內通判從本司依文州條例奏舉，其本州所買馬十無一二堪充起綱。」〔註71〕

類似的條例《宋會要輯稿》中還有不少，雖然史料中往往對這些條例的內容一筆帶過，未有列明，但其與朝廷及部門機構條例的用法相當接近，亦是不同地方及其機構之間處理方式的相互借鑒，藉此加強對地方的管理和約束。條例的這一作用，在王安石與文彥博的一次對話中也有所反映，《長編》熙寧四年（1071）四月壬戌載：

> 安石又以為諸軍宜各與錢作銀樣子之類勸獎習藝，然宜為立條例，使諸路一體，不然，則諸路各務為厚以相傾，而無藝極。文彥博曰：「付與州郡公使，當聽其自使。向時，曾令公使置例冊，端午，知州送粽子若干個，亦上例冊，人以其削弱為笑。」安石曰：「周公制禮，籩豆貴賤皆有數。籩豆之實，菹醢果蔬，皆有常物，周公當太平之時，財物最多，豈可制禮務為削弱可笑。蓋用

〔註69〕《建炎以來繫年要錄》卷七五，第 1429 頁。
〔註70〕《宋會要輯稿》職官二〇之三八，第 2839 頁。
〔註71〕《宋會要輯稿》職官四三之一〇七，第 3327 頁。

財多少，人心難一，故須王者事爲之制，則財用得以均節，而厚薄當於人心也。」〔註72〕

王安石認爲諸軍可以製作銀楪子之類以勸獎習藝，但是應當制定條例，使各地大致相同，防止各路一味追求厚賞，而失立賞之本意。文彥博卻不以爲然，認爲可以任由地方來處置。但王安石卻認爲財物雖小，卻事關制度之大體，故不應等閒視之，從中確實能夠感受到宋廷對於地方管控的細密和強化。

第二節　宋代的格例

一、格例的含義與概況

（一）格例的含義

有關格例的源起，劉篤才先生認爲，「格例最初出現於唐五代時期，延續至宋元」，「格例的形成可能和作爲朝廷法律形式的『格』有關」。並指出：「格例是爲了保障『格』的實施而制定的，是由『格』派生出來的一種區分等級次第的細則，它比格的法律地位要低。格是國家的基本法律，而格例是政府部門根據格制定出來的實施細則。」〔註73〕而對於宋代的格例，劉篤才先生認爲「格就是規格。格例的性質與之近似」。〔註74〕

史載：「形而上者謂之道，形而下者謂之器，推而行之謂之通，舉而措之謂之格。」〔註75〕關於律、令、格、式的分工，《唐六典》載：「凡律以正刑定罪，令以設範立制，格以禁違正邪，式以軌物程事。」修格的用意即在於「編錄當時制敕，永爲法則，以爲故事」。〔註76〕《新唐書》中也載：「唐之刑書有四，曰：律、令、格、式。令者，尊卑貴賤之等數，國家之制度也。格者，百官有司之所常行之事也。式者，其所常守之法也。凡邦國之政，必從事於此三者。其有所違及人之爲惡而入於罪戾者，一斷以律。」〔註77〕

到了宋代，格的地位和作用在繼承唐代的基礎上又發生了一定變化：「凡

〔註72〕《長編》卷二二二熙寧四年四月壬戌，第 5401 頁。
〔註73〕 楊一凡、劉篤才：《歷代例考》，第 83～84 頁。
〔註74〕 楊一凡、劉篤才：《歷代例考》，第 113 頁。
〔註75〕《通典》卷一六四《刑法二》，第 4219 頁。
〔註76〕《唐六典》卷六，第 185 頁。
〔註77〕《新唐書》卷五六《刑法志》，第 1407 頁。

斷獄本於律，律所不該，以敕、令、格、式定之。」〔註78〕元豐二年（1079），宋神宗在臣僚上諸司敕式時進一步指出：「設於此而逆彼之至曰格，設於此而使彼傚之曰式，禁其未然之謂令，治其已然之謂敕。」〔註79〕所謂「有等級高下者皆爲格」，〔註80〕因而「宋格是關於正確實施朝廷各項措施而設立的藉以比照和衡量的等級制度」，「已不再具有唐格禁違正邪之義。同時宋格也不具有唐格那種以外在形式補充修改律令的功能」。〔註81〕

　　宋代的格例通常有四種含義：一是廣義上法律、詔敕、規則的代稱，二是具體以格例爲名的規則，三是以格爲基礎形成的慣例、規則，四是格與例的合稱。劉篤才先生認爲格例與格存在著密切聯繫、格例是格的實施細則，這一觀點具有很大啓發價值。本書認同格例與格存在密切聯繫，但對於格例是格的實施細則之論斷則持不同看法。對此上文在分析唐及五代格例時曾有說明，〔註82〕現再結合宋代相關史料作進一步分析和闡釋。

　　第一，從格例的含義來看，其並非僅是專指以格例爲名的具體規則，亦有泛指法律、詔敕、規則等的情況。唐代文獻中即有在此含義上使用的格例，如《唐大詔令集·中宗即位敕》載：「其應支兵，先取當土及側近人，仍隨地配割，分州定數，年滿差替，各出本州，永爲格例，不得踰越。」〔註83〕又如《唐會要》載，太和元年（827）十月，中書門下奏：「凡未有出身未有官，如有文學，只合於禮部應舉。有出身有官，方合於吏部赴科目選。近年以來，格文差誤，多有白身及用散試官並稱鄉貢者，並赴科目選，及注擬之時，即妄論資次，曾無格例，有司不知所守。」〔註84〕

　　在宋代，這樣的用法也很常見，如眞宗天禧四年（1020），審刑院、刑部、大理寺奏：「自今所舉幕職、州縣官充詳斷、法直官，請試律五道，取三道以上，仍斷案三二十道，稍合格例，則保明聞奏。」〔註85〕要求對準備充任詳斷官和法直官的官員加以考覈，其中須斷案二、三十道，如果基本符合法律的規

〔註78〕　《宋史》卷一六三《職官志三》，第 3857 頁。
〔註79〕　《長編》卷二九八元豐二年六月辛酉，第 7259 頁。
〔註80〕　《長編》卷三四四元豐七年三月乙巳，第 8254 頁。
〔註81〕　戴建國：《唐宋變革時期的法律與社會》，第 71 頁。
〔註82〕　參見上文第一章第二節「魏晉及隋唐時期的例」中「條例、格例、則例」部分。
〔註83〕　《唐大詔令集》卷二《中宗即位敕》，第 7 頁。
〔註84〕　《唐會要》卷七七《貢舉下》，第 1401 頁。
〔註85〕　《長編》卷九五天禧四年四月壬午，第 2187 頁。

定，則奏明任用，這裏的格例只是法律的代稱。宋儒眞德秀曾言：「臣嘗妄謂，大學一書，君天下者之律令格例也，本之則必治，違之則必亂。」〔註86〕呂中《大事記講義》也載：「我朝善守格例，無若李沆、王旦、王曾、呂夷簡、富弼、韓琦、司馬光、呂公著之爲相，破格例者，無若王安石、章子厚、蔡京、王黼、秦檜之爲相。考其成效，驗其用人，則破格例者誠不若用格例者之爲愈也。」〔註87〕

第二，從格例的形成來看，特指意義上的格例並非僅由正式制定途徑產生，也有基於格敕、格令而逐漸形成的慣例、準則之意。如眞宗大中祥符五年（1012）閏十月三日，戶部判官劉鍇言：「欲乞今後爲告敕、差敕、曆子、家狀點檢，除落停殿、丁憂、假故外，實及年限，曆子、差敕不全少者，便會問審官院，依州縣官去失文書格例，召清資官同罪委保以聞。如曆子、差敕俱無者，即依丁憂、停殿例除落年限。」〔註88〕戶部官員指出，在敍服色時，如果遇有相關證明文書不齊全的，則依照州縣官去失文書格例來處理。從這裏的提法上來判斷，州縣官去失文書格例並非正式制訂的格例，而是根據之前朝廷對於州縣官去失文書發佈的詔令而形成。又如紹興二十九年（1159）八月十四日，崇寧軍承宣使、安定郡王令誐奏：

> 遇大禮奏薦及將來致仕遺表恩澤，仍舊依權侍郎格例，於文資內安排。其應干請給並大禮生日支賜，及公使拆洗食料等，依行在東南班官幫行舊請格例，及出入接見投下文字依外官外，並宣借人數書喪客司等請給，欲乞並依前定安郡王令枚已得指揮施行。〔註89〕

王令誐襲封安定郡王，認爲自己是「自從列而襲封者，欲乞少加優異」，〔註90〕因而上奏邀求更多的賞賜和支給，其中提到了「權侍郎格例」和「在東南班官幫行舊請格例」。從其名稱的具體性來看，無疑是十分明確和特定的，雖然我們尚不能確定這二者的具體內容，但其爲正式制訂、包含抽象條文的可能性是比較小的。這一點我們從下面的史料中也能看出，《宋會要輯稿》載，紹興三十一年（1161）九月二十三日：「皇侄、武康軍節度使、開

〔註86〕〔宋〕眞德秀：《西山文集》卷二九，四部叢刊本。
〔註87〕〔宋〕呂中：《大事記講義》卷六《眞宗皇帝》，文淵閣四庫全書本。
〔註88〕《宋會要輯稿》職官八之二，第2558頁。
〔註89〕《宋會要輯稿》帝系六之三一，第145頁。
〔註90〕《宋會要輯稿》帝系六之三一，第145頁。

府儀同三司、判大宗正事、恩平郡王璩言：『明堂禮成，見居紹興府、知宗正事士鎮等各已蒙賞賚，依舊例三分減一支給，獨臣未受慶賞，乞依格例支破。』」〔註91〕恩平郡王璩認為當年明堂禮成，但自己未得到恩賞，因而希望像其它宗室成員一樣，依照格例獲得賞賜，這裏的格例應該指的就是「三分減一支給」的規定。因為在當年九月五日，諸多宗室成員抱怨「家貧累重，俸給做薄，養贍不給」的奏狀中曾提到相關的指揮：「今年明堂大禮，大臣攝事皆不及，被差昨降指揮，大禮畢賜予，宗室自節度使至將軍各減三分之一。」〔註92〕可見在很多情況下，所謂的格例既可以直接理解為詔敕的代稱，也可以理解為根據皇帝發佈的詔令確定的準則，但無論作何意理解，均非正式制訂的格的實施細則。

（二）格例的概況

宋代格例多數情況下是在泛指的含義上使用，但也有不少以格例為名的具體法規。相較於斷例、條例、則例等其它例的表現形式，格例在《宋會要輯稿》、《宋史》、《續資治通鑑長編》及《建炎以來繫年要錄》這四種宋代主要史料中出現的次數是最少的。〔註93〕本書對宋代主要史料中出現的格例進行了統計，如下表所示：

表3-1　宋代主要史料中所見「格例」

序號	名　稱	出　處	內　容
1	權侍郎格例行在東南班官幫行舊請格例	《宋會要輯稿》帝系六	崇寧軍承宣使安定郡王令誏奏：「前此未有自從列而襲封者，欲乞少加優異，遇大禮奏薦及將來致仕遺表恩澤，仍舊依權侍郎格例於文資內安排。其應干請給並大禮生日支賜，及公使拆洗食料等，依行在東南班官幫行舊請格例。」
2	格例	《宋會要輯稿》禮二五	明堂禮成，見居紹興府、知宗正事士鎮等各已蒙賞賚，依舊例三分減一支給，獨臣未受慶賞，乞依格例支破。
3	格例	《宋會要輯稿》禮六二	詔皇子國公大禮賞給支賜並春多折洗，並依格例全支本色令戶部供納。

〔註91〕《宋會要輯稿》禮二五之二三，第966頁。
〔註92〕《宋會要輯稿》禮二五之二二，第965頁。
〔註93〕在這四種史籍中分別出現了18次（含重複1次）、1次、4次、3次。

序號	名　稱	出　　處	內　　容
4	紹興格例	《宋會要輯稿》職官一	詔自今後職事官並六院官仕滿日，依紹興格例，臨時取旨除授。
5	州縣官去失文書格例	《宋會要輯稿》職官八	欲乞今後為告敕、差敕、曆子、家狀點檢，除落停殿、丁憂、假故外，實及年限，曆子、差敕不全少者，便會問審官院，依州縣官去失文書格例，召清資官同罪委保以聞。如曆子、差敕俱無者，即依丁憂、停殿例除落年限。
6	格例	《宋會要輯稿》職官四七	審官院所差知州，自來止三任通判無過即依次差充，或才器凡庸、年老病患，蓋存格例，不復區別。
7	差注格例	《宋會要輯稿》職官四九	乞仿興元府例，更置兵馬監押一員，仍釐務。其差注格例，照興元府見差小使臣親民資序人。
8	遣使三節人格例	《宋會要輯稿》職官五一	三省樞密院言：「擬到今後遣使三節人格例，常使合差二十四人（文武臣通差）。」
9	格例	《宋會要輯稿》職官五二	欲乞吏部更差有出身官一員，充上節禮物官，同共相兼掌管，其逐官支賜請給等，依現行格例支破。
10	格例	《宋會要輯稿》職官六〇	臣竊惟爵祿所以屬世，中興之初，邊賞為重，元立定格例得六年。
11	格例	《宋會要輯稿》選舉八	詔蜀州正奏名進士趙甲等六人並與依格例升名，以甲等援太上皇帝潛藩例自言也。
12	格例	《宋會要輯稿》選舉三〇	今來本司未審歲依是何格例薦舉。
13	格例	《宋會要輯稿》食貨四四	每場差監官二員，工役、兵卒二百人。立定格例，日成一舟，率以為常。（亦見食貨四八）
14	格例	《宋會要輯稿》刑法三	詔諸路州縣七月以後訴災傷者，準格例不許。今歲蝗旱，特聽收受。
15	格例	《宋會要輯稿》兵一九	敕應賞給，除諸軍已先次支給外，其餘未經支賜人，可依格例指揮支給。
16	起發格例	《宋會要輯稿》兵二五	襄陽府轉發綱馬，其牽馬軍兵賞罰，今欲參照成都府並興元府起發格例賞罰施行。
17	格例	《宋史》卷二九四《蘇紳列傳》	若以為格例之設久，不可遽更。

序號	名　稱	出　處	內　容
18	格例	《長編》卷八八大中祥符九年九月己未	詔諸州縣七月已後訴災傷者，準格例不許，今歲蝗旱，特聽受其牒訴。
19	格例	《長編》卷九五天禧四年四月壬午	審刑院、刑部、大理寺奏：「自今所舉幕職、州縣官充詳斷、法直官，請試律五道，取三道以上，仍斷案三二十道，稍合格例，則保明聞奏。」
20	格例	《長編》卷一二五寶元二年十二月己酉	宜擇主判官，付之以事權，責成其選事。若以爲格例之設已久，不可遽更，或有異才高行，許別論奏。
21	格例	《長編》卷四一九元祐三年閏十二月丙辰	自分隸以來，緩急邊事差移團結，及常日更張措置，不復關由樞密院，有司但循格例，亦無所建明。
22	格例	《建炎以來繫年要錄》卷九七	及玠專爲宣撫副使，始別立格例，隊官已上依衙官支驛料供給，隊下有官人以武藝高下給月糧。
23	太學博士格例	《建炎以來繫年要錄》卷一八三	詔皇后宅教授依太學博士格例，通理成資。
24	格例	《建炎以來繫年要錄》卷一九三	四川諸軍頭項非一，乘軍興之際，凡所須索，多踰格例。本所去朝廷至遠，調護極難，今狀申明應諸軍錢糧事務，合從逐軍統兵官徑行取撥。

　　與唐五代格例多以「準格例」、「準……格例」形式出現不同，宋代這方面的語例呈下降趨勢，取而代之的則是冠以具體機構或事項的格例。這無疑表明格例在生成和運用上越來越獨立，而非停留在參照格敕處理方式的層面，與格例初創時相比有了很大不同。從中我們能夠看到，經過五代時的運用，宋代格例又有了進一步發展。如果說唐五代時的格例還只是法律形式的雛形，那麼到了宋代，格例已經具備了法律形式的基本特徵，成爲宋代法律體系特別是行政例的重要組成部分。

二、格例的內容與適用

（一）格例的內容

　　宋代的格例主要用於行政事務，如官員的選任、薦舉、差注、給賞等。宋代文官的選任，除了重要和特定的官員由皇帝特旨除授外，主要有中書門

下負責的「堂除」和吏部主持的「部注」。〔註94〕史載：「自卿監而下及已經進擢，或寄錄至中散大夫者，皆由堂除，此吏部不敢預也。自朝議大夫而下，受常調差遣者，皆歸吏部，此中書不可侵也。」〔註95〕其中，吏部的銓選是最主要的，也是最經常的，特別是神宗元豐改制後，「銓注之法全歸吏部，實行吏部四選制」，〔註96〕即吏部尚書右選、吏部尚書左選、吏部侍郎右選、吏部侍郎左選，「四選」與司封、司勳、考功又合稱「吏部七司」。〔註97〕有宋一代，吏部銓選的法度較爲嚴密，程序也頗爲繁瑣，時人云：「天下法度之至詳，曲折詰難之至多，士大夫不能一舉措手足，不待刑法而自畏者，顧無甚於銓選之法也。」〔註98〕

在吏部銓選的過程中，格例無疑發揮了相當重要的作用。南宋時曾編修過多部《吏部條法總類》，作爲特別法，用於處理吏部職權範圍內的各種事務，如《淳熙吏部條法總類》、《嘉定吏部條法總類》等。〔註99〕而留存至今的南宋法典《吏部條法》〔註100〕「奏辟門」中，載有一則名爲《辟差格例》的文

〔註94〕 鄧小南：《宋代文官選任制度諸層面》，河北教育出版社，1993年，第30頁。
〔註95〕 《長編》卷三七〇元祐元年閏二月丁巳，第8964～8965頁。另外，有關宋代武官選任的問題，參見苗書梅：《宋代武官選任制度初探》，《史學月刊》1996年第5期。
〔註96〕 朱瑞熙：《中國政治制度通史・第六卷》，人民出版社，1996年，第661頁。
〔註97〕 苗書梅：《宋代官員選任和管理制度》，河南大學出版社，1996年，第165～166頁。
〔註98〕 《水心集》卷三前集《銓選》。
〔註99〕 有關宋代《吏部條法總類》、《吏部條法》等問題的探討，參見朱瑞熙：《中國政治制度通史・第六卷》，第728～731頁；劉篤才：《宋〈吏部條法〉考略》，《法學研究》2001年第1期；戴建國：《〈永樂大典〉本宋〈吏部條法〉考述》，《中華文史論叢》2009年第3期；戴建國、郭東旭：《南宋法制史》，第25～30頁。
〔註100〕 需要注意的是，《吏部條法》與《吏部條法總類》雖然在淵源上相近，但在編纂體例上是有差異的，據戴建國先生分析：「當年《永樂大典》修纂時，將南宋《景定吏部條法總類》按韻部字門分抄，並改稱《吏部條法》。然而這樣一改，殊不知混淆了《吏部條法》與《吏部條法總類》的區別。」（戴建國：《〈永樂大典〉本宋〈吏部條法〉考述》，《中華文史論叢》2009年第3期。）並進一步指出：「《永樂大典》卷一四六二〇至一四六二九收有宋《吏部條法》，共計九卷（中間缺卷一四六二三），從其體例內容看，其實就是南宋的《吏部條法總類》，確切地說，其書名應是《景定吏部條法總類》。」「所謂《吏部條法》是指《吏部敕令格式》」，「《吏部條法總類》是以《吏部敕令格式》及《申明》爲母本，『隨事分門』重新編纂而成」。戴建國、郭東旭：《南宋法制史》，第25～27頁。

本，內容如下：

> 初官未有考任，及歷任未成資而辟差遣。資格未及而輒超辟闕
> 次。奏補未銓中人，亦敢妄行申辟。不問贓私被論，後未經部注差
> 遣，徑作無過人申辟。恩科出身，輒辟獄官年及冒辟縣令。宗室添
> 差闕而辟庶姓。見任人到任未久，預辟下次。進納得官，及不係試
> 中材武人，而辟巡檢、知縣。須入未滿辟通判與帥機。有犯未得放
> 行參注，及不得與親民差遣。進納特科人不許辟縣尉。不係四川、
> 二廣、兩淮、京湖沿江州郡極邊去處，而辟部闕。元指揮止許選辟
> 一次，而辟次任。不許申辟語衝堂差部注已差下人。監司郡守離任
> 而辟官。軍功人不應元指揮，輒求佗辟。不許監司守臣辟親屬為所
> 部屬官。不許以辟衝填見闕，卻令已差下人改替，或別行注授。武
> 臣無令狀三紙不許辟令。納粟人雖有舉主，亦不許辟鹽場官。知縣、
> 獄官，係不許作隨司解任申辟。停廢或責降差遣，若停替未滿一任
> 人。以上二十項並不許辟差。

> 四川、二廣如係無人注授，初任部闕及辟闕，並許以初官申辟。
> 淮北州軍不以資格，許初官申辟。四川已經須入兩考者，亦許正辟
> 為倅。如係四川、二廣、兩淮、京湖沿江極邊去處，許辟無人注授
> 部闕，亦須見任人去滿替在半年內。前項許辟部闕去處，並要所辟
> 人歷任成資後方許申辟。兩浙、江東、江西、福建除辟闕許辟外，
> 或有曾經盜賊去處，及委無人注授部闕，許監司以應入資格人申辟。
> 軍功補授未參部人，許辟極邊巡尉、監當指使。（謂有制司背批離軍
> 公據，及曾經辟差者。）已上七項並許申辟。〔註101〕

辟差，即辟官差遣，又稱「辟奏」、「辟舉」、「辟官」、「奏差」、「奏舉」、「奏
辟」，謂「帥撫、監司、郡守，或奉選使堪倚用之人，具名詣闕奏差」。〔註102〕

〔註101〕 〔宋〕佚名：《吏部條法》，劉篤才點校，收入楊一凡、田濤主編：《中國珍稀
法律典籍續編》第 2 冊，黑龍江人民出版社，2002 年，第 166～167 頁。

〔註102〕 〔宋〕趙升：《朝野類要》卷三《辟差》，中華書局，2007 年，第 69 頁。劉
篤才先生認為「『辟差』是宋代監司郡守向朝廷舉薦人才實授差遣即實職的一
種制度」，「《辟差格例》規定了可以舉薦與不能舉薦的具體條件」。楊一凡、
劉篤才：《歷代例考》，第 113 頁。但嚴格說來，辟差與薦舉是不同的，「薦舉
得由朝廷或有司審批，辟奏即被辟舉人需先出具『願狀』，長吏徑自辟置差遣
之後，呈繳所奏辟官出身以來文字，中書、門下省（元豐改制後吏部）將所
辟官登記姓名備案，如發現任內犯法，則予追究」。龔延明：《宋代官製辭典》，

有學者指出：「奏辟是常規的銓選以外行政部門任免官員的最重要的補充方式，其中大部分在地方行政組織內部進行。」辟差官員的任免權掌握在地方行政機構的長官手中，「包括府、州、軍、監的長吏和路一級的漕、憲、倉、帥司長官」。〔註103〕朝廷雖然將這一部分官員的任免權下放至地方，但為防止擁有奏辟權的官員徇私舞弊而帶來的混亂和滋生的腐敗，必然需要通過制度上的安排對地方的奏辟加以約束。〔註104〕《辟差格例》正是發揮了這樣的作用，從這一文本中可以看出，其列舉了二十餘項不許辟差的情況，以及七項允許辟差的情況。雖然抽象性和概括性不是很強，在編排上也並不系統和周密，但其內容頗具針對性，並且「明確而又細緻，是一個操作性很強的規範性文件」，〔註105〕對於地方政府的適用與執行具有很高的指導價值。

除了《吏部條法》中所載的《辟差格例》，《宋會要輯稿》中還載有「遣使三節人格例」，神宗元豐八年（1085）十二月二十九日，三省、樞密院言：

> 擬到今後遣使三節人格例：常使合差二十四人（文武臣通差），泛使如非執政官與此同，今欲止許使副通差文臣六人，餘差武臣校副尉下班祗應，其轉支賜依見前條格。泛使係執政官二十八人（文武臣選差），今欲止許使副通差文臣八人，餘差武臣校副尉下班祗應。上節恩數依舊，中節轉一官，與迴日添差遣，下節轉一官，資以上並不許，並承議郎以上，並行在職事官合差人，並差正身不得充代內引節禮物官書表司。乞踏逐慣熟無官人者，聽與破本等支賜及承信郎請給，其恩例候有名目日收使，仍不得過三人。〔註106〕

宋代自建國伊始就面臨著北方少數民族政權的強大壓力，當時以漢唐時期為代表的、漢族中央政權主導的東亞國際秩序和朝貢體系不復存在。無論

第 638 頁。

〔註103〕余蔚：《論宋代地方官員對下級的任命權》，《文史》2009 年第 4 輯。

〔註104〕余蔚先生指出：「奏辟制度反映了宋廷並非一味地集權，在保證集權與發揮地方主動性之間，朝廷通常能夠收放自如。奏辟之弊，可分為法內之弊與法外之弊。所謂法內之弊，是指辟主因攙雜私念，以奏辟之手段，造成與創立奏辟制度的目的相反的結果，即通過正當的程序實現不正當的個人目的。法外之弊，在於辟主通過各種非法手段擴大辟闢之範圍，奏辟的程序本身就是與條文相衝突的，因此損害了行政系統的整體利益。」余蔚：《論宋代地方官員對下級的任命權》，《文史》2009 年第 4 輯。

〔註105〕楊一凡、劉篤才：《歷代例考》，第 115 頁。

〔註106〕《宋會要輯稿》職官五一之四八，第 3560 頁。

是契丹族的遼政權、女眞族的金政權，還是蒙古族的元政權，抑或相對弱小的党項族的西夏政權，都不僅不對宋廷稱臣納貢，反而逐漸與之平起平坐，甚至迫使宋廷屈服。宋遼之間尙能維持「兄弟之國」，金取代遼後，宋金之間連對等的關係都無力維持，南宋初期高宗凡受金人冊封，宋金成爲「君臣之國」。在這樣的背景下，宋廷與北方少數民族政權的交往，就不再是之前的少數民族政權單方面和單向度的來朝進貢，而是相互派遣使臣，並且日益固定化、程序化和規範化。特別是北宋澶淵之盟後，兩國「歲遣使交聘」，〔註107〕因此加強這方面的制度規範顯得十分必要。

　　從這件「遣使三節人格例」中可以看到，隨著北宋與遼朝交往活動的日益頻繁，對於使臣組成及其賞賜也作出了一些具體的規定。臣僚擬定的這件格例主要涉及兩個方面的內容：一是所遣使臣的組成人員。宋遼交聘過程中派遣的使節有常使與泛使兩種，常使爲一般性的使節，於兩國正旦及皇帝或皇太后生辰、即位、冊封等時派遣，泛使爲特殊性的使節，爲商議特定事務或解決爭端而派遣。〔註108〕可見，不同情形下選派的人員及數目是不同的，格例中對此有著較爲明確的規定。二是使臣歸來覆命後的遷轉和賞賜。上、中、下三部分人員所獲得的待遇是不同的，格例對此也作出了區分和說明。

　　雖然格例主要適用於官員管理事務，但也並非絕對，在地方具體事務的管理中，亦能見到格例發揮作用。《建炎以來繫年要錄》卷九七載：

　　　　（張）濬之初入蜀也，在軍中者，皆依衛官例給券，有職事人支供給月犒，隊下敢效支錢米，其餘兵校，則依軍額支衣糧及料錢。及（吳）玠專爲宣撫副使，始別立格例，隊官已上，依衛官支驛料供給；隊下有官人，以武藝高下，給月糧，又添支絹錢；敢效諸軍，依軍額外，以武藝高下，添支銀錢。〔註109〕

〔註107〕《長編》卷六六景德四年八月己亥，第1478頁。南宋時亦是如此，《建炎以來朝野雜記》甲集卷三《奉使出疆賞賚》載：「自紹興以來，朝廷每遣使往北境賀生辰、正旦，使副及三節人從往還皆遷一官，資上中節各十人，下節三十人。」《建炎以來朝野雜記》，第98頁。

〔註108〕《蘇魏公集》卷六六《華戎魯衛信錄總序》載：「南北將命往還，約束細大之務，動循前比，故次之以條例，凡此皆常使也，誕辰歲節致禮而已。至若事干大體，則有專使導之，故次之以泛使。」有關宋遼交聘制度及使節的類別，參見賈玉英：《宋遼交聘制度論略》，《中州學刊》2005年第6期；《有關宋遼交聘中泛使概念的幾點辨析》，《中國史研究》2006年第2期。

〔註109〕《建炎以來繫年要錄》卷九七，第1851～1852頁。

史料中提到，吳玠任宣撫副使時另立有格例，其規定與之前張浚的做法有所差異，這裏的格例是關於軍中各級官吏支給等方面的，並不涉及官員的設置與管理。又如高宗紹興三十年（1160）八月四日，臣僚奏稱：「竊惟漕運所用莫急於舟，江東諸郡皆雇客船，江西則於洪、吉、贛三州官置造船場，每場差監官二員，工役兵卒二百人，立定格例，日成一舟，率以爲常。」〔註110〕臣僚指出，爲供漕運用舟需求，江西於洪州、吉州、贛州三地設置造船場，每個造船場有監官兩員，工役兵卒二百人，每天製成一舟，並且通過制訂格例的方式確定下來。這裏的格例是關於官辦造船場管理的，可見在地方事務的管理中也有格例發揮作用的空間。

（二）格例的適用

格例一旦形成，就能在相關事務的管理中發揮作用，並具有約束力。《宋會要輯稿》載，天聖七年（1029）九月，臣僚言：

> 審官院所差知州，自來止三任，通判無過，即依次差充。或才
> 器凡庸、年老病患，蓋存格例，不復區別。欲望今後所差知州，並
> 具官位、姓名申中書，於宰臣聚廳時，令引出詢問，如堪差委，即
> 差；若庸愚老病，即具事狀以聞。〔註111〕

這則史料涉及宋代官員考課中一項常爲人所詬病的制度——磨勘制度，時人云：「文資三年一遷，武職五年一遷，謂之磨勘。」〔註112〕概言之，磨勘制度不重功績而重資歷，改官的原則由「循名責實」轉爲「歲月序遷」，〔註113〕遷官「不限內外，不問勞逸，賢不肖並進」，〔註114〕導致官員群體多因循保守。〔註115〕正如引文中所指出的，由於格例中的規定並無區別，所以審官院所差

〔註110〕《宋會要輯稿》食貨四四之六至七，第5586頁。
〔註111〕《宋會要輯稿》職官四七之八，第3422頁。
〔註112〕《長編》卷一四三慶曆三年九月丁卯，第3431頁。
〔註113〕鄧小南先生指出：「隨著北宋統治的安定，考課工作逐漸正規化，進而產生了固定的模式，考覈的實際內容發生著微妙、然而十分深刻的變化。對於官吏德行與才能的考查，被對資歷的勘驗所吞沒、所取代。在這種情形下，宋真宗咸平年間產生了考課制的變型，即磨勘之制。磨勘制度出現後，『率以法計其歷任歲月、功過而序進之』，考課強調的重心發生了轉移：資格凌駕於功儉之上，官員實際治效、日常課績在銓選中所起的作用大爲降低。」鄧小南：《宋代文官選任制度諸層面》，第68頁。
〔註114〕《長編》卷一四三慶曆三年九月丁卯，第3431頁。
〔註115〕官員爲了能減少磨勘年限也是費盡心思，蘇軾甚至戲稱：「今之君子，爭減半年磨勘，雖殺人亦爲之。」《宋史》卷三三八《蘇軾傳》，第10810頁。

官員無論才器如何、年齡怎樣，只要任內沒有過失，便可以得到委任，難以有所勸勉。拋開制度的是非褒貶不論，我們在這裏確能看到格例在官員管理制度中所發揮的作用。又如寶元二年（1039）閏十二月己酉，直史館蘇紳言：

　　今審官院、流內銓則古之吏部，三班院則古之兵部。不問官職之閒劇，才能之長短，惟以資歷深淺爲先後，有司但主簿籍而已。欲賢不肖有別，不可得也。太宗皇帝始用趙普議，置考課院以分中書之權，今審官是也，其職任豈輕也哉。宜擇主判官，付之以事權，責成其選事。若以爲格例之設已久，不可遽更，或有異才高行，許別論奏，如寇準判銓，薦選人錢若水等三人，並遷朝官，爲直館。其非才亦許奏殿，如唐盧從願爲吏部，非才實者並令能選，十不取一是也。〔註116〕

　　蘇紳建議應擴充審官院的事權，加重其在選官方面的責任，但也考慮到長久行用的格例難以一下革除，因而提出了一些變通的辦法，格例的效力再一次得到體現。上文曾指出，宋代的君臣從總體來看是謹守法度的，各方面的制度規定極爲細密，朝廷希望藉此來加強管控和約束，時人云：「故君子不可用而用小人，官不可任而任吏，人情事理不可信而信法。」〔註117〕李清臣也議論道：

　　今皆重夫寡過者以爲賢，而嫉夫敢爲者以爲生事，一落陷阱，沒齒不復言。故猾民悍吏得以輕罪把持其上，遊士談客得以口舌恐嚇內外之臣而招其資，胥吏得以挾簿書執格例而爭於廟堂之前。當其任者知奸而或不敢除，見賢而或不敢用，天下之害不得亟罷，天下之務不敢亟爲。〔註118〕

　　其指出，由於當時都以少有過錯爲賢明的表現，導致在任官員因爲忌憚而不敢有所作爲，連胥吏也敢持簿書、格例在朝廷上相爭。從這裏我們可以看出兩點：其一，格例無疑是有相當約束力的，否則胥吏也不敢以此爲爭論的依據；其二，格例適用的層次相對較低，且多爲吏人所掌握，故臣僚將其與簿書並提。綜上所述，格例在宋代得到了很大的發展，與唐及五代時相比，運用更爲活躍和頻繁。雖然格例的規範性和約束力尚不能與律令格式等法律

〔註116〕《長編》卷一二五寶元二年閏十二月壬子，第2951～2952頁。
〔註117〕《水心集》卷三前集《法度總論二》。
〔註118〕〔宋〕呂祖謙：《宋文鑒》卷一〇四，四部叢刊本。

形式相提並論，但其在行政事務和地方管理中所發揮的作用卻不容忽視，值得思考和研究。

第三節　宋代的則例

一、則例的含義與概況

（一）則例的含義

則例作爲行政例的一種表現形式，也是宋例的重要組成部分。時人云：「則，謂物之可視以爲法者，猶俗言則例、則樣也。」〔註119〕劉篤才先生在《歷代例考》中曾對則例的定義作過說明：「『則』是標準、等差或法則、準則、規則之意，『例』是指先例、成例或定例。」並且指出：「則例是通過立法程序制定出來的，是通過刪定編次先例、成例和定例並經統治者確認的行爲規則。」〔註120〕在宋代，與主要適用於行政領域的格例不同，則例主要適用於經濟領域，特別是規範財政支出，以確定官員俸祿、節慶賞賜、機構開銷、稅務徵收等的數額。

劉篤才先生認爲「則例屬於複數結構，具有概括性形態」，〔註121〕但就我們所看到的宋代則例而言，其中既有複數形態的，也有單數形態的。複數形態的則例如《收稅則例》、《驛券則例》等，下文在討論則例的具體內容時會詳述。除了複數形態的則例，還有相當多的則例只是簡單的單數形態。如眞宗咸平二年（999）四月三日：「定百官添饒折支則例：在京每貫上茶添二百文，若雜物添三百文；外道州府每貫上添百文。」〔註122〕這裏的百官添饒折支則例涉及官員俸祿的增添問題，只是針對這一具體事項的規定。

又如紹興六年（1136）十月八日的朝旨：「和劑局專副知手分併日支食錢三百文，書手二百五十文，庫子秤子二百五十文。熟藥所專庫書手等，並依此則例。並從太府寺請增添也。」〔註123〕朝旨裏對和劑局所屬員吏的日支食

〔註119〕〔宋〕周敦頤：《周元公集》卷四《家人睽復無妄第三十二》，文淵閣四庫全書本。〔宋〕楊伯嵒：《泳齋近思錄衍注》卷八《君道》中的記載略有差異，稱：「則，謂物之可視以爲則者，猶俗言準則與則例也。」宋刻本。

〔註120〕楊一凡、劉篤才：《歷代例考》，第9頁。

〔註121〕楊一凡、劉篤才：《歷代例考》，第9頁。

〔註122〕《宋會要輯稿》職官五七之二四，第3663頁。

〔註123〕《宋會要輯稿》職官二七之六六，第2969頁。

錢作了具體規定，並要求熟藥所中的員吏亦依從這條則例確定的數額。在孝宗時也能看到相關的用法，如乾道七年（1171）二月四日，臣僚言：「乞令三獄每處止許置杖直獄子一十二名，比附大理寺則例，每月支錢十貫，米六斗。」〔註124〕又如乾道七年（1171）十二月十一日，詔：

> 浙東七州禁軍、弓弩手至年十二月十八日已後，至來年正月二十四日終，實及一年，合行交替，發歸元來去處，將來替回起發日合支犒設：內將校一貫五百文，節級一貫一百文，長行一貫文，一千里以下至五百里以上，依前項則例支給；五百里以下，以十分爲率，支給七分。〔註125〕

詔令中要求，如果服役的路程在一千里以下至五百里以上，就「依前項則例支給」，這裏的則例即爲上文中所說的「將校一貫五百文，節級一貫一百文，長行一貫文」，亦爲具體的、單數形態的則例。因此宋代則例既有單數形態，也有複數形態，二者是並存的。從這裏我們也能看出，正處於發展中的宋代則例，在體例和結構上具有雜糅的特點，可見任何一種法律形式的成型和確立都不是一蹴而就的。

（二）則例的概況

宋代的則例主要適用於經濟領域，具體來看，包括兩個方面：一是官員俸祿的管理，二是地方財稅的徵收。這兩個方面可謂宋代則例規制經濟事務最主要的體現，在《宋會要輯稿・職官》中有關「俸祿」的部分，及《宋會要輯稿・食貨》中有關「商稅」、「賦稅」、「榷易」的部分裏有比較集中的記載。除了經濟領域，宋代也有涉及官員選任、差役分配、請給支出等具體行政事務的則例，下面分而述之。

首先來看有關官員俸祿管理的則例，「王朝設官分職、官員據官職品級按規定時間領取報酬的俸祿制度，是中國古代官僚制度的一大特色」，〔註126〕對於中國古代的官員們來說，修身齊家治國平天下固然重要，俸祿亦爲養家糊口所必須。〔註127〕而且，俸祿不僅直接關係到上至文武百官、下至諸司吏

〔註124〕《宋會要輯稿》職官四七之七四，第3455頁。
〔註125〕《宋會要輯稿》禮六二之七七至七八，第1733頁。
〔註126〕黃惠賢、陳鋒：《中國俸祿制度史》，武漢大學出版社，2012年，第1頁。
〔註127〕子曰：「君子謀道不謀食。耕也，餒在其中矣。學也，祿在其中矣。」一句話道破謀道與謀食、求學與干祿的關係。（《論語・衛靈公第十五》）

員的切身利益，也是身份與地位的重要體現。因而歷代統治者都十分注重對俸祿的等級、規格加以規範，從而既能形成層次分明的體系，對官員形成勸勉和激勵，又能防止由於官員相互攀援而帶來的混亂無序。中國古代對於俸祿的管理和規範多種多樣，其中較爲穩定和完善的當屬祿令。早在唐代就有祿令，《唐律疏議》有云：「應食祿者，具在祿令，若令文不載者，並是無祿之官。」〔註128〕宋代也有祿令，如發揮了較長時間作用的《嘉祐祿令》，仁宗嘉祐元年（1056）九月甲辰：

> 詔三司置司編祿令，以知制誥吳奎、右司諫馬遵、殿中侍御史呂景初爲編定官。初，樞密使韓琦言：「內外文武官俸入添支，並將校請受，雖有品式，每遇遷徙，須申有司檢勘中覆，至有待報歲時不下者，故請命近臣，就三司編定之。」〔註129〕

據韓琦稱，編纂祿令的原因在於，文武官員的俸祿和請受等雖有一定的規則，但遇到官員職位變動時須申朝廷檢勘，頗爲淹延。經過一年的編修，嘉祐二年（1057）書成，「冬十月甲辰朔，三司使張方平等上新編祿令十卷，名曰嘉祐祿令，遂頒行之」。〔註130〕雖然這之後宋代的俸祿制度又有變化，也制定了一些新的規則，如元豐年間的《寄祿新格》（或稱《元豐寄祿格》）、政和年間《政和祿令》等，但直到南宋紹興年間，臣僚在奏請確定三公、三少、三省長官俸給時，仍希望參照《嘉祐祿令》中的相關規定。〔註131〕祿令雖然較爲規範嚴密，卻不可能解決所有的問題，也不可能對有關俸祿的方方面面備載而無遺漏，宋人洪邁《容齋三筆》卷一四《夫人宗女請受》中載：「戚里宗婦封郡國夫人，宗女封郡縣主，皆有月俸錢米，春冬絹綿，其數甚多，《嘉祐祿令》所不備載。」〔註132〕

因此，令以外的其它法律形式便有了發揮作用的空間，其中之一即是則

〔註128〕《唐律疏議》卷一一《職制律》，第221頁。有關唐代的祿令，參見高原：《唐代官祿制度考略》，《晉陽學刊》1993年第4期；劉俊文：《敦煌吐魯番唐代法制文書考釋》，中華書局，1989年，第357、393～394頁。

〔註129〕《長編》卷一八四嘉祐元年九月甲辰，第4448頁。

〔註130〕《長編》卷一八六嘉祐二年十月甲辰，第4492頁。

〔註131〕《建炎以來繫年要錄》卷九四載，紹興五年十月辛酉：「吏部侍郎、兼詳定一司敕令晏敦復請三公、三少、三省長官俸給，並依嘉祐祿令宰臣所請則例修立，從之。」第1804頁。

〔註132〕〔宋〕洪邁：《容齋隨筆》容齋三筆卷一四《夫人宗女請受》，文淵閣四庫全書本。

例。在宋代的行政活動中，祿令之外尚存在相當多的涉及賞賜、支給、請受的則例，對祿令加以補充，與祿令一同發揮作用，宋代的則例在官員俸祿管理中發揮著重要作用。如《宋史》卷一七二載：「職事官衣，如寄祿官例，及無立定則例者，隨寄祿官給。職料錢、米麥計實數給，兩應給者，從多給。」〔註133〕南宋時亦是如此，紹興十三年（1143）十月十二日，詔：「諸軍揀罷使臣等，昨歲添差諸州軍差遣，其所支請給，已立定則例。及約束州軍按月勘支，所有供給，令逐路轉運司別作一項措置，依時給散。如米麥數少，即許於係省錢物內支破，具數申尚書省。」〔註134〕

而一些新制定的或者經過行用符合需要的則例，也會逐漸通過立法的形式納入到祿令之中。在史料中可以看到不少臣僚請求將行用的則例編入祿令的記載，如神宗熙寧元年（1068）九月二十九日，三司言：「天章閣待制王獵奏，皇親月料、嫁娶、生日，郊禮給賜，乞檢定則例，編附祿令。省司看詳，其間頗有過當及不均一，欲量行裁減。」〔註135〕天章閣待制王獵希望檢索有關月料、婚嫁、生日、給賜方面的則例，編入祿令之中，三司經過看詳後認為，這些則例的處理方式並不均一，因而需待進一步的斟酌裁定後再行編入。雖然通過則例的形式對相關規則予以確定和規範，相較於之前散亂無序的狀況已是相當大的進步，但編入祿令無疑意味著則例上升為正式的法律形式，其效力將得到極大增強。

又如神宗熙寧二年（1069）二月二十三日，御史中丞呂誨言：「乞下三司，取索內東門司，自大長公主而下請受則例，編入祿令。詔令三司，於內東門等司取索文字，詳定以聞。」〔註136〕臣僚希望將內東門司中，自大長公主而下有關請受方面的則例編入祿令，得到皇帝的肯定。熙寧八年（1075）五月，三司言：「權發遣開封府事，自來依權知開封府添支則例支給，乞編入祿令施行。」〔註137〕這也就不難解釋為什麼在元祐元年（1086）二月五日的敕文中，直接將令的內容視為則例：「官員差出所帶人吏，如合支馹券，從本部契勘職名，依令內則例，不許陳乞別等則例，如違許劾奏。」〔註138〕南宋時亦是如

〔註133〕《宋史》卷一七二《職官志一二》，第 4141 頁。
〔註134〕《宋會要輯稿》職官五七之七四，第 3688 頁。
〔註135〕《宋會要輯稿》禮六二之四二，第 1715 頁。
〔註136〕《宋會要輯稿》職官三六之二九，第 3086 頁。
〔註137〕《宋會要輯稿》職官三七之六，第 3137 頁。
〔註138〕《長編》卷四八〇元祐八年正月丙申，第 11423 頁。

此，高宗紹興五年（1135）十月辛酉：「吏部侍郎、兼詳定一司敕令晏敦，復請三公、三少、三省長官俸給，並依嘉祐祿令宰臣所請則例修立，從之。先是，政和祿格比嘉祐所給增多，故本所以爲請。」〔註139〕

除了有關支給、請受方面的則例，宋代還有驛券則例。驛券則例雖不直接涉及官員俸祿的管理，但驛券的發放關乎官員的福利待遇，並可省去俸祿開銷，因而與俸祿的關係相當密切。〔註140〕如《長編》載，仁宗嘉祐三年（1058）三月丙申：「詔三司編天下驛券則例。」〔註141〕到嘉祐四年（1059）正月壬寅書成：

> 三司使張方平上所編驛券則例，賜名曰嘉祐驛令。初，內外文武官，下至吏卒，所給券皆未定，又或多少不同。遂下樞密院，取舊例下三司掌券司，會萃多少而纂集之，並取宣敕、令文專爲驛券立文者，附益刪改凡七十四條，上中下三卷，以頒行天下。〔註142〕

張方平所編定的《驛券則例》，最後被賜名爲《嘉祐驛令》，可見，經過正式編修的則例在一定程度上被等同於令。因而從驛券則例與驛令的編修和運用過程中，也能看到則例與令之間的密切關係，呂志興先生就據此指出：「則例與令關係密切，則例是令的內容。」〔註143〕從《直齋書錄解題》對於《嘉祐驛令》內容的描述中亦能說明這一點，其云：「《嘉祐驛令》三卷。三司使梁國張方平安道等修定，前一卷爲條貫敕，後二卷爲則例令。官吏幫支驛券衙官儓從之類皆據此也。」〔註144〕則例在宋代俸祿管理中的作用由此可見一斑。

考察完有關官員俸祿的則例，再來看財稅徵收方面的則例。宋代的財政

〔註139〕《建炎以來繫年要錄》卷九四，第1804頁。

〔註140〕驛券，即憑以乘用驛站車馬、使用夫役的紙券。史載：「唐以前館驛並給傳往來，開元中務從簡便，方給驛券，驛之給券，自此始也。」（〔宋〕吳處厚：《青箱雜記》卷八，中華書局，1985年，第85頁。）宋初，驛券由樞密院發放，「國初每給驛券皆樞密院出」。（〔宋〕程大昌：《演繁露》續演繁露卷二《驛券出樞密》，叢書集成本。）

〔註141〕《長編》卷一八七嘉祐三年三月丙申，第4507頁。

〔註142〕《長編》卷一八九嘉祐四年正月壬寅，第4548頁。

〔註143〕呂志興：《宋代法律體系與中華法系》，第116頁。不過也應該看到，雖然有些則例能夠成爲令的內容，但並不意味著所有的則例都具有轉化爲令的可能性和必要性，大多數則例仍屬於令典以外的適用層級更低、內容更爲具體的法律形式。

〔註144〕〔宋〕陳振孫：《直齋書錄解題》卷七，文淵閣四庫全書本。

收入大致可分爲基於農業和非基於農業兩個部分，前者爲傳統的賦稅來源，所謂「縣鄉版籍，分戶五等，以兩稅輸穀帛，以丁口供力役，此所謂取於田者也」。〔註145〕非基於農業的收入，則「有地基茗課之征，有商賈關市之征，有鼓鑄榷酤之入，有鬻爵度僧之入」。〔註146〕通說認爲，宋代的賦稅來源和財政結構相較於前代有了很大的變化，如學者所言：「先秦以來，國家都是『食租衣稅』，農業領域的賦稅是財政的主要支柱，宋代發生了巨大的變化，農業領域的賦稅和工商業領域的收入成爲國家財政兩大並重的支柱。」〔註147〕

在宋代，士人階層普遍能夠認識到工商業的重要性，所以不僅沒有像之前的朝代一樣嚴厲地推行重農抑商的政策，反而積極地與商分利、主動地加以約束，以期能夠對商業階層進行有效地利用，通商惠農成爲朝野上下的共識。因而無論是朝廷還是地方，對於商稅的徵收都十分重視，〔註148〕如《夢溪筆談》卷一二載：「慶曆中，議弛茶鹽之禁及減商稅。范文正以爲不可，茶鹽商稅之入，但分減商賈之利耳，行於商賈未甚有害也。今國用未減，歲入不可闕，既不取之於山澤及商賈，須取之於農。以其害農，孰若取之於商賈？」〔註149〕在范仲淹看來，取之於商是避免和減少取之於農的好方法，時人云：「州郡財計，除民租之外，全賴商稅。」〔註150〕

而爲了嚴格規範財稅的徵收，特別是防止地方需索無度及重複斂取，宋廷一方面設置專門的機構負責稅務的徵收，〔註151〕另一方面則制定了相當多的有關稅收的則例，並要求向客商公開。這些則例對徵稅項目及數額進行了具體規定，被視爲財稅徵收活動的重要依據，鄭俠在《西塘集》卷六《上王荊公書》中曾提到：「偶以本門有稅長連紙者，其額每一千稅錢五十足，攔頭

〔註145〕《長編》卷二七七熙寧九年九月辛巳，第6787頁。
〔註146〕〔宋〕楊萬里：《誠齋集》卷六九《輪對箚子》，文淵閣四庫全書本。
〔註147〕黃純艷：《宋代財政史》，雲南大學出版社，2013年，第388頁。有關宋代的賦稅結構，參見賈大泉：《宋代賦稅結構初探》，《社會科學研究》1981年第3期。
〔註148〕有關宋代商稅的問題，參見：〔日〕加藤繁：《宋代商稅考》，《中國經濟史考證》第二卷，商務印書館，1963年，第148～180頁；李景壽：《宋代商稅問題研究》，雲南大學出版社，2005年。
〔註149〕〔宋〕沈括：《夢溪筆談》卷一二《官政二》，上海師範大學古籍整理研究所編：《全宋筆記》第二編第三冊，大象出版社，2006年，第97頁。
〔註150〕《宋會要輯稿》食貨一七之四一，第5104頁。
〔註151〕《宋史》卷一八六《食貨志下八》載：「凡州縣皆置務，關鎮亦或有之。大則專置官監臨，小則令、佐兼領。諸州仍令都監、監押同掌。」第4541頁。

輩以爲務例，每一千收千百五張稅錢。自取條貫遍檢，無此條；取則例檢之，又無。以其無條例，遂不敢行，只領依條每一千張收錢五十足。」〔註152〕可見在收稅過程中，則例是條貫以外非常重要的參考依據。此外，宋代史料中有不少要求將收稅方面的則例予以公開的記載，如下表所示：

表 3-2　宋代史料中要求公開則例的記載

序號	時　間	出　處	內　容
1	建隆元年	《文獻通考》卷一四《征榷考一》	詔所在不得苛留行旅齎裝，非有貨幣當算者，無得發篋搜索。又詔榜商稅則例於務門，無得擅改更增損及創收。
2	紹興五年	《宋會要輯稿》食貨一七	詔令兩浙江西都轉運諸路轉運司，取索本路應干稅物則例，體度市價增損，務令適中。仍將諸色稅物合收稅錢則例文字榜示，使客旅通知。今後仰所委官，每半年一次再行體度市價，依此增損施行。
3	紹興二十五年	《宋會要輯稿》食貨一七	尚書刑部員外郎孫敏修言：州縣稅務，凡應稅之物，令申所載，以所收物名則例，大書版榜，揭務門外曉示。而遠方州縣多不遵依省則，止以監官臨時檢喝，輕重高下悉出己意，由是專欄得以騷擾作弊。望下州縣稅務，檢會省額，分明榜示，使商旅通知。如有違戾，重置典憲。
4	淳熙七年	《宋會要輯稿》食貨一八	望下州郡，將舊來合收稅錢則例，大書刻於板榜，揭置通衢，令民旅通知，不得例外收取。
5	嘉定五年	《宋會要輯稿》食貨一八	南郊赦文：諸路州縣稅場，遇客人販到物貨投稅，各有立定名件則例。今聞專欄乞覓多喝稅錢，稍或不從，苦楚留滯，致令客人於私小路偷瞞商稅。
6	嘉定八年	《宋會要輯稿》食貨一八	乞下諸郡，凡稅物鉅細，立定則例，揭之版榜，仍於合攔稅之地，立定界至，使之通知。

　　在南宋時，將則例予以公開的規定還被寫入法典之中，《慶元條法事類》卷三六載：「諸稅務以收稅法並所收物名稅錢則例大書版牓，揭務門外，仍委轉運司每半年一次再行體度市價，增損適中行下。應創立者審定申尙書戶部。仍並多給文牓，於要鬧處曉示客旅通知。」〔註153〕另外，《寶慶四明志》

〔註152〕　〔宋〕鄭俠：《西塘集》卷六《上王荊公書》，文淵閣四庫全書本。
〔註153〕　〔宋〕謝深甫等：《慶元條法事類》卷三六庫務門一《商稅·場務令》，戴建

中錄有一《分隸則例》，是地方各機構之間對於商稅等收入進行分配的規則。
〔註 154〕

　　除了商稅方面的則例，一般的稅款亦須則例加以規範。朱熹在《晦庵集》中就曾提到有關夏稅方面的則例：「以稅錢則例言之，夏稅見錢一貫五十文，合折絹一匹，官交價錢六貫文省。若折木炭，合管炭五十二秤半，每炭一秤，官交正錢二百六十文省，共錢一十三貫六百五十文已上。」〔註 155〕可見稅錢則例中對交納的數額、折物的數量都有著明確的要求。紹興二年（1132）十月七日，江南東西路宣諭劉大中言：

　　　　徽州山多地瘠，所產微薄。自偽唐陶雅將歙縣、績溪、休寧、
　　　　祈門、黟縣田園分作三等，增起稅額，上等每畝至稅錢二百文、苗
　　　　米二斗二升。為輸納不前，卻將納絹綿布虛增高價，紐折稅錢，謂
　　　　之元估八折。惟婺源一縣不曾增添，每畝不過四十文。乞將二稅依
　　　　鄰近州縣及本州婺源縣則例輸納。〔註 156〕

　　臣僚希望將鄰近州縣及婺源縣的交稅額度作為參照依據，這裏的則例也與收稅相關。另外，《名公書判清明集》中的一則判詞裏還曾提到過本鄉則例，內容與之類似：「稅錢共計四貫三百五十，合併而為一，並作知府大夫莊。又準法：朝奉大夫係是正郎，為從六品。可占限田二十五頃，死後半之，計十二頃半。以本鄉則例，中等每頃五百四十五文，十二頃半共計七貫五百三十三文。」〔註 157〕這裏所提到的本鄉則例，即是涉及每頃田地所應交納稅錢數額的具體規則。

　　以上我們分析了宋代經濟領域中的則例，除了經濟事務方面的則例，宋代還有涉及行政事務和地方管理的則例。涉及行政事務的則例如堂除則例，《長編》載，元豐元年（1078）四月丁未，臣僚奏稱：

　　　　天下州軍務在選擇能吏，故自知縣資序選充通判、自通判選充
　　　　知州者，蓋朝廷獎拔人材，以備任使，謂之堂選。既謂堂選，則當

　　　　國點校，收入楊一凡、田濤主編：《中國珍稀法律典籍續編》第 1 冊，黑龍江
　　　　人民出版社，2002 年，第 550 頁。
〔註 154〕　〔宋〕羅濬：《寶慶四明志》卷五《敘賦上》，文淵閣四庫全書本。
〔註 155〕　〔宋〕朱熹：《晦庵集》卷二〇《論木炭錢利害箚子一》，四部叢刊本。
〔註 156〕　《宋會要輯稿》食貨九之二四，第 4973 頁。
〔註 157〕　〔宋〕佚名：《名公書判清明集》卷三《歸併黃知府三位子戶》，中國社會科
　　　　學院歷史研究所宋遼金元史研究室點校，中華書局，1987 年，第 84～85 頁。

自中書施行。今堂選者卻送審官東院，本院會問，動經旬月，甚是
迂滯。欲乞今後堂選人並依堂除則例，從中書取索會問施行。〔註158〕

　　所謂堂選，或稱堂除，上文曾作過說明，是由中書門下負責的官員選拔
制度，臣僚認爲堂選本應由中書來主持，但現在卻爲審官東院所掌控。因而
希望今後屬於堂選範圍的官員，須依據堂除則例來進行。可見，則例成爲規
範部門行政事務的重要手段。神宗熙寧四年（1071）二月六日，同知大宗正
丞李德芻言：「欲乞自今后皇親應有內外親族吉凶弔省合出入事件，編成則
例，更不逐旋奏知。及日申本司，只令勾當使臣置歷抄上，赴大宗正司簽押，
其榜子每月類聚奏聞。」〔註159〕臣僚建議將類似事件編爲則例，以省逐一奏
報之擾。又如有關補職的請授則例，《長編》元豐五年（1082）三月乙未載：
「詔荊湖、廣南、川峽、陝西、河東經略安撫鈐轄司，具化外羈縻歸明蠻、
猺、夷、獠、熟戶蕃部合補職名資級請授則例，及前後所補職名恩數異同以
聞，按以置籍。」〔註160〕

　　而在地方事務的管理中，還能看到涉及差役承擔、收入分配、請給支出
等內容的則例，如陳襄在《州縣提綱》中提到的關於差役標準的則例：

　　　差役素有則例，如某都里正，元例差及稅一貫文止，不可輒差
未逮一貫文者。如某保戶長，元例差及稅三百文止，不可輒差未逮
三百文者。或及元則例之家，比向來頓減，止三家二家長充。而未
及則例之家，有稅力優厚可以任役者，又在隨宜更變。〔註161〕

　　宋代的差役，總體來看是由國家強制鄉村的地主和農民承擔的無償勞
役，除了少數職務以外，大部分的差役不僅無權可言，反而飽受壓榨，鄉民
往往視若畏途。〔註162〕陳襄指出，差役事務的攤派需要遵循一定的則例，不
同的職務對於家庭資財的要求是不同的。確實如此，如果不按章程隨意攤派，
必然導致重難窮苦之家難以承受。但陳襄也提到，如果隨著時間的推移，家

〔註158〕 《長編》卷二八九元豐元年四月丁未，第7064頁。
〔註159〕 《宋會要輯稿》職官二〇之一八，第2829頁。
〔註160〕 《長編》卷三二四元豐五年三月乙未，第7802頁。
〔註161〕 〔宋〕陳襄：《州縣提綱》卷二《差役循例》，文淵閣四庫全書本。
〔註162〕 漆俠先生認爲：「宋代差役法是魏晉隋唐國家勞役制的延續，除其中由各地富
　　　　豪擔當的州縣吏人，以及自衙前役中上陞的少數衙職，不具有『役』的性質
　　　　以外，其它各項職役，包括衙前役在內，都具有『役』的性質，而這種『役』
　　　　又都是由封建國家硬性規定的一種無償勞役。」漆俠：《關於宋代差役法的幾
　　　　個問題》，載《宋史論集》，中州書畫社，1983年，第16～17頁。

庭財產狀況發生了較大變化，也不必拘泥於則例的規定，可以視具體情形靈活安排處理。

地方財務作爲地方管理活動中的組成部分，也存在著不少則例。如乾道九年（1173）九月，新差提點坑冶鑄錢司王楫箚子：「照得今年雖是分置兩司，緣諸路軍州錢量物料交互，多寡、有無不等，難以分擘。欲乞權將乾道二年所收銅課，約爲則例，分路趁辦，所有錢額計銅所入，同共鼓鑄。」〔註163〕可以看到是有關地方坑冶、鑄錢數額方面的規定。另外，上文曾對官員俸祿方面的則例進行過探討，其實除了官員俸祿須由則例加以約束外，地方吏卒和軍員的支給等也能見到則例發揮作用，如李綱《梁溪集》卷五一《乞立定支破諸色人食錢箚子》載：「契勘京城逐壁日前支破諸色人食錢，多寡有無並不立定則例，皆是臨時各自申請，所以不均。臣見令取會，欲乞候取到數目，本司量度中制，立爲定例，庶幾均一。」〔註164〕筆者還擷取了幾例，如下表所示：

表3-3　有關地方軍卒請給方面的則例舉要

序號	出　處	內　容
1	《嘉定赤城志》卷一八軍防門《雄節第六指揮》	其請給準熙寧三年宣下戍邊則例，揀中月白米一石五斗，料錢四百八十文。春衣絹二疋，折布錢一貫七百文。冬衣絹二疋，紬半疋，綿一十二兩，折布錢八百五十文。不揀中料錢二百四十文，餘依揀中法。
2	《嘉定赤城志》卷一八軍防門《威果第六十指揮》	其請給準紹興舊則例，揀中月白米一石二斗，料錢六百文。春衣絹二疋，紬半疋，折布錢一貫八百四十四文。冬衣絹二匹，紬半匹，綿一十二兩，折布錢一貫八百四十四文。不揀中料錢三百文，餘依揀中法。
3	《嘉定赤城志》卷一八軍防門《崇節第三十一指揮》	其請給準熙寧四年行到兩浙路則例，月糙米一石五斗，春衣絹四疋，折布錢一貫五十文，冬衣絹二疋，紬半疋，綿一十二兩，折布錢八百五十文。
4	《淳熙三山志》卷一八兵防類一《廣節指揮》	置副都頭三人，十將虞侯承局押官七人，以教閱保節指揮爲名，依威邊則例請給。仍分爲二番，差往本州界及本路州軍巡檢下，披帶一年替。

〔註163〕《宋會要輯稿》職官四三之一六七，第3357頁。
〔註164〕〔宋〕李綱：《梁溪集》卷五一《乞立定支破諸色人食錢箚子》，文淵閣四庫全書本。

二、則例的內容與適用

（一）則例的類別

與敕、律等法律形式不同，宋代則例的制定主體十分多樣，劉篤才先生認爲：「宋代則例的內容、特點決定了其指定主體的多元化。」〔註165〕根據制定主體來劃分，宋代的則例大致有以下三類：

第一類，朝廷制定的則例。如仁宗天聖元年（1023）五月二十二日，樞密院言：「降欲詔命下三司，自今後應有在任就轉京朝官使臣，如有合改定添支者，仰即聞奏，乞行定支，仍且準接續支給，候降到詔命則例，則即依新例貼支。」〔註166〕這裏的添支則例，即須由相關部門奏請朝廷核准。又如建炎四年（1130）八月十五日，詔：「兩浙西路安撫大使許置參謀、參議、主管機宜文字、主管書寫本司機宜文字官各一員，幹辦公事官五員，其請給令尚書省立定則例行下。」〔註167〕允許設立的這些官員的請給數額，須由尚書省制定則例並頒行。

第二類，地方制定的則例。如建炎二年（1128）六月二十七日，詔：「福建路提刑司募少壯武勇槍杖手五千人，專一準備東南捕盜使喚。……令逐路曉諭，所募人並不差往西北，仍令逐州知、通專一措置合用器甲，常切訓練教習。合用錢糧，令提刑司立定則例，申尚書省。」〔註168〕朝廷要求徵募的兵勇日常所需之錢糧，由福建路提刑司來制定則例。又如《景定建康志》卷二八《立義莊》載：「勘會本府昨置立義莊，如委係簪纓之後，及見在學土著行供職事生員貧窶者，或有吉凶，從府學保明申府，給米八石，麥七石，米每石折錢三十六貫，麥每石折錢二十五貫。則例雖已立定，規模尚未爲廣。」〔註169〕可見這裏的則例是由府來制定的。紹興五年，對於稅戶運鹽交均支錢的問題，由漕司制定了相關則例：「綱過場鎮，福州水口鎮，每斤只許收錢三文五分足；崎峽鎮只許收錢五文足；南劍州稅務止許收錢四文五分足；其餘鎮務，並不許收拖腳鹽稅錢。」〔註170〕

〔註165〕楊一凡、劉篤才：《歷代例考》，第 120 頁。
〔註166〕《宋會要輯稿》職官五七之三二，第 3667 頁。
〔註167〕《宋會要輯稿》職官四一之一〇一，第 3217 頁。
〔註168〕《宋會要輯稿》兵一之一五，第 6761 頁。
〔註169〕〔宋〕周應合：《景定建康志》卷二八儒學志一《立義莊》，文淵閣四庫全書本。
〔註170〕《宋會要輯稿》食貨二二之三二至三三，第 5171～5172 頁。

第三類，官員以個人身份制定的則例。如《宋史‧范應鈴傳》載，范應鈴「改知崇仁縣，始至，明約束，信期會，正紀綱，曉諭吏民，使知所趨避。然後罷鄉吏之供需，校版籍之欺敝，不數月省簿成，即以其簿及苗稅則例上之總領所，自此賦役均矣」。〔註171〕文中提到的苗稅則例即是爲了均賦役而制定的。又如嘉定七年（1214）五月二日，臣僚言：

> 國家開設學校，收拾四方寒峻之士，教育以成其材，冀爲異日之用。如聞近時多事燕集，疊石起山，鑿池建閣，修飾外觀，疊務袊勝，爲費既廣，才用易乏。於是士之初參者，率皆責以苛禮，貧無從出，未免奔走假貸，遲回數月而未敢前，是豈國家教養之本意？竊聞淳熙初，蕭之敏爲祭酒，立定初參則例，遍榜爐序，頗得中制。〔註172〕

臣僚指出當時學校裏的官員，普遍要求士子在初參時須送厚禮。而淳熙初年，蕭之敏任國子監祭酒時曾制定有初參則例，對此類現象予以規制，這裏的初參則例便是出自蕭之敏的個人行爲。但官員以個人身份制定的則例是比較少的，其實施也得不到有效保證，往往是與官員的仕途密切相關，在宋代出現最多的還是從中央到地方由各級官府制定的則例。

（二）則例的內容

在史料中可以看到不少具體的則例文本，雖然上文在探討宋代則例的含義、概況與類別時曾有所涉及，但爲使讀者對其內容有更加明確的認識，下面結合幾例內容較爲豐富完整的則例，再作進一步分析和說明。紹興元年（1131）六月二十六日，臣僚言：「契勘請給，各有定格，今局所官吏，每月除請添給數項外，更請御廚折食錢。昨以東京物價低賤，逐時減落，每月施估支折。今來時物踊貴，尚循舊例，其所折錢往往增過數倍，暗侵財計。」於是朝廷「詔裁定則例，永爲定法」，其文曰：

> 第一等折錢八十四貫六百二十文（減作四十貫支）；第二等折錢七十四貫文（減作三十七貫五百文）；第三等折錢六十八貫三百八十三文（減作三十五貫文）；第四等折錢五十一貫八百文（減作三十二貫五百文）；第五等折錢四十七貫四百六十文（減作三十貫文）；第六等折錢四十二貫八百三十二文（減作二十七貫五百文）；第七等折錢四十一貫八百文（減作二十五貫文）；第八等折錢三十八貫二百二

〔註171〕《宋史》卷四一〇《范應鈴傳》，第 12345 頁。
〔註172〕《宋會要輯稿》職官二八之二七，第 2985 頁。

十六文（減作二十二貫五百文）；第九等折錢三十三貫文（減作二十
貫文）；第十等折錢四十一貫三百九十五文（減作一十七貫五百文）；
第十一等折錢三十貫九百文（減作一十五貫文）。〔註173〕

根據臣僚的聲說，在當時官吏每月除有正式的俸祿外，還有折食錢一項，
鑒於南宋時的物價水平已與北宋有了較大差異，難以沿用舊例所確定的額
度。爲避免加重日益惡化的財政狀況，希望對原有的數額進行削減。最後經
過裁定形成的則例，對折食錢的發放作出了十分細緻的規定，每一等原有及
削減後的數額都作了清晰的列舉。又如乾道七年（1171）四月六日，戶部狀：

準批下寧國府奏，王子大王出判寧國府，已擇三月二十七日開
府視事。每月俸料錢外，欲每月支供給錢五百貫文，所有一行官屬
每月供給錢，今參酌立定則例下項：

長使司馬，依監司例，各支給一百五十貫文；參議一員，如已
關升知州資序，與支一百五十貫文。若通判資序，與支八十貫文；
路鈐一員，支一百五十貫文；記室參軍事兩員，各支六十貫文；幹
辦府三員，各支五十貫文；隨行醫官三員，並使臣一十八員，各支
錢一十貫文。

乞於經總制錢內支給，本部勘當，欲乞依立定則例支給，將長
史司馬、路鈐、記室參軍事，依知州通判職官路鈐例，於公使庫支
給。外所有皇子大王並參議、幹辦府、隨行醫官、使臣供給緣創置
之初，恐難應副，許於經總制錢內支給。〔註174〕

魏王愷出判寧國府，針對其所屬官員的俸祿，戶部逐一確定其具體數額，
並對所需費用的來源予以區分。而在嘉定十五年（1222）正月十六日的赦文
中，也能夠看到有關賞賜、犒設的則例，赦文要求：「應內外諸軍將士等，及
忠義官兵並沿邊創置軍分，及拘集見今守禦民兵等，並諸路安撫司神勁、忠
義軍親兵，諸州府軍監禁軍、土軍、水軍、廂軍、鋪兵，並特與犒設一次。
仍令戶部檢照淳熙十三年正月一日赦文則例，行下合屬去處。」既而戶部檢
具則例：

內外諸軍並見今出戍軍兵、忠義官兵並沿邊並並置軍分，及拘
集見今守禦民兵去處，統制五十貫，統領三十貫，正將二十貫，副

〔註173〕《宋會要輯稿》職官五七之六六，第3684頁。
〔註174〕《宋會要輯稿》職官五七之八八至八九，第3695～3696頁。

將十三貫，撥發官同副將例，準備將十二貫，額外比正員下一等。謂如額外統制只支統領三十貫之類，至準備將免減。使臣至帶甲、準備帶甲入隊官兵各十貫，傔人、輜重、火頭各六貫，隊外官兵各四貫，諸路州府軍監揀中禁軍在寨人各兩貫五百，禁軍、土軍、水軍各二貫，廂軍、鋪兵各一貫。諸路總領所忠義官兵及民兵等，令制置司總領所併各照則例支撥，付部轄兵將官給散。所有諸路安撫司神勁等軍，並諸州府軍監廂、禁軍、土軍等，並令所在州郡知通照則例給散。其合用錢，許於逐處椿管或上供及諸司不以是何名色官錢內取撥兑支，具數聞奏。〔註175〕

戶部奉詔查找到淳熙十三年正月一日赦義中所確定的賞賜則例，此則例對不同級別官兵的賞賜額度作出了具體的規定，且對發放方式和支付來源也作了說明。繼而朝廷在參照此則例基礎上，對嘉定十五年赦的賞賜情況作出了規定，〔註176〕從中也能夠看到之前確定的則例對於後來類似事務的參照作用。

除了管理俸祿、支給等方面的則例外，《宋會要輯稿》中還能看到一條有關朝廷支賜衣物所需布料的則例，天聖七年（1029）七月，三司言：「西京及真定府織紫色羅及大小綾及絹等，並令逐路就有物帛州軍供造，仍從京封降逐件中等丈尺襖樣各一領，並所破物帛尺寸及收剪子片數則例，下逐州軍監永充式樣裁造。」其具體內容為：「支賜紫羅旋襴，每領羅三十五尺八寸，絹三十五尺五寸。紫乾色大綾旋襴，每領綾三十四尺六寸，絹三十三尺七寸。半紫乾色大綾旋襴，每領綾二十七尺五寸六分，絹二十七尺三寸半。紫光色小綾旋襴，每領小綾二十八尺六寸，絹二十七尺三寸半。」〔註177〕雖是有關

〔註175〕《宋會要輯稿》兵二〇之四五，第7124頁。
〔註176〕詔：「忠義官兵並沿邊並創置軍分及拘集見守禦民兵等，令並照三衙內外大軍一體支犒。其諸軍統制、將佐等，已該赦轉官外，並與（詔）〔照〕赦支給犒設。三衙江上安撫司忠義、親兵各二貫五百，班直押行門三十貫，餘人十二貫。班直下軍兵各四貫，皇城司親從親事官各七貫，院子五貫，輦官各七貫。後苑廚子、御廚、儀鸞司、翰林司將校兵級各五貫，軍頭司將校兵級各五貫，御藥院工匠、御酒庫、御絲鞋所、內東門司、內藏庫、內軍器庫、修內司、御馬院、騎御馬直、左右騏驥院將校兵級、壽慈宮擺鋪將校兵級各四貫，樞密院親兵各三貫，省馬院、軍器所、牛羊司、金吾街仗司各二貫。令戶部今來立定則例，遍牒合屬去處，支犒施行。」《宋會要輯稿》兵二〇之四五，第7124頁。
〔註177〕《宋會要輯稿》儀制九之三二至三三，第2003～2004頁。

儀制方面的規定，內容比較簡單，但則例具體細緻、操作性強的特點在這裏體現得淋漓盡致。

（三）則例的適用

正是由於則例所具有的具體細緻的特點，決定了則例能夠在看似不起眼的領域，發揮律令格式等法律形式所不具備的作用：一方面，則例的內容明確具體，與其它法律形式相比針對性更強；另一方面，則例的制定靈活方便，在運用時具有更高的操作性。因此在部門和地方事務的處理中，特別是涉及數額管理時，具有不可比擬的優勢。《宋會要輯稿》載：「眞宗咸平六年七月，詔州縣官俸錢米麥，並須經格式司升降則例支給，不得專擅增減。」〔註178〕可見州縣官的俸錢等，須根據吏部格式司制定的升降則例來支給，其地位可見一斑。

又如高宗紹興二年（1132）十一月二十三日，詔：「行在御輦院輦官食錢犒設，並係應天府立定，依禁衛則例支破。內食錢累經裁定，所有元降支給指揮則例，因昨兵火散失，可依曆內明州對到犒設，並糧料院出到小曆內人員長行已請日支錢米等第則例，今後執用批勘。」〔註179〕行在御輦院官員的食錢犒設等，原來都有明確的則例可循，但在南宋初期經過戰亂後散失，因此朝廷只得依據相關文書中記載的零散則例來確定支給等第。能夠清楚地看到，則例在宋代官員俸祿的管理中發揮著重要作用，經過長期行用的則例已爲有司處理相關事務所必須。而且可以發現，從北宋到南宋，祿令在官員俸祿管理中的作用在逐漸弱化，則例的作用卻日益凸顯。

則例在宋代經濟和行政事務處理中運用廣泛，這是宋代則例具有重要地位的第一個體現，而另一個體現就是則例被賦予了法律效力，違背則例需要承擔責任。在史料中能夠見到不少因增改或違反則例而受處罰的情況，如《長編》載，元符元年（1098）正月戊寅，刑部言：「檢舉劉賡等元犯定奪施行買夷人例物、增改則例事，與范純禮等各降一官。該九月赦，合敘元官。」〔註180〕劉賡等官員正是因爲「增改則例」受到了降官的處罰。根據皇帝的的詔敕和臣僚的奏請來看，朝廷對於有關俸祿和待遇方面的則例相當重視，反覆強調應予遵守。如元祐八年（1093）八月丙申，戶部言：

〔註178〕《宋會要輯稿》職官一一之七六，第2660頁。
〔註179〕《宋會要輯稿》職官一九之一六，第2818頁。
〔註180〕《長編》卷四九四元符元年正月戊寅，第11739頁。

　　元祐元年二月五日敕：「官員差出所帶人吏，如合支馹券，從本部契勘職名，依令內則例，不許陳乞別等則例，如違許劾奏。」自降朝旨，差官出外所帶人吏，多乞優厚券俸，申請特旨。雖依上條劾奏，而朝廷特依已降指揮，不惟紊煩朝廷。而近降朝旨遂成空文。欲今後人吏、公人差出，雖有特旨不依常制，或特依已降指揮，別支破驛券之人，並從本部只依本職名則例支給。〔註181〕

　　戶部在奏中提到了元祐元年時的詔令，要求官員外出時所帶人吏，其應當領取的馹券（即驛券）須依據則例中所確定的數額來執行，不得「多乞優厚券俸」。《宋會要輯稿》載，元祐五年（1090）三月二日，「詔：『起支官員俸及添給，不以則例限內申戶部者，杖一百；擅給曆，及不候分移曆到而收併者，各徒二年。』戶部言，起支請給，舊無法禁，多重疊偽冒，有已分移而他處全請，已身亡而分移處猶請者，故立是法」。〔註182〕詔敕中對於不循則例請支添給等行為給出了明確的處罰標準，不可謂不重。但從上面元祐八年戶部的奏議來看，由於眾多官員「申請特旨」，導致「近降朝旨遂成空文」，違背則例的現象還是比較普遍，制度規定與實際操作之間存在不小的脫節。

　　此外，還有同一官員違背則例領取數份添給的情況，宣和二年（1120）六月五日，臣僚言：「在京官吏，有一職兼數局，而添給從而隨之。或元無添給則例，創行增立。或不由有司勘給，直行判支。不惟廩祿未均，其於貪饕之人，冗費邦財，為害最大，此弊不革，日甚一日，蠹耗國用，無有窮已。」因而建議「凡在添給，若不經由有司勘給，亦不許直行判支，庶幾宿弊頓革」。〔註183〕可見即便是違法增加添給，也會創設則例以為遮掩。南宋時的《慶元條法事類》中，對於不按則例支給的行為也有不少規定：「諸州應供給、饋送監司，（屬官吏人同）輒於例外增給及創立則例者，以違制論。」〔註184〕「諸應給命官券曆而不具所請則例，及則例應改而不批改者，杖一百，官司勘給有違，與同罪。」〔註185〕則例的法律效力得到法典的確認和保障。

　　而違反收稅方面的則例亦須受責罰，如《宋會要輯稿》載，政和四年（1114）正月十三日：

〔註181〕《長編》卷四八〇元祐八年正月丙申，第 11423 頁。
〔註182〕《宋會要輯稿》職官五七之四八，第 3675 頁。
〔註183〕《宋會要輯稿》職官五七之九六至九七，第 3699～3700 頁。
〔註184〕《慶元條法事類》卷九職制門六《饋送·廄庫敕》，第 168 頁。
〔註185〕《慶元條法事類》卷三七庫務門二《勘給·廄庫敕》，第 597 頁。

> 承議郎、河北東路提舉常平郭久中降一官,劉恭革、趙希孟並
> 衝替。以開德府稅戶樂珍等陳訴,元豐年黃河口決,涉於城外,地
> 土高新,城內窊下,漸成積水。當時並據緊慢裁稅,委是平允。尋
> 差再行方量,所定輕重不當。乞將元豐年均稅則例等第比類,均裁
> 新稅。本路提刑司體量得本府南北二城屋稅,曾經元豐年方量,裁
> 定十等稅錢,後來別無人戶論訴不均。今來方田官劉恭革、趙希孟
> 依政和二年十月朝旨,立定正次二十等,遞減五釐,均定稅錢,委
> 於元豐年所定則例上輕下重不均,故有是責。〔註186〕

開德府稅戶陳訴,由於黃河決口而導致部分土地積水,元豐時的則例對
其稅錢予以裁減,所確定的交稅數額十分平允。但方田官劉恭革、趙希孟在
政和時新定的稅錢數額,與元豐時則例所確定的數額出入較大,輕重不均,
經查實後相關官員分別受到了降官、衝替等處罰。鄭俠在《西塘集》中也提
到,稅務裏的攔頭公人對長連紙進行徵稅時,在「取條貫遍檢,無此條;取
則例檢之,又無」的情況下,「不合只將姓丁人紙每張只稅一張」,因而「本
院行遣姓丁者及攔頭公人輩,各禁繫五六日科斷」。〔註187〕從此事的處理過程
來看,則例在宋代地方徵稅活動中的權威性和約束力得到了充分體現。

第四節　宋代的事例

上文分析了宋代行政例中的條例、格例和則例,雖然這三類例的內容、
作用等也存在較大差異,但相對於接下來要分析的事例而言,卻有一些共同
點,如成文化的程度相對較高、指稱的範圍相對確定等。而宋代的事例從整
體上來看處於一種不成文的、零散的狀態,內容繁雜多樣,包括了諸多名稱
不同但內容接近的例,本書將這些例統稱為事例加以分析。事例是宋代行政
例中數量最為龐大、運用最為廣泛的一種,是認識宋代行政例乃至宋例的重
要切入點。

宋代的事例,在史料中更多情況下直接簡稱為例。「例」在《王力古漢語
字典》中有三個義項:一為「事類,事例」;二為「規程,條例」;三為「照
例」。前兩項為名詞,最後一項為副詞。日本學者岡野誠先生曾對《唐律疏議》

〔註186〕《宋會要輯稿》職官六八之三〇,第3923頁。
〔註187〕《西塘集》卷六《上王荊公書》。

中「例」字的用法進行過細緻地梳理和分析，詳細列舉了「例」字的具體用法和例句，爲理解法律典籍中的例提供了參考和幫助。〔註188〕關於宋代的事例，還有很多問題有待進一步闡釋，如宋代事例的類別有哪些？如何劃分更有助於認識事例的內容？除了類別的差異，事例是否還有層次的不同？對於事例爲人所詬病的種種弊端，可以從哪幾個方面來認識？事例在宋代行政事務的處理中有沒有發揮積極的作用？得到廣泛運用的原因又是什麼？下面本節就從這幾個方面展開論述。

一、事例的類別與層次

宋代的事例，在史料中更多情況下直接簡稱爲例，有狹義和廣義之分。〔註189〕狹義上的事例指具體以事例爲名的法律文本，如《客省事例》，〔註190〕此種意義上的事例在宋代相對較少。廣義上的事例則指雖無事例之名，但其生成是基於某一具體事務，其運用亦以此爲範圍而存在的、與例有關的法律形式。這一類的事例名目多樣、內容繁雜，如常例、成例、定例、特例、恩例、優例、舊例、久例、近例、新例、體例、鄉例等，此外還包括眾多直接冠以機構、事項或人名的「例」。

在事例意義上而言的例是相當龐大的，通過對宋代主要史料的檢索我們

〔註188〕〔日〕岡野誠：《〈唐律疏議〉中「例」字之用法》（上），載韓延龍主編：《法律史論集》第 3 卷，法律出版社，2001 年，第 465～478 頁；《〈唐律疏議〉中「例」字之用法》（下），載韓延龍主編：《法律史論集》第 4 卷，法律出版社，2002 年，第 333～350 頁。

〔註189〕除了法律形式上的含義外，宋代事例還有錢物之意。劉篤才先生指出：「在宋代，事例一詞往往被賦予一種特殊含義，近似於今日流行語『潛規則』。譬如有所謂事例錢，又稱市利錢。」楊一凡、劉篤才：《歷代例考》，第 129 頁。如《西塘集》卷一《市利錢》載：「遂立條約，專攔皆有食錢，官員不得饒稅，專攔取錢依倉法。官員妄饒稅，並停替。仍會問諸處，申約官稅，一百專攔等，合得事例錢十文，官中遂以爲定例。每納稅錢一百文，別取客人事例錢六文，以給專攔等食錢。已而市易司作弊，於申收事例錢項，即聲説所收不及十文、亦收十文。……不三五日間，適因三月二十六日奏狀，準三月二十七日聖旨，市利錢二十文以下並放。是納稅錢及三百文以上，方有市利錢。三百文以下稅錢者，皆無市利錢矣。看詳有司，當立法時，取專攔所得市利錢，以供專攔逐月食錢。不曰事例錢，而以市利名之者，蓋取孟子所謂『有賤丈夫，左右望而罔市利』之意以爲名，是賤之也。」

〔註190〕《長編》卷七九眞宗大中祥符五年閏十月庚寅載：「龍圖閣直學士陳彭年等上新定閣門儀制十卷、客省事例六卷、四方館儀一卷，詔獎之，仍第賜金帛。」第 1803 頁。

發現，在《宋會要輯稿》中「例」字共出現了 10381 次，《宋史》中出現了 895 次，《長編》中出現了 3087 次，《建炎以來繫年要錄》中出現了 762 次。這些例字的用法中，除了少數情況下指斷例、條例、格例、則例等名稱確定的例，及作與法律形式無關的用法外，多數情況下都是指各種名目的事例。本書對宋代主要史料中出現的各種名目的例進行了統計，如下表所示：

表 3-4　宋代主要史料中各種例的出現次數

	《宋會要輯稿》	《宋史》	《續資治通鑒長編》	《建炎以來繫年要錄》
斷例	40	12	25	8
條例	540	105	256	16
格例	18	1	4	3
則例	337	6	34	7
事例	38	5	12	1
常例	86	9	56	4
成例	15	0	8	1
定例	69	3	17	9
恩例	452	55	134	33
優例	5	0	12	1
舊例	680	40	187	45
久例	70	1	20	1
近例	77	13	48	32
新例	13	3	3	3

（一）事例的類別

　　可見各種名目的例在宋代的運用是相當活躍的，特別是行政例，無論是在種類還是出現頻率上都遠超司法例（斷例）。相較於成文化程度較高的條例、格例和則例，宋代的事例整體處於一種不成文的、零散的狀態，包括了諸多名稱不同但內容接近的例，而這些都可以視為事例的內容。呂志興先生列舉了宋代的條例、則例、舊例、近例、常例、優例、久例、定例、鄉例等術語，並將宋代的行政例分為先例與慣例、常例與優例、散例與編例三大類。

〔註191〕本書則在此基礎上進一步補充和區別，作如下分類：

第一類，常例、成例、定例。在宋代，常例、成例和定例都是指一些具有通常性、確定性和一般性的做法，因而在當時其作用都是受到肯定的，較少見到針對此類例的批評。由於常例、成例、定例內容十分接近，而以常例的使用最爲頻繁，接下來主要以常例爲中心進行探討。

「常例，是一般的例，通用的例。」〔註192〕常例體現著官員們習以爲常的規則，而朝廷違背常例給予恩賞的，史料中往往會作出說明，以防止將針對個別人和事的特例，因循爲常例推廣開來。如《宋會要輯稿》載，至道二年（996）十二月十九日：「以工部郎中、直集賢院胡旦知制誥，詔序位馮起之上。故事：知制誥以先入者居上，不繫官次。至是馮起任祠部郎中，故命旦居上，非常例也。」〔註193〕又如天禧四年（1020）七月：「新除吏部侍郎、兼太子少傅、同平章事李迪等召謝日，面賜襲衣金帶鞍勒馬，非常例也。」〔註194〕再如天聖六年（1028）四月七日：「宣州觀察使、駙馬都尉、知潭州李遵勖辭宴於長春殿，朝廷優待戚里，出於特恩，非常例。」〔註195〕

常例主要適用於行政事務中，但在司法審判活動中也偶而能夠看到，如慶曆四年（1044）三月十四日：「開封府言：『酸棗縣吏受賕，拷掠平人，事發而逃。』帝曰：『吏人舞文受賕，雖仲夏疏理，勿以常例原之。』」〔註196〕又如嘉定十四年（1221）六月十七日，臣僚言：「今後遇暑慮囚，命所差官將臨安府三獄見禁公事，除情理深重、常例所不得原者，自合聽候，依法施行，其於各隨輕重，盡行編排，減降決遣。」〔註197〕

另外，常例在演變過程中還衍生出常例錢物之意，即在不允許收取錢物的情形下或已有收取額度以外隨意邀求錢物，如紹興二十六年（1156）二月二日，左朝請大夫、提舉江州太平興國宮劉才邵奏：「近年民間受弊，莫甚於受納、追催、差役三事。倉場官吏與攬子爲市，阻節人戶，米則多加合數，絹則抑取輕錢，或於一碩一定別責常例。計其浮費，已過正數一二倍，此受

〔註191〕參見呂志興：《宋代法律體系與中華法系》，第112～124頁。
〔註192〕楊一凡、劉篤才：《歷代例考》，第132頁。
〔註193〕《宋會要輯稿》儀制三之五，第1874頁。
〔註194〕《宋會要輯稿》禮六二之三六，第1712頁。
〔註195〕《宋會要輯稿》禮四五之一一，第1453頁。
〔註196〕《宋會要輯稿》刑法五之九，第6674頁。
〔註197〕《宋會要輯稿》刑法五之四七至四八，第6693頁。

納之弊也。」〔註198〕又如紹興八年（1138）三月十九日，御史中丞常同言：「吏部差注、關陞、磨勘、奏補等事，人吏書鋪邀求常例，數目至多。」〔註199〕淳熙五年（1178）十二月十八日，臣僚言：「沿淮州軍多有透漏錢銀茶貨及違禁等物，其最甚者莫若正陽之水寨。蓋水寨每發一船，其管事將官各有常例。」〔註200〕

　　而除了常例，成例側重強調例的業已形成，而定例則強調其內容的確定性，與強調常態化的常例共同構成了這一類具備充分效力的事例，對於宋代的成例和定例我們不再展開，在此各舉一例：

　　　　臣伏見國家近年以來，恩濫官冗，議者但知冗官之弊，不思致弊之因。蓋由凡所推恩，便為成例。在上者稍欲裁減，則恐人心之不足；在下者既皆習慣，因謂所得為當然。積少成多，有加無損，遂至不勝其弊，莫知所以裁之。〔註201〕

　　　　（淳熙）十年三月二十三日，禮部侍郎鄭丙言：「紹興以來禮部貢院與四川類試並以十四人取一名。隆興元年禮部免解人多，率一十七人取一名。自後遂為定例，惟四川類試仍舊。以數校之，禮部為窄，四川差優，二者要當均一。」詔四川類試自今以一十六人取一名。〔註202〕

　　第二類，恩例、優例。與體現出確定性和規範性的常例、成例、定例不同，恩例和優例則代表著特殊的處理方式，先來看恩例的問題。劉篤才先生認為宋代的行政例可以分為常例和特例，並指出：「特例是不普遍通行的例，它有兩種形式：一是恩例，一是特旨。」〔註203〕「所謂推恩，是將恩例進行推廣，其手段是明令『著為例』」，「與『著為例』相反的規定是『不為例』、『不得為例』，這就是所謂『特旨』」。〔註204〕雖然看到了恩例與常例的對立性，但對恩例與特旨差異的說明似有牽強之嫌。史料中對於特旨只是強調其

〔註198〕《宋會要輯稿》刑法二之一五三，第6572頁。
〔註199〕《宋會要輯稿》刑法二之一五〇，第6570頁。
〔註200〕《宋會要輯稿》刑法二之一二〇，第6555頁。
〔註201〕〔宋〕歐陽修：《歐陽文忠公集》表奏書啟四六集卷第一《再辭侍讀學士狀》，四部叢刊本。
〔註202〕《宋會要輯稿》選舉五之五，第4315頁。
〔註203〕楊一凡、劉篤才：《歷代例考》，第132頁。
〔註204〕楊一凡、劉篤才：《歷代例考》，第134頁。

獨斷性，而未在是否能夠爲例的問題上作過多說明，況且特旨的運用也不限於行政領域。〔註205〕戴建國先生曾指出：「特旨乃朝廷頒佈的皇帝專旨。」〔註206〕事實上恩例就是體現著統治者個人恩賞的做法，而特旨則是恩例傳達形式的一種，「異時執政大臣本因礙法，遂有干請，畫旨施行，所以稱『特旨』」，〔註207〕其本身並不一定構成特例，也並非只在「不爲例」、「不得爲例」時才稱作特旨。

　　宋代官員對於恩例的態度往往是矛盾的，一方面希望皇帝能降恩例於己身，從而既能體現自己受重視的程度，又能獲得切實的好處；另一方面則極力反對他人謀求恩例。而且統治者出於維護自身權威、體現自身地位的要求，不會願意將賞罰大權納入一般規則的約束之下，也不可能完全做到信賞必罰且賞罰一致，這就導致了恩例雖然受到不少指謫但卻一直廣泛存在。針對類似的事件，由於對象和情形的不同，在處理方式上會存在不小的差異，而這樣的差異就會在各種不同的例上反映出來。特別是皇帝所降的恩例，其內容相較於一般的常例等往往格外優厚，逐漸成爲優例。雖然不少時候明令要求「不爲例」、「不得爲例」，但「一例既開，一法遂廢」，後續的官員及吏人往往要求予以攀附和援引，因此選擇優例加以攀援的行爲屢禁不止。元祐三年（1088）閏十二月癸卯朔，尚書省言：

> 　　未行官制以前，凡定功賞之類，皆自朝廷詳酌，自行官制，先從六曹用例擬定。其一事數例，輕重不同，合具例取裁，事與例等，不當輒加增損。若不務審察事理，較量重輕，惟從減損，或功狀微小，輒引優例，亦當分別事理輕重及已未施行，等第立法。〔註208〕

　　不考慮事情輕重、「輒引優例」的行爲受到了批評，元祐五年（1090），時任右諫議大夫的劉安世，在奏劾尚書省人吏任永壽等時，曾援引元祐元年十月十三日敕節文：「尚書司勳掌賜勳、定賞、錄用、世勞，定無法，覆有法，看詳官吏諸色人酬賞，並由司勳勘覆，以防弊濫。惟三省人重則轉官，輕則支賜，

〔註205〕《長編》卷四四〇元祐五年三月甲午載：「特旨乃法令之外，出於人主之意，惟君上得專，非人臣所擬。」第10593頁。《長編》卷四五八元祐六年五月丙子載：「蓋法者，天下之取平。特旨者，人君之利柄。以法令與罪人之情或不相當，則法輕情重者，特旨重之。法重情輕者，特旨輕之。此乃所以爲利柄也。」第10964頁。

〔註206〕戴建國：《宋代刑法史研究》，第96頁。

〔註207〕《長編》卷三四七元豐七年七月甲寅，第8331頁。

〔註208〕《長編》卷四一九元祐三年閏十二月癸卯朔，第10143頁。

自來不送司勳勘覆，卻一面擬畫推恩，遂致陰廢正條，漸增優例。」〔註209〕
敕節文中指出，在酬賞支賜等方面，優例日漸增多而律條逐漸有隳廢之虞。

第三類，舊例、久例、近例、新例。舊例、久例、近例、新例則是就例
生成及行用的時間長短這一標準而言的。王侃先生認爲，「『守成』是宋例廣
泛運用的基本原因之一」，「宋代在處理事務時常常找故事，往往援先例；決
事上，不僅胥吏、官員，宰相也引例，皇帝更是以例決事」。〔註210〕鄧小南先
生也看到了「祖宗之法」對於宋代至少是北宋政治格局的深刻影響，指出「注
重故事的施政傾向，當然非趙宋一朝所特有」，但是宋代「循祖宗舊典、遵祖
宗成憲的提出，不僅反映著趙宋開國以來帝王的統治意願及治國方略，也是
統治階級上層一些黽勉求治的決策人物藉重於『祖宗』威靈以影響乃至『懾
服』君主，藉助於『祖宗朝』成規定法以規範統治行爲、協調統治步調的合
理方式」。〔註211〕這也在一定程度上解釋了爲什麼「舊例」一詞在宋代主要史
料中出現的次數是最多的。

舊例與久例雖然與常例、成例、定例取得適用效力的原因相當接近，但
還是略有差異，舊例與久例憑藉著在生成方面所具有的歷史淵源，以及在行
用方面所經歷的長期階段，因而在格外注重守成的宋代發揮了重要作用。雖
然近例與新例相較於舊例與久例而言，在說服力上稍遜一籌，但近例與新例
向舊例與久例的轉化過程無疑是動態和變化的。畢竟社會的發展決定了再守
成的君主，也不可能事無鉅細得全部繼承先前的理政方式，況且近例與新例
行用日久後也會上升爲舊例與久例之列。

（二）事例的層次

在對宋代事例的類別問題簡單作一梳理後，我們再來探討一下事例的層
次這一學界關注較少、但對於認識事例十分有價值的問題。正如上文所言，
事例是一個概括性的概念，這一方面體現在多種不同名稱的例都屬於事例的
範疇，另一方面則體現在事例有著不同的層次。例冊，或稱例策，〔註212〕

〔註209〕《長編》卷四四〇元祐五年三月甲午，第10604頁。
〔註210〕王侃：《宋例考析》，載楊一凡總主編：《中國法制史考證》甲編第五卷，第
　　　　173～174頁。
〔註211〕鄧小南：《祖宗之法──北宋前期政治述略》，生活・讀書・新知三聯書店，
　　　　2006年，第327、336頁。
〔註212〕另外，在宋代史料中還能見到「例卷」的名稱，如《宋會要輯稿》禮二五之
　　　　二四載，乾道三年十月八日，户部奏：「契勘大禮畢，賜諸路差來行在諸軍並

即是理解宋代事例層次問題的關鍵所在。在司法審判中也能見到例冊的身影，〔註213〕但其更大規模的運用是在行政事務的處理中。在宋代，某一具體事情的處理方式經過確認後先是以散例的形式存在，然後經過進一步歸納、整理後則上升爲例冊。二者雖都可以稱爲事例，但在規範程度和效力發揮上卻有著不小的差別。

　　眾所週知，例能夠存在並發揮作用的一個重要原因就是成文法的有限性，以刑法爲主體的成文法不可能對社會的方方面面都加以規制，特別是對於具體行政事務的處理，往往鞭長莫及。但中國古代深厚的成文法傳統又決定了零散事例的運用總是受到強烈的排斥，而且在實踐中也確實存在著種種弊端。因而將例的內容吸收到法的框架內，無疑是朝廷上下都認可的，如《長編》元豐三年（1080）正月己巳載：「御史舒亶言：『銓院事無正條，止憑吏人檢到例因緣，或致奸弊。乞委官一例刪定爲例策。』詔銓院合施行事，並編入敕令格式。」〔註214〕臣僚指出，銓院在處理事務時缺乏正式的條文規定，僅依靠吏人檢例行事，會產生很多問題，所以請求通過編修例策（冊）來克服此類弊端，而皇帝下詔要求將相關內容直接編入成文法典敕令格式。

　　但將所有的零散事例都上升爲成文法，顯然既無必要也無可能，因此一個折中的辦法，即將零散的例刪修爲相對系統的例冊則更爲普遍和易行。慶曆四年（1044）二月丁巳，臣僚言：「欲乞特降指揮，選差臣僚，就審官、三班院並銓曹，取索前後條例，與主判官員，同共看詳，重行刪定，畫一聞奏。付中書、樞密院，參酌進呈。別降敕命，各令編成例策施行。」〔註215〕臣僚希望將另降的詔敕編成例策，以備使用。陳襄《古靈集》卷七《論流內銓奏辟官屬箚子》也載：「前後應用諸般體例文字，盡令類聚編錄，委無漏落。責

<hr />

在營家口岸半分賞給，依例合預行攢造進呈。本部今比照前次大禮賞給例卷，將官庫所有綾、羅、絹、瑈、絲、綿、糧、錢等，以三分見錢、七分依立定價直折支，以多補少，逐一攢算到合依則例，自一百五十貫已下，至一貫支計二十九等。內有正身合支全分賞給之人，將今來兩半分合爲全分批勘支給。今次大禮，行在諸軍等賞給例卷二件，今照得與前郊本部例卷已支物色內有折支不同，送部子細參照。本部契勘，今年郊祀賞給例卷則例並同外，所有折支名色內絲帛並瑈，取會到糧料院見今批放三衛諸軍人數、職次，將已椿數目依指揮品搭，以多補少攢造，合依今來已奏例卷則例支給，即無差互。」第966頁。可見例卷與例冊（策）在性質、用途等方面是十分接近的。
〔註213〕參見上文第二章第二節「斷例的編修與內容」中「斷例的編修程序」部分。
〔註214〕《長編》卷三〇二元豐三年正月己巳，第7342頁。
〔註215〕《長編》卷一四六慶曆四年二月丁巳，第3550頁。

自本司與判官曹員同共看詳，除不可用者合行刪去外，其餘條目，雖多輕重不一，可以兼存者，並乞編爲例冊，奏取進止。」〔註216〕在這一箚子中，陳襄奏請將流內銓前後行用的諸多規則進行歸類處理，除了不可用的刪除外，其它可以存留以爲參照的，則編爲例冊。

從這幾條史料中我們也可以看出，例冊的編修來源較爲廣泛，既有散例，亦有可以成爲散例淵源的詔敕等，但都有一個共同點，就是具備例的本質特徵，即能夠成爲處理之後相關事務的參照，其必要性正如戴建國先生所指出的：「作爲後事之比的例積纍多了，前後往往產生矛盾，宋政府常常不定期對所行例進行整理刪修，編集成冊。」〔註217〕紹興四年（1134）八月，權吏部侍郎胡交修等奏：

> 契勘近降細務指揮內一項，六曹長貳以其事治，有條者以條決之，無條者以例決之，無條例者酌情裁決。夫以例決事，吏部最爲繁多，因事旋行檢例，深恐人吏隱匿作弊，與七司各置例冊，凡敕箚批狀指揮可以爲例者，編之，令法司收掌以待檢閱。〔註218〕

皇上接受了此一建言，於是詔「吏部編七司例冊」。〔註219〕在宋代，例冊的運用十分廣泛，這首先體現在不少機構都有刪修例冊的記載。如樞密院編修的例冊，《長編》載，慶曆四年（1044）二月戊戌：「命天章閣侍講、史館檢討王洙及樞密院都承旨、右監門衛將軍戰士寧編修樞密院例策。」〔註220〕又如熙寧三年（1070）十月丙戌：「著作佐郎館閣校勘王存、大理寺丞館閣校勘顧臨、著作佐郎錢長卿、大理寺丞劉奉世，同編修經武要略兼刪定諸房例冊，仍令都、副承旨提舉編定。」〔註221〕根據史料記載，此次刪定例冊的活動是有成果的，《宋史・藝文志》載：「王存《樞密院諸房例冊》一百四十二

〔註216〕〔宋〕陳襄：《古靈集》卷七《論流內銓奏辟官屬箚子》，文淵閣四庫全書本。
〔註217〕葉孝信：《中國法制史》，復旦大學出版社，2012 年，第 203 頁。
〔註218〕《宋會要輯稿》帝系一一之二，第 214 頁。《宋會要輯稿》職官八之二〇也載：「（紹興四年）六月二十日，吏部侍郎胡交修言『近降細務指揮內一項，六曹長貳以其事治，有條者以條決之，無條者以例決之，無條例酌情裁決。蓋欲省減朝廷庶務，責之六曹也令。欲乞令本部七司各置例冊，法司專掌諸案，具今日以來應幹敕箚批狀指揮，可以爲例者，限十日盡數關報法司，編上例冊。今後可以爲例事，限一日關法司鈔上，庶幾少防人吏隱匿之弊。』從之。」第 2567 頁。
〔註219〕《建炎以來繫年要錄》卷七九，第 1489 頁。
〔註220〕《長編》卷一四六慶曆四年二月戊戌，第 3535 頁。
〔註221〕《長編》卷二一六熙寧三年十月丙戌，第 5268 頁。

卷。」〔註222〕

　　除了樞密院外，其它不少機構也有編修例冊的記載，如《長編》載，熙寧八年（1075）八月壬子：「命池州司法參軍孫諤編定省府寺監公使例冊條貫，又命諤監製敕庫。」〔註223〕可見是省府寺監公使例冊。又如中書五房編修的例冊，皇祐五年（1053）十二月己未：「參知政事劉沆提舉中書五房續編例冊。」〔註224〕三司也有不少例冊，大中祥符四年（1011）九月丁亥，三司鹽鐵副使林特上祀汾陰慶賜例冊，上謂宰臣曰：「外道所給，比往年南郊乃多十餘萬，蓋募兵太廣爾，其間老疾不任事者，當令簡閱之。」〔註225〕可見是由三司編修的有關賞賜方面的例冊。時人蔡襄的《端明集》中載：「（呂士昌）移知益州靈泉縣，以太夫人高年，願監舒州皖口倉。未行，服喪，外除知江之德安。罷歸，三司使田公況關君編《三司例策》，書成二百卷。」〔註226〕在這裏亦能看到例冊成書的記錄。

　　例冊運用廣泛的另一個體現則是，諸多不同事務的處理中都能夠看到例冊發揮作用。紹興三十二年（1162），吏部侍郎凌景夏言：

> 國家設銓選以聽群吏之治，其掌於七司，著在令甲，所守者法也。今陞降於胥吏之手，有所謂例焉。長貳有遷改，郎曹有替移，來者不可復知，去者不能盡告。索例而不獲，雖有強明健敏之才，不復致議。引例而不當，雖有至公盡理之事，不復可伸。貨賄公行，奸弊滋甚。嘗睹漢之公府有辭訟比，尚書有決事比，比之為言，猶今之例。今吏部七司宜置例冊，凡換給之期限，戰功之定處，去失之保任，書填之審實，奏薦之限隔，酬賞之用否，凡經申請，或堂白、或取旨者，每一事已，命郎官以次擬定，而長貳書之於冊，永以為例，每半歲上於尚書省，仍關御史臺。如是，則巧吏無所施，而銓敘平允矣。〔註227〕

〔註222〕《宋史》卷二〇七《藝文志六》，第5288頁。
〔註223〕《長編》卷二六七熙寧八年八月壬子，第6553頁。
〔註224〕《長編》卷一七五皇祐五年十二月己未，第4241頁。
〔註225〕《長編》卷七六大中祥符四年九月丁亥，第1735頁。
〔註226〕〔宋〕蔡襄：《端明集》卷四〇《尚書職方員外郎呂君墓誌銘》，文淵閣四庫全書本。
〔註227〕《宋史》卷一五八《選舉志四》，第3714頁。《玉海》卷一一七《選舉》「紹興編七司例冊」條也載：「紹興四年八年庚辰，詔吏部編七司例冊。胡交修言：以例決事，吏部最多，乞將敕箚批狀指揮可為例者，編為冊，以俟檢閱。從

　　淩景夏建言，吏部七司應當設置例冊，遇有確定換給期限、戰功大小、去失保任等情況時，在事情處理完畢後由長官記錄於例冊之中，這裏的例冊是有關官員銓選的。從這一奏請中還能夠看出，至少在淩景夏眼裏，例冊與例是不同的，例掌握於胥吏之手，其內容是不公開的，運用過程也沒有什麼程序可言。而記錄於例冊後則有了很大改觀，例冊由官員甚至是部門長貳主導，所具有的權威性自不待言，公開性也有了保障。而且在制定程序方面，淩景夏還主張定期將例冊上報尚書省，並關報御史臺，使得例冊在很大程度上具有了成法的特點。

　　另外，在禮儀制度方面也有例冊，如《禮院例冊》。歐陽修所纂的《太常因革禮》中曾多次引用《禮院例冊》的內容，《宋史·禮志》中曾兩次提到《禮院例冊》：

　　　《禮院例冊》：文武官一品、二品喪，輟視朝二日，於便殿舉哀掛服。文武官三品喪，輟視朝一日，不舉哀掛服。然其車駕臨問並特輟朝日數，各係聖恩。一品、二品喪皆以翰林學士已下爲監護葬事，以內侍都知已下爲同監護葬事。葬日，輟視朝一日，皆取旨後行。〔註228〕

　　　《禮院例冊》：諸一品、二品喪，敕備本品鹵簿送葬者，以少牢贈祭於都城外，加璧，束帛深青二、纁二。諸重：一品柱鬲六，五品已上四，六品已下二。諸銘旌：三品已上長九尺，五品已上八尺，六品已上七尺，皆書某官封姓之柩。〔註229〕

　　《宋史》中所引述的這兩條《禮院例冊》，都是關於官員喪葬的禮儀和規格，其對不同等級的官員規定了不同的待遇和規格。而《太常因革禮》中所引《禮院例冊》的內容多載有具體年月，可見《禮院例冊》應是對於當時具體做法的彙集，這在相當程度上反映出古人對於禮儀制度的重視，也表明了經過編修的例冊在禮儀方面所發揮的重要作用。〔註230〕

　　　之。二十六年九月戊辰，中丞湯鵬舉請明部吏、刑部，條具合用之例，修入見行之法，以爲中興成憲。從之。後四年乃成。三十二年四月甲戌，侍郎淩景夏請吏部七司置例冊，淳熙元年十二月修七司法。」第2172頁。

〔註228〕《宋史》卷一二四《禮志二七》，第2903～2904頁。

〔註229〕《宋史》卷一二四《禮志二七》，第2909頁。

〔註230〕關於禮制與例冊的問題，參見樓勁：《魏晉南北朝隋唐立法與法律體系》，中國社會科學出版社，2014年，第567～628頁。

上文分析了例冊的編修和運用狀況，可以看出例冊在宋代的運用是較爲廣泛的，朝廷上下對於例冊的重要性都有充分的認識。而例冊與散例存在顯著差異、在宋代法律體系中具有重要地位的另外一個體現，則是例冊具有明確的約束力，違背例冊的記載須受懲處。如大中祥符九年（1016）八月己卯，翰林學士陳彭年等言：

> 先準詔看詳新舊編敕，及取已刪去並林特所編三司文卷續降宣敕，盡大中祥符七年，總六千二百道，千三百七十四條，分爲三十卷。其儀制、敕書、德音別爲十卷，與刑統、景德農田敕同行。其止是在京及三司本司所行宣敕，別具編錄。若三司例冊，貢舉、國信條制，仍舊遵用。〔註231〕

可見三司例冊被要求仍舊遵用，其法律效力得到肯定。又如元豐六年（1083）七月辛酉，戶部言：「陝西諸路緣邊州、軍、城、寨公使給官吏之物，欲並依例策，以在市實直給價，內酒數亦據酒材所合醞升斗支給，候物價平依舊。」〔註232〕戶部要求陝西諸路等地方支給官吏的錢物，須依照例冊中的相關規定來實行，可見地方上也有例冊，用於規範各項錢物的支出和使用。又如紹興二十八年（1158）己卯，戶部奏：「言者論監司守令害民事件，乞監司、知州月給例罷，非舊例冊所有而輒受者，以贓論。」〔註233〕監司知州如在例冊記載的事項外接受財物，則以贓罪論處，例冊成爲規範此類事務的重要依據。

《名公書判清明集》卷一《任滿巧作名色破用官錢》中也載：「昨據案呈此例，已知其不合令甲，必是做法於貪污之人，遂令檢尋其所由始。今稽之例冊，乃果無之。創爲此例者，甲守也，倍增其數者，乙守也。」〔註234〕之前的兩任官員甲和乙因爲巧立名目、以「送還行李」爲名貪污受賄，現任官員胡石壁雖一開始就懷疑二人有貪污之嫌，但還是先於例冊內進行檢索，發現確無相關記載後才對兩人的罪行予以認定，因而例冊所規定的事項無疑是具有法律效力的。

例冊的這一效力在宋代公使錢的管理中體現得更爲突出。公使錢，又稱公用錢，「本爲各級官署辦公之費，實則多用於飲宴廚傳，南宋時公使供給更

〔註231〕《長編》卷八七大中祥符九年八月己卯，第2004頁。
〔註232〕《長編》卷三三七元豐六年七月辛酉，第8124頁。
〔註233〕《建炎以來繫年要錄》卷一八〇，第3457頁。
〔註234〕《名公書判清明集》卷一官吏門《任滿巧作名色破用官錢》，第31頁。

被視爲官吏俸祿之一部」，〔註235〕主要用於過往官員的接待、宴請及饋送。宋廷十分重視對公使錢的管理，制度設計頗爲嚴格，如蘇轍所抱怨的：「一錢以上，皆籍於三司，有敢擅用，謂之自盜。而所謂公使錢，多者不過數千緡。百須在焉，而監司又伺其出入而繩之以法。」〔註236〕南宋時也是如此，《慶元條法事類》載：「監司、知、通依格差接送人從外，又將帶公使錢物作隨行支用，係是重疊破費，合行禁止。」〔註237〕宋廷採取了多種措施以應對濫用公使錢的問題，有不少詔敕、法律涉及公使錢的管理，其中運用較爲廣泛、針對性較強的當屬例冊。

紹聖四年（1097）五月庚午，由於「三省言蘭州違法饋送」，於是朝廷下詔：「諸路沿邊州軍，除帥臣所在外，若公使於例冊外饋送，並依緣邊城堡鎭寨條施行。朝廷遣使及監司例外受供饋者，仍取旨。委經略、安撫、鈐轄、轉運、提刑、提舉司，常切覺察劾奏。」〔註238〕如果公使在例冊規定的事項和額度外進行饋送，則依相關地方的規定予以治罪；如果是朝廷遣使及監司在例冊外受饋送，則須取旨定奪。可以看到，朝廷對於違法接受饋送的行爲十分重視，而例冊是懲處過程中的基本依據。又如大觀二年（1108）十二月八日，臣僚言：「自今後監司並屬官、帥司等處差勾當公事官，於廨宇所在遇筵會，許折送供不盡酒食，其餘巡歷所至，止許收例冊內饋送。仍乞今後於舊例冊外，別作諸般名目收受，並同監主自盜法立賞，許人陳告，仍不以赦降去官原減。」〔註239〕臣僚奏請除了遇有宴會「許折送供不盡酒食」外，在外出巡歷時「止許收例冊內饋送」，否則按監主自盜懲處，並許人陳告。

上級官員途徑下級官員治所時，下級官員予以宴請和饋送是難以避免的，此類現象時至今日尚難以杜絕，遑論官本位思想濃鬱且重視人情世故的中國古代社會。統治者對此也是心知肚明，因而與其徒勞無功地禁止，還不

〔註235〕汪聖鐸：《兩宋財政史》，中華書局，1995年，第482頁。有關宋代的公使錢，參見林天蔚：《宋代公使庫、公使錢與公用錢間的關係》，載《宋史研究集》，中華叢書編審委員會，1974年，第407～440頁。後收入氏著：《宋代史事質疑》，臺灣商務印書館，1987年；俞宗憲：《宋代公使錢研究》，載鄧廣銘、徐規等主編：《宋史研究論文集》，浙江人民出版社，1984年，第82～108頁；黃純豔：《論宋代的公用錢》，《雲南社會科學》2002年第4期；葉燁、劉學：《宋代公使錢濫用問題探析》，《雲南社會科學》2010年第2期。

〔註236〕〔宋〕蘇轍：《欒城集》卷二一《上皇帝書一首》，四部叢刊本。

〔註237〕《慶元條法事類》卷一〇職制門七《吏卒接送·隨敕申明》，第189頁。

〔註238〕《長編》卷四八七紹聖四年五月庚午，第11575頁。

〔註239〕《宋會要輯稿》刑法二之四八，第6519頁。

如通過例冊的規定將其有限度的公開化、合法化。如此一來，既能對行賄索賄行為加以約束，又能防止公使錢的鋪張濫用，還能通過不同等級官員接待標準的差異體現統治的威嚴和秩序。宋廷非常重視通過例冊來加強對公使錢的管理，這體現在兩方面：一方面允許例冊內已經確定的饋送事項和數額，另一方面則對例外巧作名目的行為嚴厲限制和打擊。《宋會要輯稿》載，政和元年（1111）三月二十一日，詔：

> 諸路公使支用，隨逐處各有已定例冊。其監司所在及巡歷，或朝省遣官所至州郡往往多不循例，過有供饋。朝廷察知其弊，遂修立崇寧五年春頒敕，諸與所部監司若朝省所遣使命至本路以香藥饋送者，徒二年，折計價直以自盜論。〔註240〕

詔敕中明確要求諸路公使錢的支出，須依據各地制定的例冊，對於違例饋送者給予徒兩年的嚴厲刑罰。從《慶元條法事類》中能夠看到不少關於違背例冊接受饋送的處罰規定，對違法行為的具體情形區分得更為細緻。《慶元條法事類·職制門六》中專門有「饋送」部分對此類行為加以規定，其中一職制敕規定：「諸監司、知州，非任滿替移，（在任二年以上非。）雖有例冊輒饋送罷任之物及受之者，並坐贓論。」〔註241〕可見兩年以下、非任滿替移的監司和知州，不能援引例冊的規定接受饋送。一廄庫敕中規定：

> 諸緣邊州（帥臣所在非。）及鎮寨，於例外饋送，以違制論，受者準此。應幹辦官屬唯聽受到發、酒食，其餘供饋（例冊有者亦是。）及一季內再至，雖酒食各不得受，違者，杖一百，所送官司罪亦如之。朝廷遣使或監司於例外受者，奏裁。〔註242〕

敕中指出，各緣邊州鎮，如果是例外進行饋送，則以違制罪論處，接受者也一樣。長官以外的屬官等，除基本酒食外不能接受其它供饋，即使是長官，如果一季內再次巡歷，也不得接受供饋。另外一道廄庫敕中載：

> 諸公使輒非法於額外營置錢物，（孳養豬羊之類抑配出賣收錢者同。）或排頓若例外巧作名目饋送及受，並在任官月給有次而特送人，或以酒及應公使物饋送出本州界，各徒二年，若無名過有特送，（謂非案卷所有者。）減三等。即以公使（正賜非。）見錢、金帛

〔註240〕《宋會要輯稿》刑法二之五四，第6522頁。
〔註241〕《慶元條法事類》卷九職制門六《饋送·職制敕》，第166頁。
〔註242〕《慶元條法事類》卷九職制門六《饋送·廄庫敕》，第168頁。

珍寶遺人，準盜論減一等。（例冊內立定節儀非。）〔註243〕

有敕中所列幾類違法行爲的，須受輕重不等的相應懲罰，但如果是屬於「例冊內立定節儀」，則不予追究。而且一職制令中對於例冊外公使錢的支出亦有限制：「諸公使，例冊外聽長官臨時支用。非見任官不得月給，非州不得饋送過客。其正賜錢，不拘此令。」〔註244〕明確指出，非現任官員不得支給，非州一級官司不得饋送，且須將例外的供饋記錄下來予以公開：「諸緣邊州（帥臣所在非。）及鎮寨，公使供給將校、犒設探事人等，依舊例，其鎮寨，即經略安撫、鈐轄司每歲點檢，仍以板錄例外供饋條曉示。」〔註245〕可見，例冊的內容反映了朝廷關於公使錢使用的態度和意圖，在對違法官員的處理上發揮了有效的作用。〔註246〕

綜上所述，例冊無疑與散例存在著較大的差別，不僅不被視爲排斥的對象，反而在實際事務的管理中，特別是在禮儀制度和公使支出方面發揮了相當重要的作用。宋代的事例不僅在類別上各有不同，層次上也存在差異，這是在分析宋代事例乃至行政例時所必須認識到的。例這種法律形式的多面性和複雜性在事例的類別和層次問題上得到了充分體現，對於宋例的探討，必須具體而微地結合相關史料來分析，而不能大而化之地進行說明，否則很難洞悉不同例的表現形式之間的細微差別。

二、事例的弊端與價值

宋代的例由於存在「以例破法」的問題而受到較多的批評，誠然，無論是宋代的司法例還是行政例，都或多或少的存在這樣的問題，因而有的學者對此不加區分地予以分析也有一定的理由。但是如果細繹時人關於例的弊端的議論，可以發現對於司法例的批評是比較少的，除了個別皇帝在個別時期要求不許引用斷例外，在宋代大多數時候，由於司法審判活動的特殊性及斷例本身的成文化等原因，斷例的價值和作用從整體來看是受到肯定至少是默

〔註243〕《慶元條法事類》卷九職制門六《饋送・廄庫敕》，第168頁。
〔註244〕《慶元條法事類》卷九職制門六《饋送・公用令》，第169頁。
〔註245〕《慶元條法事類》卷九職制門六《饋送・公用令》，第169頁。
〔註246〕需要注意的是，朝廷的用意不可謂不務實，但在缺乏監督、只有分工而沒有分權的專制集權社會背景下，正式的律令對於種種貪腐現象尚且作用有限，遑論規範程度有所欠缺的例冊。當然，我們不能因爲實際操作中存在弊端和問題，就否定制度上的設計和努力。對於例冊所發揮的作用與所具有的局限，都應予以充分考慮並正確看待。

許的。大多數的指謫集中於宋代的行政例，尤其是成文化和規範性程度較低的零散的事例。另外，也應該看到，各種史料的來源往往是掌握話語權的士大夫群體，因而對於這些零散事例的評價往往滲透著士人的態度甚至是偏見。事例是否在宋代的行政事務處理中毫無益處還需要進一步釐清和辨明，下面就對事例的弊端和價值問題分別進行分析。

（一）事例的弊端

宋代的事例一直爲時人所詬病，受到了連篇累牘地批評和抨擊，其實這樣的問題也不爲宋代所獨有，唐代曾專門針對攀引比例的問題有過詔敕，《唐會要》載，景龍三年（709）八月九日敕：「應酬功賞，須依格式，格式無文，然始比例。其制敕不言自今以後永爲常式者，不得攀引爲例。」〔註247〕眾所週知，成法無疑具有較強的權威性、公開性、統一性、規範性和穩定性，而例，尤其是行政例中的事例，在時人眼中則恰恰與之相反。因此，下面我們主要從這五個角度來展開對事例弊端的分析。

第一，生成途徑不權威。中國古代的成文律典雖不是在廣泛民意基礎上形成的，但畢竟有著較爲嚴格的編修程序。尤其是在宋代，朝廷上下普遍重視各項立法活動，編修敕、令、格、式等往往由多名官員共同負責和參與，因而在內容和精神上基本能夠符合主流的觀念，從整體來看也不可能淪爲少數人謀取私利的工具。而事例則不然，事例是由於具體人或事而產生的，因而較多的與徇私情、謀私利相聯繫，在生成途徑上不具備成法所特有的權威性，及其背後所體現的公意。《長編》載，仁宗慶曆三年（1043），富弼在請求編修祖宗故事的建言中曾指出：「近年紀綱甚紊，隨事變更，兩府執守，便爲成例。」〔註248〕劉克莊也曾指出：「祖宗成法，粲然甚明，人有所求，至法而正。苟無其法，然後用例，例或未善，已不可行，況又創例，不幾太濫。夫不以公平大正爲心，而專以苟且姑息爲務，安得人人而悅之？」〔註249〕

又如大觀三年（1109）九月一日，臣僚言：「法者，所以盡天下之公，而例乃一時之私。今輒援例而廢法，則人得以私徇，而法將無所用矣。」〔註250〕孝宗隆興二年（1164）二月二十四日，臣僚言：「今日之弊，在於捨法用例。

〔註247〕《唐會要》卷三九《定格令》，第705頁。
〔註248〕《長編》卷一四三慶曆三年九月丙戌，第3455頁。
〔註249〕〔宋〕劉克莊：《後村集》卷一六九《樞密鄭公》，四部叢刊本。
〔註250〕《宋會要輯稿》職官五六之二九，第3639頁。

法者率由舊章，多合人情。出（例）者，出於朝廷一時之予奪，官吏一時之私意。」〔註251〕許應龍在《論法例劄子》中也指出：「乃若例者，或出於一時之特恩，或出於一時之權宜。有徇親故而開是例者，有迫於勢要而創是例者，揆之於法，大相牴牾。而後來者，扳援不已，案牘在胥吏之手，有司不可得而知也。」〔註252〕都看到了例在生成途徑上與成法存在的巨大差異，及因此而帶來的弊端。

第二，具體內容不公開。成法在制定後需要正式頒佈、公之於眾，或者至少要經過合理的編排將其內容予以確定。而零散事例的內容往往是一筆糊塗賬，所謂「法可按籍而觀，例則散於案牘之中，匿於胥吏之手，官有去來不能遽知」。〔註253〕官員對此難以掌握，則為吏人上下其手提供了方便，連神宗都知道「吏人不喜條例分明」。〔註254〕《宋會要輯稿》載，紹興二十六年（1156）九月二十九日，御史中丞湯鵬舉言：「三尺之法，天下之所通用也。四海九州，萬邦黎獻，知法之所載而已，安知百司庶府之有例乎？例之所傳，乃老奸宿贓秘而藏之，用以附下罔上，欺或世俗，舞文弄法，貪饕貨賂而已。」〔註255〕這裏所提到的例正是零散的事例，在湯鵬舉看來例已經成為老奸宿贓秘藏之物，淪為其謀取私利的手段和工具。《宋史‧選舉志四》也載：

> 國家設銓選以聽群吏之治，其掌於七司，著在令甲，所守者法也。今陞降於胥吏之手，有所謂例焉。長貳有遷改，郎曹有替移，來者不可復知，去者不能盡告。索例而不獲，雖有強明健敏之才，不復致議。引例而不當，雖有至公盡理之事，不復可伸。貨賄公行，奸弊滋甚。〔註256〕

像官員銓選如此重要的事務，本應著於律令，但現在卻為胥吏所掌控，能否遷改、替移等不取決於有司，反倒取決於熟悉事例的胥吏。例的濫用所帶來的就是「來者不可復知」而「去者不能盡告」，規則的公開性受到了極大削弱，具體內容不公開也成為例最為人詬病之處。

〔註251〕《宋會要輯稿》刑法一之四七，第6485頁。
〔註252〕《東澗集》卷七《論法例劄子》。亦見〔明〕黃淮、楊士奇：《歷代名臣奏議》卷二一四《法令》，文淵閣四庫全書本；《續文獻通考》卷一六七《刑考》。
〔註253〕〔宋〕潛說友：《咸淳臨安志》卷六七《人物八》「凌景夏」條，文淵閣四庫全書本。
〔註254〕《長編》卷二一一熙寧三年五月戊戌，第5122頁。
〔註255〕《宋會要輯稿》刑法一之四六，第6484頁。
〔註256〕《宋史》卷一五八《選舉志四》，第3714頁。

第三，處理方式不統一。法律區別於其它規則的特點就是致力於實現類似情況類似處理，雖然這樣的要求在專制集權社會勢必大打折扣，但卻不能否認其具有這樣的目標和特點。例則不然，例的產生往往具有特定性，即針對特定的人或事而創制，這也就決定了例的處理方式總是千差萬別，否則也就失去了存在的必要。如元祐三年（1088），尚書省言：

> 未行官制以前，凡定功賞之類，皆自朝廷詳酌，自行官制，先從六曹用例擬定。其一事數例，輕重不同，合具例取裁，事與例等，不當輒加增損。若不務審察事理，較量重輕，惟從減損，或功狀微小，輒引優例，亦當分別事理輕重及已未施行，等第立法。今以舊條例增修，凡事與例同而輒增損漏落者杖八十，內事理重，已施行者徒二年，如數例重輕不同或無例而比類他例者，並具例勘當擬定奏裁。〔註257〕

史料中指出，官制改革之後，確定功賞須由六曹先引用前例來擬定。對於同一件事，可能存在數件輕重不同的事例，因而如何實現功賞均一、輕重適當顯得格外困難，這就為行政事務的處理帶來了很多麻煩。除了事例之間處理方式的不統一外，事例與成法在處理方式上的矛盾與差異更是毋庸諱言，如嘉泰元年（1201）二月十四日，禮部尚書兼吏部尚書張釜言：「或例寬而法窄，則引例以破法。或例窄而法寬，則援法而廢例。予奪去取，一出吏手。」〔註258〕在胥吏的掌控下，用例還是用法完全沒有統一的標準和原則，只是任憑其依據利益所在而翻手為雲覆手為雨。

第四，運用程序不規範。事例的運用過程也相當不規範，從創制伊始就處於一個不透明、不公開的環境之下，並且與胥吏這一階層緊密相連。成法在實施過程中，總會或多或少的存在一些保障性、配套性的程序措施，但在事例的運用過程中卻基本上見不到類似的因素，因為事例的運用本身就帶有隱秘和灰暗的色彩，所以不可能實現規範化操作。南宋淳熙時，臣僚言：

> 今之有司既問法之當否，又問例之有無。法既當然，而例或無之，則是皆沮而不行。夫法之當否，人所共知，而例之有無，多出吏手，往往隱匿其例，以沮壞良法，甚者俟賄賂既行，乃為具例，為患不一。乞詔有司，應事有在法炳然可行而未有此例者，不得以

〔註257〕《長編》卷四一九元祐三年閏十二月癸卯，第 10143 頁。
〔註258〕《宋會要輯稿》刑法一之五八，第 6490 頁。

無例廢法事。〔註259〕

　　臣僚的建言中也提到了事例的另一個弊端，即內容不公開的問題，並且指出吏人往往先將事例加以隱匿，待收取賄賂後才為之提供，其運用上的弊端可見一斑。又如紹熙二年（1191）四月十二日，臣僚言：「臣聞自昔天下之所通行者，法也。不聞有所謂例也。今乃於法之外，又有所謂例。法之所無有者，則援例以當法。法之所不予者，則執例以破法。生奸起弊，莫此為甚。蓋法者，率由故常，著為令典，難以任情而出入。例者，旋次創見，藏於吏手，可以弄智而重輕。」〔註260〕事例藏於吏人之手，從而可以為其任意篩選，臣僚在此亦指出了事例運用不規範的弊端。另外，從內容和數量上來看，由於「例比法更為具體，在運用例的實踐中，其數量太少了將不敷實用，數量太多了又不便檢索」，〔註261〕因而在運用過程中，例相對成法也存在不少的問題。

　　第五，效力發揮不穩定。成法相較於事例而言還有一個特點就是穩定性，即能夠在一段時間內相對持續地發揮效力，成法的這一特點能夠給予人們穩定的心理預期，並根據其規定來指導自己的行為。而事例則往往較為反覆，後來的事例較容易推翻和取代之前的事例，也可能同時存在著不同時期形成的事例，讓人無所適從。如淳熙十二年（1185）六月己巳，臣僚奏稱：「臣聞一定不易之謂法，循習引用之謂例，故昔人常守法以廢例，未嘗用例以廢法，今之有司大抵反是。若天官諸選，條目猥多，法例參錯，吏奸深遠，法無已行而或廢，例有已行而必得，此其為弊，固非一日。」〔註262〕可以看到，事例所欠缺的正是成法所具有的一定不易的特質。

　　亦如許應龍所指出的：「夫著而為律，疏而為令，編次成書，各有條目，蓋截然而不可易也。」〔註263〕事例則不可能做到這一點。劉一止的《苕溪集》中也有過相關的記載：「時兵革初定，功賞核實號為最難，吏胥夤緣舞文為市，類多阻格。公為親閱，功伐無復留難，因陛對力陳其弊，以為圖籍散逸，止憑省記，月異而歲不同，無所總括。至乃捨法則用例，引例則破法，奸弊日滋，甚非畫一之政也。請自今以例為據者，悉合上之，朝廷稽其合於三尺者，

〔註259〕《宋會要輯稿》刑法一之四九至五○，第 6486 頁。
〔註260〕《宋會要輯稿》刑法一之五五，第 6489 頁。
〔註261〕〔日〕宮崎市定：《宋元時期的法制與審判機構——〈元典章〉的時代背景及社會背景》，載楊一凡總主編：《中國法制史考証》丙編第三卷，第 9 頁。
〔註262〕《皇宋中興兩朝聖政》卷六二。
〔註263〕《東澗集》卷七《論法例箚子》。

著爲定制。」〔註264〕關於南宋初期文籍散落所帶來的影響，上文在探討斷例問題時曾多次提到。其在行政事務中的影響更不容忽視，由於日常事務的辦理只能依靠吏人省記，因而導致「月異而歲不同」。

歸結起來看，事例的行用削弱了法的地位，而事例的危害還不僅限於此，隨著例的日益泛濫，逐漸從「用例破法」演化爲「因例立法」，時人云：「承例既久，則例爲定法。」〔註265〕尤其是到了南宋，這樣的問題格外突出，如淳熙元年（1174），參知政事龔茂良言：

> 官人之道，在朝廷則當量人才，在銓部則宜守成法。法本無弊，例實敗之。法者，公天下而爲之者也。例者，因人而立以壞天下之公者也。昔之患在於用例破法，今之患在於因例立法。諺稱吏部爲例部。今《七司法》自晏敦復裁定，不無疏略，然守之亦可以無弊。而徇情廢法，相師成風，蓋用例破法其害小，因例立法其害大。法常靳，例常寬，今法令繁多，官曹冗濫，蓋繇此也。〔註266〕

從「用例破法」到「因例立法」，例的地位在不斷膨脹，而法的地位則不斷被壓縮。嘉泰三年（1203）五月二十六日，監察御史陸濬言：「尚書六曹，皆號法守之地。條格品目吏銓尤爲詳密，比年以來，銓法滋弊，人有倖心。臣嘗推原其故，其始蓋起於廢法而創例也。夫法不足而例興焉，不知例一立而吏更奸秉之，異時比附並緣寢失本意，於是例用而法始廢矣。」〔註267〕縱觀整個宋代，事例的弊端一直存在，並呈現愈演愈烈之勢。

（二）事例的價值

從史料記載的情況來看，宋代事例受到的批評是主要的，而且通過我們的分析也能夠發現，事例確實存在著相當多的問題，但這是否意味著事例就沒有任何正面的作用和價值呢？結論恐怕沒有如此簡單。正如戴建國先生所指出的：「社會的發展，常使已有的制度不能應付新出現的情況，而又不可能鉅細無遺地將制度制訂得過於繁雜，因此產生了援引以往相類似的事例作爲辦事依據的慣例。」〔註268〕在成法已有規定的情況下，事例的運用不可避免

〔註264〕〔宋〕劉一止：《苕溪集》卷五一《宋故左中大夫充敷文閣待制致仕毘陵張公墓誌銘》，文淵閣四庫全書本。
〔註265〕《宋會要輯稿》職官五六之二九，第3639頁。
〔註266〕《宋史》卷一五八《選舉志四》，第3715頁。
〔註267〕《宋會要輯稿》職官八之五六，第2585頁。
〔註268〕葉孝信：《中國法制史》，第203頁。

地會導致二者之間的矛盾與衝突；而在成法未有規定，或雖有規定但存在問題的情況下，事例的運用則有效地彌補了制度的漏洞和缺失，體現出對於制度化措施的替代，具有重要的補充和變通價值。〔註269〕

《長編》載，仁宗天聖二年（1024），吏部南曹言：「選人磨勘，例問刑部有無過犯，定奪公私罪名。又恐其間曾有過犯，或奏案在大理寺，未經奏斷，即刑部無由得知。自今更乞問大理寺。」〔註270〕從吏部南曹的奏狀中我們知道，在選人磨勘過程中，按照慣例是要詢問刑部該官員是否有過犯罪記錄。現在又擔心會有相關的奏案在大理寺，而刑部無從知曉，因而希望在選人磨勘時亦詢問大理寺。這裏行用的慣例，無疑在吏部南曹具體事務的處理中發揮了十分重要的作用，例的作用也是得到認可的。又如元豐七年（1084）七月，侍御史張汝賢論奏王珪、王安禮陳乞子姪差遣法許用例時提到：「按法之文而折中於理，謂有司之事。無條有例，或雖有條而文意未明，應用例以補之，皆在所司。可以常行，於法未礙。」〔註271〕張汝賢明確指出，「無條有例」及「雖有條而文意未明」時應發揮事例的補充作用，此時的事例與成法並無衝突。這一點從高宗與臣僚間的一段對話中也能看出來，《皇宋中興兩朝聖政》紹興三年（1133）七月己卯載：

> 進呈左司諫谷輝奏：「講筵所祇應人，以經進書推恩，內門下後省私名慕允中換進義副尉，仍與不作，非泛補授乞追改施行，遵守朝廷約束。」上曰：「此講筵所奏御寶批也，既有例當依例施行。」席益曰：「此事固有前比，當如聖旨施行，然副尉而煩諫官論執，乞陛下從所奏。」上頷之，徐俯曰：「既有例，當如何？」上曰：「然凡朝廷所行事，既有法有例而行之，因言者論列而改，則是朝廷所行果非也。且此小事，非關大體。」呂頤浩、席益又固請從輝之說，上可之。〔註272〕

高宗認爲「既有例當依例施行」，可見例與法都是朝廷處理政務的依據。紹興四年（1134）時，還降有指揮，要求「六曹長貳以其事治，有條者以條決之，無條者以例決之」。〔註273〕到了南宋後期，人們對於解決事例與成法的衝

〔註269〕這一點與斷例在司法審判中所發揮的作用有相似之處。
〔註270〕《長編》卷一〇二天聖二年正月甲寅，第2350頁。
〔註271〕《長編》卷三四七元豐七年七月甲寅，第8330～8331頁。
〔註272〕《皇宋中興兩朝聖政》卷一四。
〔註273〕《宋會要輯稿》職官八之二〇，第2567頁。

突的認識更進了一步，紹熙二年（1191）四月十二日，臣僚言：

> 前後臣僚屢有建請，皆欲去例而守法，然終於不能革者，蓋以法
> 有所不及，則例亦有不可得而廢者，但欲盡去欲行之例，只守見行之
> 法，未免拘滯而有礙。要在與收可行之例，歸於通行之法，庶幾公共
> 而不膠。今朝廷既已復置詳定敕令一司，臣以爲凡有陳乞申請，倘於
> 法誠有所不及，於例誠有所不可廢者，乞下敕令所詳酌審訂，參照前
> 後，委無牴牾，則著爲定法，然後施行。如有不可，即與畫斷，自後
> 更不許引用。如是，則所行者，皆法也，非例也。〔註274〕

　　臣僚看到了成法存在的不足，以及事例所具有的價值，因而不再一味要求
排斥和壓制例的運用，而是希望盡可能地將事例納入成法的內容和框架之下，
實現二者的融合與匯通。雖然臣僚並未言明這裏的例指的是司法例還是行政
例，似乎在指向上較爲模糊，但從上下文特別是上文中，批評例的弊病時所提
到的「法之所無有者，則援例以當法。法之所不予者，則執例以破法」來看，
應該更多的是指行政例，特別是不成文的零散事例。〔註275〕正如宮崎市定先

〔註274〕《宋會要輯稿》刑法一之五五至五六，第6489頁。
〔註275〕劉篤才先生在《歷代例考》中分析有關斷例問題時，於「中國古代判例與
　　　　成文法的關係」小標題下，對我們上文引用的紹熙二年四月十二日的史料，
　　　　及其它相關材料進行過分析，並認爲，「成文法和判例之間存在著異質對立
　　　　的關係，但是解決的方法並非一定要把拒斥作爲唯一的方式。成文法對判
　　　　例既有拒斥的必要，又有吸納的可能。其認識的轉折是在南宋時期」，「關
　　　　於法與例的關係，宋代人的認識有一個從對立到統一的過程」，「斷例正是
　　　　在這種歷史背景下，成爲宋代法律體系的重要組成部分。宋代君臣關於協
　　　　調律例關係的認識，爲解決法與例的矛盾開闢了一條道路，但由於在立法
　　　　實踐中還未摸索出行之有效的處理例與律、例與其它法律形式相互關係的
　　　　辦法，最終未能建立起系統的例的體系」，「明清時期的律例合編就是沿著
　　　　這條道路，解決了古代法律體系的整體協調問題」。楊一凡、劉篤才：《歷
　　　　代例考》，第106～110頁。其分析不乏精彩之處，但也有幾個問題似有商
　　　　榷之必要：第一，用以支撐這一論證的材料是關於司法例的嗎？劉篤才先
　　　　生徵引了不少臣僚力陳用例危害以及主張律例並存、并用的言論，我們在
　　　　上文中基本都有涉及，這些言論大都是針對行政例特別是不成文的事例
　　　　的。在這一點上，劉篤才先生與王侃先生都沒有對這些材料背後的意圖作
　　　　深入探究，存在混淆行政例和司法例的問題。上文在第二章「宋代的司法
　　　　例」第二節「斷例的適用與性質」中，探討斷例是否是法律形式時對此一
　　　　問題曾作過分析，這裏不再贅述。第二，斷例是律例合編思想的產物嗎？
　　　　先從時間上來看，劉篤才先生認爲成文法吸納判例的認識出現於南宋，斷
　　　　例則與此種歷史背景密切相關，並主要依據了北宋大觀二年、南宋紹興三
　　　　十二年、紹熙二年三則史料加以說明。但斷例作用的發揮、內容的完善及

生所指出的:「從宋代起,胥吏貪圖賄賂而在引用例時做手腳的弊病,就已頻遭指責,但是如果沒有例,那種弊病可能會更厲害。」〔註276〕誠哉斯言。

另外,事例之所以能夠在宋代長期存在、屢禁不絕,是有其合理性與必然性的,其中以兩方面因素最爲重要:一是皇權勢力的強大,二是胥吏階層的興起。先來看第一個方面的原因,根據上文的分析可以知道,事例的創制權基本上爲皇帝所專有,體現著其對任何事務所具有的決定權、裁量權和變通權。在中國古代這樣只有皇權之下的分工、而沒有實質上的分權的專制社會裏,臣僚充其量可以勸諫君主不要恣意妄爲,但想要眞正對其言行施以實質性的約束,則無疑是與虎謀皮、癡人說夢。徽宗大觀二年(1108)的一道御筆中對此有過直白的說明:

> 批閱近奏,以六曹事修例爲條。且法有一定之制,而事有無窮之變,苟事一爲之法,則法不勝事。又其輕其重、其予其奪,或出於一時處斷,概爲定法,則事歸有司,而人主操柄失矣。宜令詳定一司敕令所,應於六曹已施行事爲永制者,修爲敕令格式外,其出自特旨,或輕或重,非有司所決,可以垂憲者,編爲定例,以備稽考,餘悉刪去。庶使官吏不得高下其手。〔註277〕

如果將所有的事情都納入制度的範疇內,那皇帝也就再無隨心所欲的空間了。一般的君主主張遵循法度倒也不假,但此類措施無疑是要有限度的,即不能成爲請君入甕、作繭自縛的工具,否則自然會引起皇權的高度警惕。因而體現著君上大權的事例,即便與成法存在著種種的衝突,也不可能完全被禁絕,必然始終存在。與事例發揮著類似作用的故事亦不可能有效約束皇帝,《長編》熙寧三年(1070)八月己卯載:「初,上欲除評,問故事如何,

地位的確立,早在北宋中前期就已初見端倪。況且斷例的內容恐怕未必既有律又有例,本書與劉篤才先生的觀點並不一致,可參見第二章「宋代的司法例」第一節「斷例的編修與內容」中「斷例的具體形態」部分的論述。第三,這裏的收例入法與後世的律例合編是一回事嗎?根據上文的分析可以知道,臣僚在提到收例入法時,多是指將行政事務中的零散事例納入成法之中,而明清時的律例合編則指的是律典和條例合爲一體,其所謂的例主要是指司法審判中適用的條例,二者有天壤之別。雖然自宋以降,例的上升及其向法的靠攏確是傳統法律體系演變的重要內容和表現,但對其脈絡和理路的探尋卻不應加以簡單化的類比和聯繫。

〔註276〕〔日〕宮崎市定:《宋元時期的法制與審判機構——〈元典章〉的時代背景及社會背景》,載楊一凡總主編:《中國法制史考証》丙編第三卷,第9頁。
〔註277〕《宋會要輯稿》刑法一之一二三,第6473頁。

王安石曰：『事果可，不須問故事。爲物所制者，臣道也；制物者，君道也。陛下若問故事有無，是爲物所制。』上以爲然。」〔註278〕在王安石眼中，所謂的故事等依據或形式不過是用來制約臣僚的，而非至高的皇帝，皇帝理應「制物」而不是「爲物所制」。

另一個因素則是胥吏階層的興起。眾所週知，吏與官不同，吏沒有品級，但輔佐官員從事各項日常事務，在中央和地方各級官府中都發揮著重要的作用。宋代經濟社會發展，行政事務繁多，官員難以應對，因而專業性強的吏人階層得到了極大地發展，宋代也被稱爲「吏人世界」或「公人世界」。〔註279〕事例多數是由皇帝直接或間接創制的，但由於其與成法不同的種種特點，因而導致事例的運用在很大程度上爲吏人所掌控。通過上文對事例弊端的分析能夠看到，批判用例行爲與抨擊胥吏群體幾乎是分不開的，例與吏在這裏體現出高度的一致性，史載：「法令雖具，然吏一切以例從事。」〔註280〕可見吏與例之間的密切關係，而官員動輒爲胥吏所制也成爲宋代十分普遍的現象，范仲淹就曾言：「天下官吏，明賢者絕少，愚暗者至多，民訟不能辨，吏奸不能防。」〔註281〕因此，事事注意提防胥吏成爲朝廷上下的共識，《皇宋中興兩朝聖政》載，淳熙六年（1179）二月癸卯：

> 進呈淳熙海行新法。上曰：「朕欲將見行條法，令敕令所分門編類，如律與刑統敕令格式，及續降指揮，每事皆聚載於一處，開卷則盡見之，庶使胥吏不得舞文。」趙雄等奏：「士大夫少有精於法者，臨時檢閱，多爲吏輩所欺。今若分門編類，則遇事悉見，吏不能欺。陛下智周萬物，俯念及此，創爲一書，所補非小。」〔註282〕

〔註278〕《長編》卷二一四熙寧三年八月己卯，第5218頁。

〔註279〕關於宋代吏制方面的問題，參見：苗書梅：《宋代縣級公吏制度初論》，《文史哲》2003年第1期；《宋代州級公吏制度研究》，《河南大學學報》2004年第6期；祖慧：《宋代吏制研究述評》，載包偉民主編：《宋代制度史研究百年（1900～2000）》，商務印書館，2004年，第353～364頁。

〔註280〕《宋史》卷一九九《刑法志一》，第4965頁

〔註281〕《長編》卷一五一慶曆四年七月丙戌，第3671頁。

〔註282〕《皇宋中興兩朝聖政》卷五七。從中我們也可以看到，吏所以能夠佔有優勢，正是由於官員法律知識的欠缺和態度的輕視所導致的，並非吏地位本身所具有的權勢。正如《建炎以來繫年要錄》卷八九載，紹興五年五月丙戌，左朝奉郎、新通判洪州、幹辦諸司審計司李椿年所奏：「所謂吏強官弱者，非吏撓權之罪，官不知法之罪也。明乎法，則由直輕重在我而已，吏豈得而欺乎？今之士大夫，以爲法家者流，而莫之學也。在今初入官人有銓試，銓試有斷

　　在制定和適用律條時，官員是佔優勢和主導的，而在事例的創制和運用過程中，無疑是君主和胥吏各占一定優勢，官員反倒被排斥了。對於君主所創制的事例，威權所在不敢不從；對於胥吏所掌控的事例，瞭解有限又不得不從，因而只能處於被動接受的地位，所以士大夫們強烈反對用例、特別是零散的事例也就是可以理解的了。時人云：「國家以法爲本，以例爲要。其官雖貴也，其人雖賢也，然而非法無決也，非例無行也。驟而問之，不若吏之素也，遽而居之，不若吏之久也。知其一不知其二，不若吏之悉也，故不得不舉而歸之吏。」〔註283〕

　　張正印先生指出：「例是最能體現吏權的法律形式，因爲其它法律形式都可以直接檢用，唯例以案件判決的原始形式存在於案牘之中，需要對案卷較爲熟悉才能運用自如，這對官員來說是不可能完成的任務。同時，由於例是中央獄訟機構或皇帝的批覆，或直接是中央的指令，所以，胥吏以例爲據提出意見，官員是很難或不敢反駁的。」〔註284〕總而言之，事例在宋代行政事務處理中具有補充和變通的價值，其廣泛運用也有其原因。雖然在時人眼中，相對於其罄竹難書的危害似乎不值一提，也不引人注目，但對於我們全面理解和認識宋代事例卻十分有益，是不容忽視的。〔註285〕

案，蓋慮其不知法也。然銓試者，或亦以緣故而免試，斷案者亦非素習，不過臨時轉相傳寫而已。求其明法，十百中無一焉。法既不明，臨民遇事，不能自決，吏始得以弄法而欺之。曲直輕重，惟吏所爲，強弱之形，於此可見。」第 1719 頁。

〔註283〕《水心集》卷一前集《上孝宗皇帝箚子》。

〔註284〕張正印：《宋代獄訟胥吏研究》，第 284 頁。張正印先生還指出：「從朝廷角度看，例是針對特殊情況所作的決定，但經過向一般法律的轉化，反而成了對朝廷和官員的一種約束，而發動這種約束的，實際就是直接掌管各種判例文檔的吏人。」見同頁。筆者認爲，吏人是不可能對皇帝形成實質約束的，所謂吏人對朝廷和官員的約束，可能是皇帝在特定情形下出於借助胥吏群體而制衡士大夫群體的需要。

〔註285〕近年來學界也有對宋代事例的價值進行分析的文章出現，如孫健先生在《宋代行政法中的「例」、「法」關係──以封贈關係爲例》一文中就封贈制度中事例的作用指出：「宋代初期，封贈制度還只是一個粗具條文的框架結構，隨著制度在政治實踐中應用範圍的擴大，大量前所未見的新情況湧現出來，對制度的覆蓋面、包容性、完備性提出更高的要求。面對新情況，既有條法顯得無能爲力、漏洞百出。於是基於新事例基礎之上的處理方法便轉化爲成例，成爲今後類似情況的處理依據。經過立法者的改造，新事例中切實可行的處理方法被抽象爲一般的條文形態，成爲法的組成部分。」《雲南社會科學》2013年第 3 期。

本章小結

本章對宋代行政例特別是條例、格例、則例、事例進行了探討，通過本章的分析能夠得出以下幾點結論：

一、關於宋代的條例

第一，宋代以前條例的運用雖漸入正軌，但尚不成熟。泛指一般規則和作爲法律代稱的意味強烈，專門制定的條例尚屬少數。且多用於行政事務的處理，涉及的具體事務內容豐富廣泛，但規範程度和效力層級較低。第二，宋代的條例具有五個方面的含義，可以指稱不同效力層級的規則。從特點上來看，條例在宋代主要用於規範行政和經濟事務，結構和內容多爲單數形式。另外，規範化程度相對較低，適用的範圍主要包括部門內部事務和地方性事務。第三，條例以其靈活便捷的特點，在宋代行政事務的處理中得到了廣泛的運用。條例編修的來源十分廣泛，既包括事例也包括詔敕，而且也有一定的編修原則。第四，宋代的條例規模龐大，不少機構內部都有專門人員負責檢用條例，有的條例更被公開頒行。條例在宋代政治運作和事務管理中發揮著重要功能，主要體現在促使朝廷處理方式相對一致、部門具體事務有據可循及地方管理逐漸規範有序三個方面。

二、關於宋代的格例

第一，格例的源起與格存在密切聯繫，格例最初並非一具體名詞或特指概念，而是由依照詔敕或法律所確立的準則和規定演化而來。隨著這一慣常用法的普及，格例也逐漸成爲具有規範效力的法律形式（或其代稱），對後世產生了深遠影響。第二，與前朝相比，格例在宋代的運用進一步活躍和頻繁，得到了很大的發展。冠以具體機構或事項的格例逐漸增多，表明格例在生成和運用上越來越獨立，而非停留在參照格敕處理方式的層面。宋代格例已經具備了法律形式的基本特徵，成爲法律體系特別是行政例的重要組成部分。第三，宋代的格例主要用於行政事務，如官員的選任、薦舉、差注、給賞等。在地方具體事務的管理中，也能見到格例發揮作用。而隨著行用的日益廣泛和深入，格例的規範性和約束力都得到很大提升。雖然尚不能與律令格式等法律形式相提並論，但其在行政事務和地方管理中所發揮的作用卻不容忽視。

三、關於宋代的則例

第一，宋代的則例主要適用於經濟領域，特別是規範財政支出，以確定

官員俸祿、節慶賞賜、機構開銷、稅務徵收等的數額。具體包括兩個方面：一是官員俸祿的管理，二是地方財稅的徵收。除此之外，還有涉及行政事務和地方管理的則例。第二，宋代則例的制定主體具有多樣性，包括朝廷、地方及官員三種，出現最多的是從中央到地方由各級官府制定的則例。在具體內容上有著具體細緻、靈活方便的特點，實用性和操作性很強。第三，宋代則例能夠在具體事務的處理中，特別是涉及數額管理時，發揮律令格式敕所不具備的作用。則例也被賦予了法律效力，違背則例需要承擔責任。

四、關於宋代的事例

第一，宋代的行政諸例在繼承秦漢以來，特別是魏晉至隋唐時期行政例持續發展的基礎上又有新的充實和擴展。宋代的事例作為包括常例、成例、定例、恩例、優例、舊例、久例、近例、新例等，一系列名目各異但以具體事務處理為核心的行政散例，是宋代法律體系的重要組成部分，為包括部門和地方在內的具體行政事務處理提供了準則和依據。第二，宋代的事例既有類別上的不同，也有層次上的差異，表明看似零散的事例實際上有著豐富的法律內容。如事例中的例冊與散例存在較大差別，不僅不被視為排斥的對象，反而在實際事務的管理中發揮了相當重要的作用。第三，事例相較於成法而言存在著種種弊病，具體可以從生成途徑不權威、具體內容不公開、處理方式不統一、運用程序不規範、效力發揮不穩定這五個方面來認識。但在成法所不及的領域，事例所體現出的對於制度化措施的替代價值也是不容忽視的。特別是在成法未有規定，或雖有規定但存在問題的情況下，事例的運用有效地彌補了制度的漏洞和缺失，體現出對於制度化措施的替代，具有重要的補充和變通價值。

第四章 宋代以後例的變化發展及與宋例的比較

　　宋例在中國古代法律形式和法律體系發展中具有重要地位，這一方面體現在宋例在中國古代法律體系由律令制向律例制轉換過程中發揮了關鍵作用，另一方面體現在宋例對後世的例產生了深遠影響。本章將從這兩方面內容出發，就宋例在法律體系轉換中的作用及與元、明、清例的異同等問題展開討論。

第一節　宋例在律令制向律例制轉變中的作用

　　宋例正值中國古代法律體系由律令制向律例制轉換的歷史階段，在這一進程中，令和例這兩種法律形式在法律體系中所扮演的角色發生了明顯變化：令的作用在逐漸下降，而例的作用卻日益凸顯。我們先簡要回顧一下律令制的形成和演變過程。律令制，或稱律令法、律令法系、律令法體系，最早是由日本學者中田薰先生提出來的：「所謂律令法系，是指由律和令兩種法典形式組成之國家統治的基本法的支那獨特的法律體系。」〔註1〕大庭脩先生在《秦漢法制史研究》一書中也開宗明義地指出：「在以中國為中心的東亞發展了獨立的法律體系。一般把以公法為主的法律體系，稱之為『律令法系』或『律令法體系』。」〔註2〕無論不同學者在具體描述和措辭上有何差異，就

〔註1〕〔日〕中田薰：《論支那律令法系的發達——兼論漢唐間的律學》，載何勤華主編：《律學考》，商務印書館，2004年，第76頁。

〔註2〕〔日〕大庭脩：《秦漢法制史研究》，上海人民出版社，1991年，第1頁。

其本質而言，律令制即指以律和令爲核心的法律體系，在此體系影響下形成了傳統中國的律令國家和律令社會。

一、律令制的形成與演變過程

（一）律令制的萌芽與初創——秦漢時期

律令制雖然成熟於隋唐時期，但早在秦漢時期就有了初步的發展，正如張忠煒先生所指出的：「如將唐王朝視爲律令法系的典型或發達時代，秦漢時代無疑是律令法係的起源、發展階段。」〔註3〕秦漢的律都被認爲是確定刑罰的基本法典，其爭議相對較少，但關於秦令性質的認識及秦漢令異同方面的問題卻長期存在爭論。〔註4〕對於這方面的爭議本書無力過多涉及，其實從律令制的發展過程來看，此類爭議存在本身就反映出律令制初創時的不成熟和不完善。《史記‧酷吏列傳》載，西漢武帝朝杜周任廷尉時：

> 上所欲擠者，因而陷之；上所欲釋者，久繫待問而微見其冤狀。
>
> 客有讓周曰：「君爲天子決平，不循三尺法，專以人主意指爲獄。獄者固如是乎？」周曰：「三尺安出哉？前主所是著爲律，後主所是疏爲令，當時爲是，何古之法乎！」〔註5〕

《漢書》注解中文穎曰：「蕭何承秦法，所作爲律，今律經是也。天子詔所增損，不在律上者爲令。」〔註6〕似乎律和令的差別僅爲時間上的，而非本質上的，所以程樹德先生總結道：「魏晉以後，律令之別極嚴，而漢則否。」〔註7〕孟彦弘先生也指出：「無論是內容還是法律效力，秦漢時期的律、令似乎並無不同。但既然是律、令並稱，說明其間一定有所區分。作爲法典的律、

〔註3〕 張忠煒：《秦漢律令法系研究初編》，社會科學文獻出版社，2012 年，第 218 頁。對於秦漢時的律令關係，張忠煒先生還在書中細化爲「律令轉化」、「律主令輔」、「律令分途」三個方面，相關內容亦見氏著：《秦漢律令關係試探》，《文史哲》2011 年第 4 期。

〔註4〕 隨著近年來出土材料的不斷湧現，有關秦漢律傳承、沿革及律篇分類等問題的傳統觀點開始受到挑戰，這方面的內容可參見曹旅寧：《秦漢魏晉法制探微》，人民出版社，2013 年，第 1～26 頁；關於出土文獻與秦漢令研究的相關問題，可參見徐世虹：《百年回顧：出土法律文獻與秦漢令研究》，《上海師範大學學報》（哲學社會科學版）2011 年第 5 期。

〔註5〕 〔漢〕司馬遷：《史記》卷一二二《酷吏列傳》，中華書局，2009 年，第 712 頁。

〔註6〕 《漢書》卷八《宣帝紀》，第 253 頁。

〔註7〕 程樹德：《九朝律考》，中華書局，2003 年，第 13 頁。

令，既有區別而區別又不明確，反映了當時法典的不成熟性和法典演變的過渡性。」〔註8〕可見，秦漢時的律令制還是很不完備的，其集中體現就是律令不分，這反映出當時的令典尚不成熟。日本學者富谷至先生認爲：「漢令不僅不是以令典爲目的並已經完成了的法律典籍，而且令的條文也只是直接採用了皇帝詔令的形態，即使編纂和整理也只不過是單純地作爲文件集而加上編號，就此追加、集錄。再則，令也沒有被賦予獨立的事項類名稱。也就是說，漢令是尚未成熟的法令、法規。」〔註9〕

　　但亦有零星的記載，似乎表明律令的分野早在漢時就有端倪，成書於西漢的《鹽鐵論》載：「大夫曰：令者所以教民也，法者所以督奸也。令嚴而民愼，法設而奸禁。」「文學曰：春夏生長，聖人象而爲令。秋冬殺藏，聖人則而爲法。故令者教也，所以導民人。法者刑罰也，所以禁強暴也。二者，治亂之具，存亡之效也，在上所任。」〔註10〕律與令並不能等同，在作用發揮上各有側重，這爲後世律、令形成相互補充的規則體系創造了條件。

（二）律令制的完善與發展——魏晉時期

　　律令制的大發展是在魏晉時期，魏明帝即位後，「下詔改定刑制，命司空陳群、散騎常侍劉邵、給事黃門侍郎韓遜、議郎庾嶷、中郎黃休、荀詵等刪約舊科，傍采漢律，定爲魏法，制《新律》十八篇，《州郡令》四十五篇，《尙書官令》、《軍中令》，合百八十餘篇」。〔註11〕其意義正如張建國先生所指出的：「曹魏制定新律開始，律已經成爲刑事法律規範專用的法律形式，原先也以律命名的行政性法律規範已經被歸納到令中。令也不像戰國秦漢時期那樣包括刑事、行政和君主等人發佈的政令（漢帝國時稱制詔）等多樣的內容，是主要按面向中央、方、軍隊的不同，類爲尙書官令、州郡令和軍中令三種令典。」〔註12〕

　　到了晉代，律令分化的趨勢更爲明顯，曹魏末年權臣司馬昭「患前代律

〔註8〕　孟彥弘：《秦漢法典體系的演變》，《歷史研究》2005年第3期。

〔註9〕　〔日〕富谷至：《通往晉泰始律令之路（Ⅱ）：魏晉的律與令》，載中國政法大學法律史學研究院編：《日本學者中國法論著選譯》，中國政法大學出版社，2012年，第188頁。

〔註10〕《漢》恒寬：《鹽鐵論》卷一〇《刑德第五十五》，四部叢刊本。

〔註11〕《晉書》卷三〇《刑法志》，第923頁。

〔註12〕張建國：《中國律令法體系概論》，《北京大學學報》（哲學社會科學版）1998年第5期。

令本注煩雜」，於是命改定律令。至晉武帝時，除了修成對後世影響深遠的《泰始律》外，「其餘未宜除者，若軍事、田農、酤酒，未得皆從人心，權設其法，太平當除，故不入律，悉以爲令。施行制度，以此設教，違令有罪則入律」。〔註13〕杜預在《律序》中指出：「律以正罪名，令以存事制。」〔註14〕《隋書》也載：「晉初，甲令已下，至九百餘卷，晉武帝命車騎將軍賈充，博引群儒，刪采其要，增律十篇。其餘不足經遠者爲法令，施行制度者爲令，品式章程者爲故事，各還其官府。」〔註15〕「存事制」、「施行制度」成爲編修令典的目的和用途，與體現刑罰的法典相比，令典具有明顯的非刑罰特徵。

可以看到，魏晉時的律令關係，相較於尚處於混沌和模糊狀態的秦漢時期已經有了很大不同，律令各自的功能進一步明確。「律令法從戰國開始到秦漢可視作第一個時期，魏晉可視作第二個時期。每個時期內律令之間的關係基本相同。第一個時期與律相關的令是律的補充法，因而常出現刑罰的內容。第二個時期由於律的內涵只爲刑律，性質一旦規定，律外無刑即成必然，令的性質也就不難確定。原先非刑法性質的律和令結合到一起，構成制度性的令，雖間有晉初的一時性混用，但其功能上的區分已被時人所接受。」〔註16〕以晉泰始律令爲標誌，律令制的發展進入了一個新的階段，日本學者堀敏一先生指出：「在中國，作爲體系化的刑法典的律，戰國時代就已經出現；作爲令法典前身的行政法規，也伴隨著官僚制度的形成，很早就呱呱墜地。但是，行政法規與刑罰法規的區別卻未必很清晰。兩者的區別變得明確、律法典和令法典都作爲體系化的法典而並立起來，始於晉的泰始律令。」〔註17〕

（三）律令制的形成與確立——隋唐時期

律令制在南北朝時期得到進一步發展，南朝的齊制定有《永明律》，梁制定有《梁律》、《梁令》，陳亦制定有《陳律》、《陳令》。北朝的法典編纂水平則更爲高超，有《北魏律》、《北齊律》，及北周的《大律》，相關的令典也有不少，史載：「後魏初命崔浩定令，後命游雅等成之，史失篇目。北齊令趙郡王睿等撰《令》五十卷，取尚書二十八曹爲其篇名，又撰《權令》二卷，兩

〔註13〕《晉書》卷三〇《刑法志》，第927頁。
〔註14〕〔宋〕李昉：《太平御覽》卷六三八《刑法部四》，四部叢刊本。
〔註15〕《隋書》卷三三《經籍志二》，第967頁。
〔註16〕張建國：《魏晉律令法典比較研究》，《中外法學》1995年第1期。
〔註17〕〔日〕堀敏一：《晉泰始律令的制定》，載楊一凡總主編：《中國法制史考證》丙編第二卷，中國社會科學出版社，2003年，第282頁。

《令》並行。後周命趙肅、拓跋迪定令，史失篇目。」〔註18〕而且「律令相議」、「律令相須」的觀點也得到一定的認同。〔註19〕總體來看，「南北朝諸律，北優於南，而北朝尤以齊律爲最」，〔註20〕因而「隋文帝代周有天下，其制定律令，獨採北齊而不襲周制」。〔註21〕《隋書・裴政傳》載：「詔與蘇威等修定律令。政採魏、晉刑典，下至齊、梁，沿革輕重，取其折衷。」〔註22〕北周制定的法律並未被列入借鑒吸收的範圍之內。隋代國祚雖短，但在法典編纂過程中，上承南北朝特別是北齊的優秀立法成果，下啓唐代的法律體系。就律、令而言，先後制定了《開皇律》、《開皇令》、《大業律》及《大業令》，對於律令制的發展貢獻很大。〔註23〕

唐代則在此基礎上不斷補充和完善，最終形成了以律、令爲核心，律、令、格、式「分工協作、相輔相成」〔註24〕的成文法律體系。正如《唐六典》所概括的：「凡律以正刑定罪，令以設範立制，格以禁違正邪，式以軌物程事。」雖然對於這幾種法律形式的性質仍存在爭議，但其在唐代法律體系中角色分工和作用方式的差異卻是毋庸置疑的，得到了廣泛認同。〔註25〕張建國先生指出：「主要繼承了北朝法律發展成果的隋朝，採用了律令格式的形式組成一

〔註18〕《唐六典》卷六，第 184 頁。

〔註19〕《魏書》卷七八《孫紹傳》載：「先帝時，律令並議，律尋施行，令獨不出，十餘年矣。臣以令之爲體，即帝王之身也。分處百揆之儀，安置九服之節。經緯三才之倫，包羅六卿之職。措置風化之門，作用賞罰之要。乃是有爲之樞機，世法之大本也。……然律令相須，不可偏用，今律班令止，於事甚滯。若令不班，是無典法，臣下執事，何依而行？」第 1724～1725 頁。

〔註20〕程樹德：《九朝律考》，第 391 頁。

〔註21〕程樹德：《九朝律考》，第 409 頁。關於隋唐刑律的淵源與繼承問題，可參見陳寅恪：《隋唐制度淵源略論稿 唐代政治史述論稿》，商務印書館，2011 年，第 111～127 頁。

〔註22〕《隋書》卷六六《裴政傳》，第 1549 頁。

〔註23〕有關隋代法制的內容，可參見倪正茂：《隋律研究》，法律出版社，1987 年；《隋代法制考》，社會科學文獻出版社，2009 年；高珣：《隋朝法制與統一秩序研究》，法律出版社，2008 年。

〔註24〕李玉生：《唐令與中華法系研究》，南京師範大學出版社，2005 年，第 38 頁。

〔註25〕關於唐代律、令、格、式的性質，學界主要有兩種觀點，一種觀點認爲律「基本上是刑事法律」，令是「國家組織制度與行政管理活動的法規」，格「除少部分爲刑事法規外，均爲行政法規」，式是「國家機關的公文程序和活動細則」，參見張晉藩：《中華法制文明史・古代卷》，法律出版社，2013 年，第 283～284 頁；另一種觀點則認爲唐律、令、格、式都是刑法，參見王立民：《唐律新探》，北京大學出版社，2010 年，第 45～47 頁。

套完整的法律體系，繼隋而起的唐朝在形式上加以沿襲，內容上加以充實改造，形成了當時最爲發達的『律令格式』法體系。」〔註26〕鄭顯文先生也指出：「唐代律令制是秦漢以來國家制定法發展之集大成，也是中國封建法律最爲成熟的階段。」〔註27〕

二、從律令制到律例制及宋例的作用

瞿同祖先生曾對法律與社會的關係有過十分精當的描述：「法律是社會產物，是社會制度之一，是社會規範之一。它與風俗習慣有密切的關係，它維護現存的制度和道德、倫理等價值觀念，它反映某一時期、某一社會的社會結構，法律與社會的關係極爲密切。」〔註28〕誠如斯言，只要社會的發展不是停滯的，法制的變遷就是必然的。雖然從整體的角度來審視，中國傳統以小農經濟、集權政治和宗法社會爲核心的封建制度體系，在相當長的歷史時期內保持了極大的穩定性。但如果仔細加以剖析，不同階段和時期，其經濟、政治和社會諸方面內容還是存在著較大差異，這樣的差異必然會反映到作爲社會制度集中體現的法律上來。

就與律令制演進有關的唐中期以後的社會發展來看，其間的變化無疑是深刻而巨大的，從具體階段來劃分，大致有唐宋變革、宋元變革、元明變革三個階段。從唐宋變革來看，「唐中葉以降到宋代，中國傳統社會發生了一系列重要變化，從政治生活、社會結構到經濟關係都呈現出與唐前期迥然不同的態勢」。〔註29〕有的學者則更爲強調宋元之間的變革，王瑞來先生就認爲，「如果從政治史的角度來看，以宋眞宗朝士大夫政治的形成爲標誌」，那麼唐宋變革論是成立的，「但如果從社會史和經濟史的角度看」，則宋元變革論的提法則更爲合理。〔註30〕而也有論者著意於元明之間的深層次變化，指出：「元明之間發生了比兩宋、宋元、明清之間更加全面、深刻的變革，元明之際與明中期變革之間的『明前期』可以被視爲一個有獨立價值的歷史單元。」〔註31〕

〔註26〕張建國：《中國律令法體系概論》，《北京大學學報》（哲學社會科學版）1998年第5期。
〔註27〕鄭顯文：《唐代律令制研究》，北京大學出版社，2004年，第1頁。
〔註28〕瞿同祖：《中國法律與中國社會》，中華書局，2003年，第1頁。
〔註29〕戴建國：《唐宋變革時期的法律與社會》，第1頁。
〔註30〕王瑞來：《科舉停廢的歷史：立足於元代的考察》，載劉海峰主編：《科舉制的終結與科舉學的興起》，華中師範大學出版社，2006年，第165頁。
〔註31〕李新峰：《論元明之間的變革》，《古代文明》2010年第4期。

對於這些變革在經濟、政治和社會諸層次的表現，學界已有不少論述，而且限於本人學識，也沒有能力對如此複雜的問題加以闡釋。本書所關心的，是伴隨著唐中期以後的社會發展所帶來的律令制的變化問題，正如池田溫先生所言：「關於律令法，有很多應當論述的課題。具有經七世紀中葉達至巔峰的律令格式體系的法典，經唐宋變革後是怎樣變質的，這是一個廣泛而深刻的問題。」〔註32〕對此，戴建國先生曾作過幾點概括性說明，如從政治角度來看，「隨著以使職系統為主的中書門下體制下的行政體系的確立，原先以令的法律形式存在的制度規定，逐漸滯後於社會現實，矛盾日益突出」；而從經濟和社會角度來看，「《田令》、《賦役令》、《軍防令》等等也因唐代社會巨大的變化，伴隨著均田制、租庸調製、府兵制的瓦解，無法起到因時制宜調整社會關係的作用」。〔註33〕

根據諸多學者的論述可以看到，作為律令制之重要一端的令，其作用無疑隨著唐中期以後，特別是唐宋之際的社會發展和變革而大大弱化了。而隨著令的地位逐漸降低，另一種法律形式——例的地位卻在緩慢上升。宋代以後令的編修開始呈下降趨勢，元代一朝未曾編修過令典，明代只有一部《大明令》。有學者指出：「明中葉以後，以《大明會典》的編撰和《問刑條例》的修訂為代表，傳統的律令體系受到了很大衝擊，也成為『律令體系』向『律例體系』轉化的主要轉折點。」〔註34〕而《大明令》是明代第一部令，也是中國古代最後一部令，到了清代，令的作用更是徹底衰微。其中一個重要的體現就是明代令的內容在清代被吸納為例，「明令的內容，部分地通過清例出現在《大清律例》中，因而使問題得到了部分解決，至少對於被沿用的條文而言是如此」。〔註35〕

而劉篤才先生則在學界關於律令制與律例制關係研究的基礎上，將傳統法律體系由律令制向律例制轉換的問題推向了深入，指出：「律令法體系的嬗變結果是其為律例法體系所取代。律令法體系與律例法體系的轉換是中國古

〔註32〕〔日〕池田溫：《律令法》，載楊一凡總主編：《中國法制史考證》丙編第一卷，中國社會科學出版社，2003年，第128～129頁。

〔註33〕戴建國：《唐宋變革時期的法律與社會》，第12～13頁。

〔註34〕張凡：《〈大明令〉與明代的律令體系——明代「令」的作用與法律效力》，《殷都學刊》2009年第3期。

〔註35〕霍存福、張靖翔、馮學偉：《以〈大明令〉為樞紐看中國古代律令制體系》，《法制與社會發展》2011年第5期。

代法制演變的重要內容。」並且認為：「律例合編乃至以律例為名是律例法體系的標誌，而律例法體系並不僅限於律例一體的現象。律例法體系的確立還體現於例的廣泛應用，事例、條例與則例與律典一起構成了明清法律體系的主體。」〔註36〕其觀點非常具有啓發性。

通過本書第二章、第三章內容的分析，以及上文對律令制及律例制的發展脈絡所作的梳理和回顧可以看到，宋代的例無疑處在律令制向律例制轉變的中間環節，發揮了關鍵性作用。在宋代以前，例經歷了一個由性質含混模糊到概念和框架基本形成的過程，但由於恰逢作為成文法體系之代表的律令制發展進程，因而相對於地位更為突出且處於上升期的令而言，例的作用受到了遮蔽和抑制。誠如論者所言：「成文法制度是一把雙刃劍。為了完善國家法律制度，統治者力圖把國家的法律規範盡可能地都納入律、令，其它法律形式只有在律、令未備的情況下才允許存在，並始終處於輔助律、令而行的低層次法律地位，而且還必須納入成文法體系，這就極大地縮小了例生存的空間。」〔註37〕

但「隋唐時代的律令，形式上猶具對等性，實質上已經出現變化。宋代以後，令的特質又再褪色」，〔註38〕自宋代開始，例在法律體系中所扮演的角色由幕後走向臺前。無論是以斷例為代表的司法例，還是包括條例、格例、則例、事例等的行政例，都在繼承前代基礎上又有了進一步的發展，「入宋，真正進入了大規模纂修和使用例的時期」。〔註39〕「從傳統律令格式體系的打破到格敕、編敕的產生，再到例的行用是中國古代法律體系發展的必然趨勢。」

〔註36〕 劉篤才：《律令法體系向律例法體系的轉換》，《法學研究》2012 年第 6 期。

〔註37〕 楊一凡、劉篤才：《歷代例考》，第 408 頁。

〔註38〕 高明士：《從律令制的演變看唐宋間的變革》，《臺大歷史學報》第 32 期，2003 年 1 月，亦見氏著：《隋唐律令的立法原理》，載《高敏先生八十華誕紀念文集》，線裝書局，2006 年，第 283～294 頁。高明士先生還指出：「宋以後，門閥社會解體，令亦不發達。律令的發達，說明國家法制化的盛行：宋以後，令典衰退，而國家走向獨裁化。這樣的歷史現象，反映中國皇權透過掌握敕、律而呈現不斷成長，使得刑律法典成為一枝獨秀的法制象徵。……相對的，作為行政法典的令，腰斬於宋，也正反映政治制度的法制化、理性化發展受挫。晉唐間，政治力（由王者代表）與社會力（由士族代表）相互妥協；宋以後，社會力（由士紳代表）反而寄生於政治力（仍以王者為代表），亦可由律令制的發展獲得說明。」高明士：《中國中古政治的探索》，臺北五南圖書出版股份有限公司，2006 年，第 250～251 頁。

〔註39〕 戴建國：《唐宋變革時期的法律與社會》，第 91 頁。

〔註 40〕雖然從表面上來看，宋例的發展成果似乎由於元代的建立而中斷，但實際上，例作爲歷史發展趨勢的體現，如一股涓涓細流始終流淌，未曾停止，並最終在明清時期大放異彩，成爲與律典並行的基本法律形式。

第二節　宋例與元代例的比較——以斷例爲中心

在從較爲宏觀的角度，即從法律形式和法律體系演變的角度分析過宋例的地位之後，我們再從相對具體的角度出發，通過宋例與後世例的比較，來探討各朝代例的同與異。首先來看宋例與元代例的問題，元代例的種類比較繁多，據學者統計達 19 種之多，包括例、格例、條例、斷例、體例、通例、分例、定例、則例、舊例、稟例、等例、先例、事例、雜例、官例、常例、新例、原例。〔註 41〕其中較爲學界所關注的當屬斷例，下面我們就以宋元斷例爲中心，來比較一下宋例與元例的相同與差異之處。

一、元代斷例概述

與宋代在名稱上完全相同，元代也有斷例，而且是元代法律體系的主要組成部分。元代的斷例主要見於三部法律典籍中：

第一部是《大元通制》。《大元通制》是元代最主要的成文化的立法成果，據《元史·英宗紀》載：「格例成定，凡二千五百三十九條，內斷例七百一十七、條格千一百五十一、詔赦九十四、令類五百七十七，名曰《大元通制》，頒行天下。」〔註 42〕《元史·刑法志》中對此說明的更爲詳細：「至英宗時，覆命宰執儒臣取前書而加損益焉，書成，號曰《大元通制》。其書之大綱有三：一曰詔制，二曰條格，三曰斷例。凡詔制爲條九十有四，條格爲條一千一百五十有一，斷例爲條七百十有七，大概纂集世祖以來法制事例而已。」〔註 43〕然而現存的《大元通制》只剩部分條格，斷例部分早已散佚。

第二部是《元典章》。《元典章》全稱《大元聖政國朝典章》，「與《大元

〔註 40〕趙旭：《唐宋法律制度研究》，遼寧大學出版社，2006 年，第 75 頁。

〔註 41〕參見胡興東：《元代「例」考——以〈元典章〉爲中心》，《內蒙古師範大學學報》（哲學社會科學版）2010 年第 5 期，後收入楊一凡主編：《中國古代法律形式研究》，社會科學文獻出版社，2011 年，第 392～415 頁。

〔註 42〕〔明〕宋濂等：《元史》卷二八《英宗紀二》，中華書局，1976 年，第 629 頁。

〔註 43〕《元史》卷一〇二《刑法志一》，第 2603～2604 頁。

通制》幾乎同時印行，是元朝中期以前法令文書的分類彙編」。〔註44〕黃時鑒
先生指出：「《元典章》的條目用了三十八次『斷例』，其中有十八次意爲斷案
通例，十七次意爲斷案事例，還有三次是編纂者企圖把斷案事例編爲斷案通
例。」〔註45〕而根據胡興東先生的統計，《元典章》中涉及「斷例」名稱的法
律條文有 21 個，如下表所示：〔註46〕

表 4-1 《元典章》中所見「斷例」

序號	名　稱	卷數及頁數	案件內容
1	焚夫屍嫁斷例	卷 18，第 721 頁。	至元十五年潭州路秦阿陳訴表嫂阿吳焚夫屍改嫁案
2	戶絕家產斷例	卷 19，第 738 頁。	至元八年南京路張阿劉繼承案
3	買賣蠻會斷例	卷 20，第 798 頁。	延祐六年江浙行省等地方百姓仍沿用和製造宋時交會
4	買使挑鈔斷例	卷 20，第 803 頁。	皇慶元年五月許季二挑鈔案
5	侏儒挑鈔斷例	卷 20，第 803 頁。	延祐二年十二月臨江路蕭眞挑造鈔案
6	食踐田禾斷例	卷 23，第 1007 頁。	至大元年三月禁制諸王預附馬人員外出讓馬食踐田禾立法
7	借騎鋪馬斷例	卷 36，第 1411 頁。	至元四年不平路馬戶崔進訴恩州太守石璘借鋪馬案
8	背站馳驛斷例	卷 36，第 1411 頁。	至元二十四年八月回回令史法魯沙北站騎馬案
9	姦八歲女斷例	卷 45，第 1655 頁。	皇慶元年七月姚細僧強姦八歲女何妹案
10	藉使官吏俸錢斷例	卷 47，第 1737 頁。	至元二十七年劉從恕侵佔官錢案
11	處斷盜賊斷例	卷 49，第 1783 頁。	延祐二年五月關於偷盜犯罪的量刑立法
12	詐騎鋪馬斷例	卷 52，第 1891 頁。	至元三十年五月劉斌詐騎鋪馬案

〔註44〕吳海航：《元代法文化研究》，北京師範大學出版社，2000 年，第 255 頁。
〔註45〕黃時鑒：《大元通制考辨》，《中國社會科學》1987 年第 2 期。
〔註46〕本表係在胡興東先生所製表格基礎上進一步刪修、製作而成，參見胡興東：《元
　　　　代「例」考——以〈元典章〉爲中心》，載楊一凡主編：《中國古代法律形式
　　　　研究》，第 399～400 頁。

序號	名　稱	卷數及頁數	案件內容
13	奴誣告主斷例	卷 53，第 1923 頁。	至元三年十一月高德祿誣告本案
14	稱冤問虛斷例好生斷者	卷 53，第 1929 頁。	延祐三年四月立法要求對稱冤問虛的案件的審理
15	刑名枉錯斷例	卷 54，第 1981 頁。	大德九年九月廉阿羅訴兒子被枉打致死案
16	昏鈔不使退印斷例	卷 54，第 2003 頁。	元貞二年八月平準行用庫提領李成、大使程福等人不退昏鈔案
17	殺羊羔犯斷例	卷 57，第 2059 頁。	至元二十八年四月關於殺羊羔的立法
18	賭博流遠斷罪例	卷 57，第 2075 頁。	至元二十四年三月黃梅縣王佯兒等七人賭博案
19	抹牌財博斷例	卷 57，第 2076 頁。	元貞元年正月閏僧往、鄭豬狗抹牌案
20	禁斷金箔等物斷例	卷 58，第 2136 頁。	至大四年立法禁止使用金箔等物
21	戳剜雙眼斷例	新集，第 2409 頁。	至治二年正月舒笱八主媒剜舒寓一雙眼案

　　第三部是《至正條格》。《至正條格》是編纂於元代後期的一部法律文獻，《元史》卷三九載，至元四年（1338）三月辛酉，「命中書平章政事阿吉剌監修《至正條格》」，〔註47〕至正五年（1345）十一月甲午，「《至正條格》成」，〔註48〕到第二年四月癸丑，「頒《至正條格》於天下」。〔註49〕現存《至正條格》殘卷中有條格 373 條，斷例 427 條（一說為條格 374 條，斷例 426 條）。〔註50〕這些斷例已與《元典章》中的斷例有所不同，不僅有具體案例，也包括成文規定，並且在編排體例上採用衛禁、職制、戶婚、廄庫、擅興、賊盜、鬥訟、詐偽、雜律、捕亡、斷獄的分類方式，與成文律典基本一致。〔註51〕

〔註47〕《元史》卷三九《順帝紀二》，第 843 頁。
〔註48〕《元史》卷四一《順帝紀四》，第 874 頁。
〔註49〕《元史》卷四一《順帝紀四》，第 874 頁。
〔註50〕趙晶：《至正條格研究管窺》，載曾憲義主編：《法律文化研究》（第六輯），中國人民大學出版社，2011 年，第 408 頁。
〔註51〕劉曉先生針對《至正條格》中條格與斷例歸類模糊的問題有過說明：「元朝編纂的《大元通制》與《至正條格》，是在試圖保留法律文獻相對原始性的前提下，採取生硬套用前代法典分類體系的方法，來整合現有法律文獻。這種做法顯然不太可取，它最終造成的是斷例與條格歸類的嚴重混亂。從目前《至正條格》的編纂情況來看，雖然在抽象性文字表述方面，《至正條格》比《大

　　關於元代斷例的性質，一直是一個聚訟較多的問題，不同學者之間的爭議主要在於：斷例究竟是具有判例的性質，還是具有成法的性質。《新元史‧刑法志》中提到：「刑律之條格，畫一之法也。斷例，則因事立法，斷一事而爲一例者也；詔制，則不依格例而裁之，自上者也。」〔註52〕可見將元代的斷例視爲斷案的事例。黃時鑒先生認爲，宋代的斷例是「斷案事例」之意，其本質爲判例，而元代的斷例在此基礎上又有進一步發展，元代的斷例作爲法律用語具有兩種含義：「一是『斷案事例』（或『科斷事例』），二是『斷案通例』（或『科斷通例』）。具有第二種含義時，『斷例』正是『畫一之法』，也就是律。」〔註53〕

　　殷嘯虎先生則提出了不同的看法，指出：「《大元通制》的『斷例』就其性質與內容而言，是在吸收、借鑒傳統立法經驗與成果的基礎上，將那些在長期的司法實踐中形成的具有典型意義的判例和事例以及通則性的規定，按照舊律的體例進行彙編整理而成的。從法律形式與內容來看，是成文法與判例法的結合。」〔註54〕而吳海航先生在黃時鑒先生觀點基礎上進一步補充，認爲元代斷例「不僅包括學界公認的『斷案事例』和『斷案通例』兩大類別，同時，還應當在更寬泛的概念上理解其本質含義」。〔註55〕胡興東先生更是對將元代斷例視爲判例的觀點提出了批評，認爲「『斷例』在元代是指審理案件確立的量刑原則」，「主要是解決量刑問題，而不是制度創新、罪名確立的問題」，「與司法判例並不必然一致」。〔註56〕

　　綜合學者的研究成果來看，斷例作爲元代最爲重要的法律形式之一，其內容大致可分爲兩大部分：一部分爲斷案事例，基本體現出判例的性質；另一部分則爲斷案通例，主要體現出成法的性質，元代的斷例體現出兩種不同性質內容的混合與雜糅。

元通制》有所改進，但斷例與條格界限混亂這一矛盾，最終也未能得到妥善解決。」劉曉：《〈大元通制〉到〈至正條格〉：論元代的法典編纂體系》，《文史哲》2012年第1期。

〔註52〕柯劭忞：《新元史》卷一〇三《刑法志下》，民國九年天津退耕堂刻本。

〔註53〕黃時鑒：《大元通制考辨》，《中國社會科學》1987年第2期。

〔註54〕殷嘯虎：《論〈大元通制〉「斷例」的性質及其影響》，《華東政法學院學報》1999年第1期。

〔註55〕吳海航：《中國傳統法制的嬗遞：元代條畫與斷例》，知識產權出版社，2009年，第8頁。

〔註56〕胡興東：《元代「例」考——以〈元典章〉爲中心》，載楊一凡主編：《中國古代法律形式研究》，第398頁。

二、宋元斷例的同與異

通過上文對於元代斷例的梳理和介紹，可以看到，宋代斷例與元代斷例既存在差異之處，又存在相同之處，下面就對宋元斷例之間的差異與相同之處進行分析和說明。

（一）宋元斷例的差異之處

第一，形成上的差異。宋代斷例主要是通過正式編修的途徑形成的，朝廷上下普遍重視斷例的編修活動。雖然在斷例發展早期，也有官員出於個人行為而編修的斷例，但就整體而言，宋代的斷例是由官方來主導的。上文在分析宋代斷例時曾多次強調，宋代斷例的編修活動十分規範，這體現在斷例編修原則的確立、編修材料的選擇、編修人員的構成、編修時限的控制、編修成果的頒行等各個方面。如編修元豐斷例時，詔中書：「以所編刑房並法寺斷例，再送詳定編敕所，令更取未經編修斷例與條貫同看詳。」〔註 57〕元祐編修斷例時，臣僚希望「將續斷例及舊例策一處看詳情理輕重，去取編修成策，取旨施行」。〔註 58〕編修元符斷例時，「取索到元豐四年至八年、紹聖元年二年斷草，並刑部舉駁諸路所斷差錯刑名文字共一萬餘件，並舊編成刑部大理寺斷例」。〔註 59〕因此宋代斷例的編修，無論是從內容上還是從程序上來看，都是較為嚴格和規範的。

相形之下，元代斷例的編纂就顯得雜亂和散漫了許多，元代的斷例既有官方編集的，如《大元通制》和《至正條格》中的斷例，又有民間編集、後來經過官方許可的，如《元典章》中的斷例。但無論是出自官方還是民間，亦無論是斷案事例還是斷案通例，都基本上只是對於皇帝詔令及司法意見的簡單分類和記錄，正式編修的痕跡較少。如《元典章》刑部卷七所載《姦八歲女斷例》：

> 皇慶元年七月日，福建宣慰司承奉江浙行省箚付：準中書省咨：
> 浙東道宣慰司備紹興路申：沈明四告：姚細僧將伊八歲女阿妹姦污
> 等事。送揀刑部呈：驗會到元貞二年三月承奉中書省箚付：呈奉省
> 判：湖廣省咨：鄂州路備咸寧縣申：胡堅年一十四歲，將王阿黃六
> 歲女王醜娘強姦。取到本人招伏，請定奪事。送本部照得：至元二

〔註57〕《長編》卷三〇七元豐三年八月丁巳，第 7471 頁。
〔註58〕《長編》卷三九一元祐元年十一月戊午，第 9509 頁。
〔註59〕《長編》卷五〇八元符二年四月辛巳，第 12106 頁。

十九年二月初九日，前中書刑部歸問到一十四歲張拾得強姦四歲
女，決一百七下。呈奉都堂鈞旨，準擬施行。奉此。本部擬得：胡
堅所招強姦幼女王醜娘罪犯，本人年一十四歲，比例量擬杖一百七
下，相應。都省準呈，除外，仰照驗施行。奉此。除遵依外，今承
見奉，本部議得：犯人姚細僧所招，年一十四歲，不合姦要沈明四
八歲女沈阿妹罪犯。雖和，合同強姦論罪，比例決杖一百七下。被
姦小女沈阿妹，雖有招涉，難議科罪。具呈照詳。得此。都省準擬，
咨請依上施行。〔註60〕

可見是對案件處理各機構意見的抄錄，概括性不強。我們當然有理由相
信，《元典章》中記載的這些案例都經過了一定的選擇和考慮，亦具有相應的
參考價值和意義，否則不可能被列入通行的範圍。但也應該看到，這些斷例
還是保留了較多的原始材料，形成過程的自發性相當明顯。

第二，內容上的差異。由於宋代的斷例早已失傳，我們現在看不到有關
宋代斷例的具體文本和內容。但從史籍中記載的南宋《紹興編修刑名疑難斷
例》和《乾道新編特旨斷例》的編排體例來看，這兩部斷例均採取了與律典
相同的篇章結構，無疑表明隨著斷例的不斷發展，已經逐漸向成文法趨同和
接近。而由於材料的欠缺，對於宋代斷例的內容問題尚無定論，有的學者認
為是案例，有的學者則認為是條文與案例的混合體。本書比較贊同前一種觀
點，認為宋代斷例的主要內容是以司法案例為基礎形成的、具有參考價值的
判例，相關理由在上文已有說明，這裏不再贅述。

而元代斷例則正如我們所看到的，由兩部分不同性質的內容構成，既有
斷案事例這樣的判例，也有斷案體例這樣的成法。〔註61〕《元典章》中的斷
例主要是斷案事例，我們在上文曾舉一例，這裏再舉一例，如刑部卷九中的
《藉使官吏俸錢斷例》：

至元二十七年，行臺承奉御史臺咨：承奉尚書省箚付：户部呈：

〔註60〕《大元聖政國朝典章·刑部》，祖生利、李崇興點校，山西古籍出版社，2004
年，第150頁。

〔註61〕雖然對於斷案通例究竟為「元代成律」，還是在司法實踐中形成的通則性規
定，黃時鑒先生和殷嘯虎先生各有高見，但對於其本身區別於作為斷案事例
的判例是沒有爭議的，對於斷案通例所具有的的成文化屬性也是基本認同
的。而且隨著《至正條格》的重見天日，這方面的爭論也逐漸消弭，《大元通
制》中斷例的組成應該與《至正條格》中的斷例是大致接近的，即亦為事例
與條文雜糅。

　　元收大司農司追到廣濟署俸錢中統鈔四十五兩。萬億寶源庫中：納
　　鈔人不曾送納，就問得本部寫發人劉明之名從恕狀招：不應接受，
　　入己侵使。取到招伏，覆奉都堂鈞旨，將本人斷訖七十七下，諸衙
　　門休委用。奉此。除將劉從恕依上斷罪，具呈照詳。都省除外，合
　　下仰照驗施行。〔註62〕

　　而《至正條格》中的斷例則既有案例，也有條文，其案例者如職制斷例
「擅自離職」下的兩條：「大德三年九月，刑部呈：『管州達魯花赤塔察兒，
私自離職，前去臨州，與男禿哥帖木兒娶妻。量擬二十七下，依例罷職。離
職俸給，追徵還官，標附。』都省準擬。」「至元二年正月，刑部議得：『沿
海萬戶府千戶丁元昌，擅離鎮守信地，還家營幹己事。擬笞三十七下，解任
標附。』都省準擬。」〔註63〕其條文者，如「託故不赴任」條：「元統元年六
月，詔書內一款：『已除大小官員，託故不赴任者，已有累降條畫，違者斷罪
黜罷。務在必行，監察御史、廉訪司常加體察。』」〔註64〕又如「漏報案卷」
條：

　　延祐元年十二月，中書省檢校官呈：「吏部漏報合檢校文卷，罪
　　過遇革撥。今後各部似此漏報卷宗，合驗多寡，定立罪名。」刑部
　　議得：「省部應合檢校文卷，如漏落不行從實具報者，壹宗決柒下，
　　每伍宗加壹等，罪止參拾柒下。若有所規避，臨事詳情定擬。」都
　　省準呈。〔註65〕

　　可以看到，《至正條格》中的斷例體現出條文與案例雜糅的特點，因而元
代的斷例與宋代的斷例在內容上也有著很大的差別。

　　第三，功能上的差異。上文在分析宋代斷例的適用時曾指出，宋代斷例
的運用十分廣泛，但這並不意味著在任何條件、任何情形下都能適用斷例。
宋代斷例是成文法的補充，其作用的發揮是有條件的，即主要適用於疑難複
雜案件的處理中，如果從斷例適用的程序來看，其主要適用於奏讞程序中。
斷例在宋代具有這樣的功能是不難理解的，眾所週知，宋代的斷例固然發達，
但成文法律則更為繁多。因而在正常情形下，自有律、令、格、式、敕等發

〔註62〕　《大元聖政國朝典章・刑部》，第206頁。
〔註63〕　〔韓〕韓國學中央研究院編：《至正條格》（校注本），Humanist出版社，2007
　　　　　年，第173頁。
〔註64〕　《至正條格》（校注本），第173頁。
〔註65〕　《至正條格》（校注本），第180頁。

揮作用。只有遇到重大疑難複雜案件，常法沒有可供定奪的依據，部門和地方又不敢擅自決斷，需要層層上報朝廷乃至皇帝作出最終決定時，才有必要引用相關斷例作爲參考。因此，宋代的斷例雖然重要，但相比於成文律條而言無疑是第二位的、補充性的。

而元代的斷例則發揮了不同的功能。元代作爲推翻中原漢政權的少數民族政權，在建立起統治以後相當長的時期內，沒有制定本朝的成文法典。《新元史·鄭介夫傳》中曾對當時的法律狀況有過概括的說明：

> 國家立政，必以刑書爲先。今天下所奉行者，有例可援，無法可守。官吏因得並緣爲欺。內而省部，外而郡府，抄寫格條多至數十。間遇事有難決，則檢尋舊例，或中無所載，則旋行比擬，是百官莫知所守也。民間自以耳目所得之敕旨、條令，雜採類編，刊行成帙，名曰《斷例條章》，曰《官民要覽》，家置一本，以爲準繩。〔註66〕

在元初，「司法實踐中常常援引金朝法典，統稱爲『舊例』」，〔註67〕以彌補法制建設的空白，滿足司法審判的需要，但到了至元八年（1271）十一月，元世祖下令「禁行金《泰和律》」。〔註68〕雖然作爲「舊例」的前朝律典並未因此一禁令而眞的不再被援用，〔註69〕但在公開的場合，司法官們必須尋找替代性的審判依據。作爲體現著朝廷意旨的斷例，也因此發揮著愈加重要的作用，其地位不再像宋代斷例那樣作爲補充性的角色存在，而是已然成爲審理案件時的主要依據。《新元史·刑法志》載：「諸詞訟，若證驗無疑。斷例明白，而官吏看詳，故有枉錯者，雖事已改正，其原斷情由，仍須究治。」〔註70〕規定明確的案件斷例，對於司法官群體形成了很強的約束。因此，由於元代成文法律體系的缺失，斷例在功能上有了顯著的提高。

（二）宋元斷例的相同之處

儘管存在上述種種差別，元代斷例與宋代斷例之間也存在著一些相同之處，這主要體現在兩個方面：

第一，名稱上的沿襲。雖然並沒有充分的證據表明元代的斷例之名來源

〔註66〕《新元史》卷一九三《鄭介夫傳》。
〔註67〕吳海航：《元代法文化研究》，第 176 頁。
〔註68〕《元史》卷七《世祖紀四》，第 138 頁。
〔註69〕對於元代舊例的運用狀況，參見：〔日〕小林高四郎：《元代法制史上之「舊例」》，《蒙古學資料與情報》1990 年第 4 期。
〔註70〕《新元史》卷一○二《刑法志上》。

於宋代，但一種法律形式不可能是憑空出現的，往往需要相當長時間的積纍和運用。特別是對於缺乏自身法制建樹的元代，更不可能完全拋棄前朝的法律成果。元代斷例雖然不一定直接取材於宋代，但卻可能通過兩種方式，間接地沿襲自宋代。第一個途徑是通過金代，在法制成果方面元代對於金代的借鑒是有目共睹的，而金代的法制建設則體現出傳統中原政權的特點，《泰和律》的篇目等與《唐律疏議》、《宋刑統》都是一致的，且在金代也有行用斷例的記載，如《金史》卷九九《李革傳》載：「四年，拜參知政事。（李）革奏：『有司各以情見引用斷例，牽合附會，實啓幸門。乞凡斷例敕條特旨奏斷不爲永格者，不許引用，皆以律爲正。』詔從之。」〔註 71〕金代對於斷例的運用可能爲元代所注意並借鑒。

而另外一個途徑，即通過宋代的官吏。相比於通過金代，這一途徑更具有現實性。宋代斷例的運用無疑是廣泛和深入的，上至官員下至胥吏，在司法審判過程中都會接觸和瞭解到斷例，對於斷例運用的程序也較爲熟悉。雖然宋爲元所取代，但之前數百年間形成的運用斷例的習慣未必會輕易扭轉，其名稱的沿用也不至於完全中斷。遲遲不制定成文法典的元代恰好存在著用例的必要，元代的「新酒」也就有了適用宋代斷例這個「舊瓶」的需求。因此，元代斷例與宋代斷例應該存在著千絲萬縷的聯繫。

第二，來源上的接近。宋元斷例之間的相同之處還體現在來源上的接近，雖然上文在闡述宋代斷例和元代斷例的區別時曾經指出，二者在內容上是有差別的。但也應該看到，二者也存在著相當程度的交叉，即司法實踐中的案例。宋代斷例的來源全部爲司法審判活動中所產生的案例，在此基礎上經過進一步的整理和編修後就形成了條理化、規範化的斷例。而元代斷例則來源於兩大部分，一爲司法案例，二爲皇帝詔令，可見司法案例亦爲元代斷例的重要來源。因而從來源上看，宋代斷例與元代斷例也具有相似性。另外，從能夠成爲斷例的條件來看，雖然元代皇帝參與司法審判的熱情較低，不像之前的宋代以及之後的明清兩代皇帝那樣，較爲頻繁地參與到例的創制過程中。但正如宋代斷例的形成離不開皇帝爲代表的朝廷的首肯，元代斷例的形成同樣離不開權威性因素的加入，特別是中央司法機構及中書省決斷權的作用，正是經過中書省的最終裁決後，斷例才具有廣泛的約束力。〔註 72〕

〔註 71〕　〔元〕脫脫等：《金史》卷九九《李革傳》，中華書局，1975 年，第 2197 頁。
〔註 72〕　參見胡興東：《中國古代判例法運作機制研究》，北京大學出版社，2010 年，

第三節　宋例與明代例的比較——以條例爲中心

一、明代條例概述

　　如果說宋元時期是律令制向律例制轉換的初始階段，那麼到了明清時期，律例制眞正進入了大發展的階段。特別是在明代，各種例的發展都已步入正軌且較前朝更爲完善，楊一凡先生指出：「明代在法制建設中，特別重視發揮例的作用。明太祖朱元璋洪武朝時期，就注重制例。洪武朝之後的 240 餘年裏，制例、編例成爲朝廷立法的重點，國家法制變革的成果也主要是以例的形式確認的，例在政治、經濟和社會生活的各個領域都得到了廣泛使用，可以說它是明代法律的主體。」〔註 73〕例在明代法律體系中具有重要地位，其發展更是爲清例確定了框架，奠定了基礎。

　　與元例紛繁多樣的表現形式不同，明例常見的名稱少了很多，主要有條例、事例、則例、榜例等。其中最具代表性、也最能體現明例發展成果的當推條例，下面我們就以條例爲中心對宋明例展開比較研究。明代條例的內容廣泛而豐富，既有司法方面的，也有行政方面的。司法方面的條例主要是指《問刑條例》，但早在《問刑條例》頒佈前，司法審判活動中運用條例的現象已經較爲普遍。《明史·刑法志》載：

　　　　始，太祖懲元縱弛之後，刑用重典，然特取決一時，非以爲則。
　　後屢詔釐正，至三十年，始申畫一之制，所以斟酌損益之者，至纖
　　至悉，令子孫守之。群臣有稍議更改，即坐以變亂祖制之罪。而後
　　乃滋弊者，由於人不知律，妄意律舉大綱，不足以盡情僞之變，於
　　是因律起例，因例生例，例愈紛而弊愈無窮。〔註74〕

　　可見律外用例已經帶來了不少問題，但明太祖囿於律典與條例的定位，不願對律文進行修改。《國朝典彙》載：「刑部奏：『律條與條例不同者，宜更定，俾所司遵守。』上曰：『法令者，防民之具，輔治之術耳。有經有權，律者常經也，條例者，一時之權宜也。朕御天下將三十年，命有司定律久矣，何用更定。』」〔註75〕而且也不允許子孫加以修改，並在《皇明祖訓》序中告

　　　　第 84～95 頁。
〔註73〕楊一凡、劉篤才：《歷代例考》，第 137 頁。
〔註74〕〔清〕張廷玉等：《明史》卷九三《刑法志一》，中華書局，1974 年，第 2279
　　　　頁。
〔註75〕〔明〕徐學聚：《國朝典彙》卷一八一《刑部》，明天啓四年徐與參刻本。

誠道：「凡我子孫，欽承朕命，毋作聰明，亂我已成之法，一字不可改易。非
但不負朕垂法之意，而天地祖宗亦將孚祐於無窮矣。」〔註76〕但這種目光短
淺、不切實際的想法，不僅不可能被貫徹落實，反而會導致更多的問題。到
了明孝宗弘治時期，成律內容欠缺而條例繁雜凌亂的弊端已經到了必須加以
解決的地步，既然律條不能加以變動，那就對條例進行修定。《明史》載：

> 弘治中，去定律時已百年，用法者日弛。五年，刑部尚書彭
> 韶等以鴻臚少卿李鐩請，刪定《問刑條例》。至十三年，刑官復上
> 言：「洪武末，定《大明律》，後又申明《大誥》，有罪減等，累朝
> 遵用。其法外遺奸，列聖因時推廣之而有例，例以輔律，非以破
> 律也。乃中外巧法吏或借便己私，律浸格不用。」於是下尚書白
> 昂等會九卿議，增歷年問刑條例經久可行者二百九十七條。帝摘
> 其中六事，令再議以聞。九卿執奏，乃不果改。然自是以後，律
> 例並行，而網亦少密。〔註77〕

而在弘治《問刑條例》頒佈後，為不斷適應司法實踐的需要，嘉靖二十
九年（1550）修成嘉靖《問刑條例》，萬曆十三年（1585）又修成萬曆《問刑
條例》。除了司法審判方面的條例，行政事務中也有不少的條例，根據楊一凡
先生的梳理和分析，認為主要有《責任條例》、《吏部條例》、《憲綱條例》、《軍
政條例》、《宗藩條例》等，以及一些條例彙纂性文獻，如《吏部四司條例》、
《兵部武選司條例》、《軍政條例類考》、《條例備考》、《增修條例備考》等。
對於明代的行政例，楊一凡先生有過十分詳盡的考證，可參考其相關論著，
這裏不再贅述。〔註78〕

二、宋明條例的同與異

宋代條例的運用是較為頻繁的，元代條例的運用則變得較為少見，如《元
史》中提到的軍籍條例、稅糧條例、戶籍科差條例、御史臺條例，及《新元
史》中的贓罪條例、採訪遺書條例等。而到了明代，條例的作用又受到了極
大的重視，重新在法律體系中扮演了重要角色，下面就對宋明條例之間的差
異與相同之處簡單作一說明。

〔註76〕〔明〕陳建：《皇明通紀法傳全錄》卷一一，明崇禎九年刻本。
〔註77〕《明史》卷九三《刑法志一》，第2286頁。
〔註78〕楊一凡、劉篤才：《歷代例考》，第167～182頁。

（一）宋明條例的差異之處

第一，內容範圍不同。上文在第三章中曾對宋代的條例作過分析，條例在宋代主要適用於行政領域，以《宋會要輯稿》為例，職官部分和食貨部分是條例出現最多的地方。條例被廣泛運用於兩方面的事務：一是官員管理事務，二是經濟生活事務。在王安石變法時期，條例也發揮了重要作用，成為實施變法和推動改革的法律工具。雖然在司法領域中偶有泛稱條例的用法，但並非專門制定的以條例為名的法律文件。那宋代司法審判中適用的斷例是否接近於明代的條例呢？二者也是不同的。儘管宋代的斷例與明代的條例都是作為律典的補充而存在，但宋代斷例是以具有參考價值的案例的形式發揮作用，明代條例的內容則不是案例，而是抽象的條文，與律典在內容上具有同質性。如萬曆《問刑條例》名例律《犯罪自首條例》：

> 凡強盜，係親屬首告到官，審其聚眾不及十人及止行劫一次
> 者，依律免罪減等等項，擬斷發落。若聚眾至十人及行劫累次者，
> 係大功以上親屬告，發附近；小功以下親屬告，發邊衛，各充軍。
> 其親屬本身被劫，因而告訴到官者，徑依親屬相盜律科罪，不在
> 此例。〔註79〕

明代的條例既涉及司法領域，也包括行政領域，可以看出其適用範圍已不再像宋代那樣僅限於行政事務中。尤其是明代司法審判中《問刑條例》的崛起，格外引人關注。這無疑是自魏晉隋唐以來，條例進入法律形式和法律體系領域後的一個重大轉變，不僅極大拓展了條例的適用範圍，也將條例的運用上升到了新的高度。

第二，規範程度不同。宋明條例的第二個區別體現在規範程度上，宋代的條例脫胎於具體事例的痕跡還是較為明顯，在結構上普遍較為簡單。雖然宋代也有朝廷下令編修的條例，但占大多數的還是部門和地方自行編修的條例。此外，宋代條例在編纂程序上，也不像編敕、斷例的修纂那樣嚴格。明代條例則無論在內容結構上，還是制定程序上，相比於宋代條例都有很大的提高，蘇亦工先生就《問刑條例》的編修程序曾作過說明：「明代《問刑條例》的修定與現代的立法活動有近似之處，須要經過一定的程序，並非由皇帝隨心所欲地制定的。修例的每個步驟都有一定的權限分工和合作，譬如第一步由主管司法的各機關共同提出草案，第二步由更廣泛的國家機關參與審議和

〔註79〕《大明律》，懷效鋒點校，法律出版社，1999 年，第 257 頁。

討論。每一個步驟的進展都必須經過並圍繞皇帝的指示進行。」〔註80〕

　　除了《問刑條例》，明代不少行政例的編修，其程序也是比較規範嚴格的，而且往往受到皇帝的重視。如《責任條例》的制定，《大明會典》載：「高皇帝懲吏職之弗稱，親製《責任條例》一篇，頒行各司府州縣，令刻而懸之，永爲遵守，務使上下相同，以稽成效。」〔註81〕又如《國朝典彙》中所載《宗藩條例》：「御史林潤疏言：『宗藩積弊，請行各王府，及廷臣集議處之之策。』得旨允行。會南陵王睦㮮，條陳……七事。禮部因請並下其疏於各王府，令雜議以上，仍聽本部會定擬請上裁。因集議處事宜六十七條上之，詔爲書頒行，賜名宗藩條例。」〔註82〕可見程序上都非常嚴格，也受到皇帝的認可。

　　第三，效力層次不同。宋代條例的效力層次是比較低的，對此上文中曾作過說明。雖然宋代條例也在實踐中發揮了重要作用，特別是在處理部門內部事務和地方事務過程中出力良多、功不可沒，但在時人眼中，條例始終是比成法低一等的法律形式。即便是在王安石變法期間，通過設立制置三司條例司主導各項改革事務，頒行諸多具有法律效力的條例，仍不能改變人們的看法。史載：「安石嘗置中書條例司，馬光譏之曰：『宰相以道佐主，苟事皆檢例而行之，胥吏可爲宰相，何擇也？』」〔註83〕陳升之也云：「條例者有司事爾，非宰相之職。」〔註84〕條例在宋人心目中的地位可見一斑。

　　而明代條例在效力上要高的多，從司法條例來看，《問刑條例》與律並行達140餘年，與律文一同在司法審判活動中發揮作用。萬曆《問刑條例》還實現了與律條的合編，條例的作用受到了充分肯定。《明史·刑法志》載：「萬曆時，給事中烏昇請續增條例。至十三年，刑部尚書舒化等乃輯嘉靖三十四年以後詔令及宗藩軍政條例、捕盜條格、漕運議單與刑名相關者，律爲正文，例爲附注，共三百八十二條。」〔註85〕此外，從行政條例來看，雖然明代行政例的效力情況並不完全一致，但其中的常法類條例「內容更爲系統和規範，在明代例的體系中居於最高層的地位，有長期穩定的法律效力」。〔註86〕

〔註80〕蘇亦工：《明清律典與條例》，第193頁。
〔註81〕〔明〕申時行：《大明會典》卷一二《吏部一一》，明萬曆內府刻本。
〔註82〕《國朝典彙》卷一三《朝端大政》。
〔註83〕《大事記講義》卷六《眞宗皇帝》。
〔註84〕《宋史》卷一六一《職官志一》，第3792頁。
〔註85〕《明史》卷九三《刑法志一》，第2287頁。
〔註86〕楊一凡、劉篤才：《歷代例考》，第168頁。

（二）宋明條例的相同之處

宋明條例之間的共同之處主要體現為兩點：

第一，運用上都具有廣泛性。無論是宋代的條例還是明代的條例，在運用過程中都具有相當的廣泛性。就宋代的條例而言，無論是機構內部，還是地方事務，都能夠看到條例發揮作用，而且從宋代條例所規制的內容來看，基本上涵蓋了行政管理的各個方面。從具體名稱來看，有中書戶房條例、六曹寺監條例、宗正寺條例、樞密院諸房條例、國子監太學條例、御書院條例、外官條例、太一宮真儀庫官條例、發運司屬官條例、諸倉界監官條例、發運司屬官條例、保甲司勾當官條例、諸司押綱使臣條例等。而明代條例則包括司法和行政兩大方面的事務，條例運用的領域和程度，相較於宋代條例更為深入和廣泛。具體來看，明代的《問刑條例》按照律典的篇章結構加以編排，可見所涵蓋的內容是相當全面的。而像《責任條例》、《吏部條例》、《憲綱條例》、《軍政條例》、《宗藩條例》等官修條例，也涉及到行政事務的諸多領域。

第二，功能上都具有補充性。宋代條例和明代條例在功能上都具有補充性，都是作為律條的補充性角色而存在。宋代的條例基本上是行政例，而傳統律典則帶有強烈的刑法色彩，刑罰的內容佔了很大篇幅，所以在部門和地方具體事務的處理過程中往往鞭長莫及、力有未逮。因此宋代的條例與其它行政例一起，對於律典起到了很好的補充作用。而明代的條例，無論是司法條例還是行政條例，同樣也具有補充性。《問刑條例》的編集初衷，就在於彌補不能更改變動的《大明律》所帶來的僵化保守等不足，如臣僚言：

> 刑書所載有限，天下之情無窮。故有情輕罪重，亦有情重罪輕，
> 往往取自上裁，斟酌損益，著為事例。蓋比例行於在京法司者多，
> 而行於在外者少，故在外問刑多至輕重失宜。宜選屬官彙萃前後奏
> 准事例，分類編集，會官裁定成編，通行內外，與《大明律》並用。
> 庶事例有定，情罪無遺。〔註87〕

楊一凡先生也認為：「通過制定和修訂《問刑條例》，及時對《大明律》過時的條款予以修正，又針對當時出現的社會問題適時補充了新的規定。這種做法，既保持了明律的權威性和穩定性，又利於法律的有效實施。」〔註88〕此外，明代的各類行政條例也在行政事務處理中發揮了不可或缺的作用，形

〔註87〕《國朝典彙》卷一八一《刑部》。
〔註88〕楊一凡、劉篤才：《歷代例考》，第 167 頁。

成對其它法律形式的補充，這裏不再展開。

第四節　宋例與清代例的比較——以則例爲中心

一、清代則例概述

在以條例爲中心對宋例與明例作過比較之後，我們再來對宋例與清例的相關問題進行分析和探討。通過學界的成果及上文的梳理可以看到，明清時期是例這一法律形式發展的頂峰階段，而清例更是在明例的基礎上，得到了進一步的完善。清代的例內容豐富、運用廣泛、編修頻繁、形式規範，不僅在清代法律體系中佔有重要地位，也在中國古代法律形式演變過程中發揮了至關重要的作用，最終促成了律例制法律體系的確立。

清例繼承和延續了明例的基本框架，楊一凡先生和劉篤才先生指出，清代的例有著四種不同的形態：第一種形態是定例，即「立法中最初制定的事例或因一時急需制定的單個則例、條例，一般是分條而未必成冊，是例的原生形態」；第二種形態是定例彙編，「由中央機構或者地方官府纂輯成冊，但編纂體例尚不統一」；第三種形態是會典事例，「其在例的編選方面有所取捨，自成體系，但對於不同時期形成的定例的內容未加修改」；第四種形態是「經朝廷精心修定的則例、大清律纂修條例」，「它們是經整理和刪改定例而成的，編纂體例比較嚴謹，內容也更爲規範」。〔註89〕

就司法例的發展而言，清代繼續將例作爲彌補律之不足的重要法律形式，順治時的《大清律集解附例》全盤接受了明代的律例，蘇亦工先生指出：「順治四年頒佈的大清律，基本上是明律的翻版，不但全盤接受了明律，而且也繼承了明律附載的條例。」〔註90〕康熙時，清廷將逐漸積纍而成的條例整理爲《刑部現行則例》，並附入律中，《清史稿》載：「十八年，特諭刑部定律之外，所有條例，應去應存，著九卿、詹事、科道會同詳加酌定，確議具奏。嗣經九卿等遵旨會同更改條例，別自爲書，名爲現行則例。二十八年，臺臣盛符升以律例須歸一貫，乞重加考定，以垂法守。特交九卿議，准將現行則例附入大清律條。」〔註91〕

〔註89〕楊一凡、劉篤才：《歷代例考》，第 300 頁。
〔註90〕蘇亦工：《明清律典與條例》，第 197 頁。
〔註91〕趙爾巽等：《清史稿》卷一四二《刑法一》，中華書局，1977 年，第 4183 頁。

從雍正朝開始，清例的編修逐漸規範。雍正時將原有的條例進一步分類和增訂，「雍正三年，分別訂定，曰原例，累朝舊例凡三百二十一條。曰增例，康熙間現行例凡二百九十條。曰欽定例，上諭及臣工條奏凡二百有四條，總計八百十有五條」。〔註92〕而隨著律典的逐漸確定，清代立法活動的重心也由定律轉爲修例。乾隆時制定的《大清律例》以雍正時的《大清律集解》爲藍本，「一般認爲，乾隆朝修律只是調整了律典所附的條例，對雍正律的律文並未作任何變動。乾隆五年頒佈《大清律例》以後，律文再未更動，修律時只是隨時修訂附律的條例」。〔註93〕史載：「高宗臨御六十年，性矜明察，每閱讞牘，必求其情罪曲當，以萬變不齊之情，欲御以萬變不齊之例。故乾隆一朝纂修八九次，刪原例、增例諸名目，而改變舊例及因案增設者爲獨多。」〔註94〕

與司法例相比，清代行政例的發展更爲引人關注。特別是清代的則例，備受朝廷重視，成爲清代最爲活躍和重要的法律形式之一。鄧之誠先生認爲：「清以例治天下，一歲彙所治事爲四季條例，採條例而爲各部署則例。新例行，舊例即廢，故則例必五年一小修，十年一大修。採則例以入會典，名爲『會典則例』，或『事例』。」〔註95〕楊一凡先生和劉篤才先生也指出：「清代則例按其規範的對象和性質，可以分爲會典則例、六部和各院寺監則例、中

〔註92〕《清史稿》卷一四二《刑法一》，第4185頁。
〔註93〕蘇亦工：《明清律典與條例》，第125頁。
〔註94〕《清史稿》卷一四二《刑法一》，第4186頁。
〔註95〕鄧之誠：《中華二千年史》卷四，中國社會科學出版社，2011年，第2580頁。關於會典、事例、則例之間的關係，蘇亦工先生認爲，「明清兩代，事例一般是附著在會典之中或之後的，與會典形成一個共同的整體；清代的則例卻往往是獨立於會典之外的單行的行政法規」，在清朝所修的五部會典中，康熙、雍正會典仿倣《明會典》的體例，將「所載的事例附於會典之中，與典文合爲一體」，而乾隆、嘉慶、光緒會典則「把典則和事例分別爲兩個部分，即會典和會典事例」，「但乾隆會典例外，改稱事例爲則例」。蘇亦工：《明清律典與條例》，第44～45頁。《歷代例考》中也指出：「清代法律文獻中對於因一時一事制定的例，稱其爲『事例』者有之，稱其爲『條例』者亦有之。其實，二者名異而實同，可以說是一物而兩名。」楊一凡、劉篤才：《歷代例考》，第296頁。如果我們簡單對這三者的關係加以勾勒，可以認爲：事例既有司法方面的，也有行政方面的，司法方面的事例經修定後成爲條例，行政方面的事例經修定後，一部分與會典合爲一體，一部分則成爲單行的則例。當然這只是從籠統和概括的角度而言，畢竟清人對於例的認識也經過了一個不斷摸索、逐漸明晰的過程。而且這幾種名稱的區分併不嚴格，條例、事例、則例在泛指的意義上可以混用，例外的情況更比比皆是。

央機關下屬機構的則例、規範特定事務的則例。」〔註96〕歸結起來可以分爲兩大類，即部門則例和地方則例。

　　清代則例的發展經過了三個大的歷史階段，分別是順治、康熙時期的萌芽階段，雍正、乾隆時期的興盛階段，以及嘉慶至清末的衰落階段。清代的則例與會典一道，構成了清代行政法體系的主要內容，從《康熙會典》開始，清代統治者「將指導總體的法律制度立爲典」，「把具體的實施細則定爲例或則例」，「凡典均以六部爲綱，經國家制定頒發實施；例按部門分立，經欽准頒行，其法律效力等同法典」。〔註97〕通過這樣的分類編集，形成了清代行政法律制度「以典爲綱、以例爲目」的完備體系。此外，清代還將則例運用於邊疆少數民族地區的管理中，制訂了《理藩院則例》、《回疆則例》等諸多專門的法規，從而借助制度化的法律措施，使得對邊疆和民族地區的治理上升到一個新的高度。

　　需要注意的是，雖然清代統治者強調「律以定罪，例以輔律」，〔註98〕但律與例之間的關係並非總是協調統一，而是存在著不少的對立和衝突，也滋生出層出不窮的弊病和問題。由於清代的律與例同爲制定法，且例相對於律而言往往是更新的、具體的或者是特別的規定，因此例對律典的地位構成了極大的挑戰和動搖，在行政事務處理和司法實踐活動中更是居於較爲優先的地位。《清史稿·刑法志》對此有著明確的說明：

　　　蓋清代定例，一如宋時之編敕，有例不用律，律既多成虛文，而例遂愈滋繁碎。其間前後牴觸，或律外加重，或因例破律，或一事設一例，或一省一地方專一例，甚且因此例而生彼例，不惟與他部則例參差，即一例分載各門者，亦不無歧異。輾轉糾紛，易滋高下。〔註99〕

〔註96〕楊一凡、劉篤才：《歷代例考》，第300頁。
〔註97〕張晉藩主編：《中國法制通史·第八卷》，法律出版社，1999年，第86頁。
〔註98〕〔清〕允祹等：《大清會典》卷六八《刑部》，文淵閣四庫全書本。
〔註99〕《清史稿》卷一四二《刑法一》，第4186頁。有學者認爲這段關於清代律例關係的記載是有偏差的，如王侃先生和呂麗先生在《明清例辨析》一文中指出，「清例如同明例一樣，在法制建設中起著積極而且又極爲重要的作用」，清例是補法之不足，而非以例破律，「清例與律是具有同等效力的法律，律例並稱，內容上相互協調，彼此吻合」，而且例與律、例與例之間存在的不是矛盾而是差異，清代的律條也並未被例取代而成爲具文。王侃、呂麗：《明清例辨析》，《法學研究》1998年第2期。其觀點具有很大的啓發性，對於糾正學

可見清代的例與前代相比，既取得了長足的發展，也存在著不少的問題。一方面，無論是行政例還是司法例，其規範和完備程度都有著很大的提高，而另一方面，例這種具有變通性、靈活性、補充性的法律形式所易產生的問題，在清代依然頑強存在，甚至愈加突出。下面我們就以則例為切入點，通過對宋代與清代則例的比較與分析，再來探討一下宋代以後例的變化與發展。

二、宋清則例的同與異

宋代則例與清代則例既存在不少差異之處，也存在一定相同之處，下面分別予以說明。

（一）宋清則例的差異之處

宋清則例的差異之處主要體現在三個方面：

第一，形式體例上的差異。在宋代，則例在多數情況下是單數形式，少數情況則是複數形式，且複數形式的則例在逐漸增多，上文已對此作過分析，並分別舉出數例加以說明。應該看到，儘管與前代相比，宋代則例已經在形式上有了顯著的進步，但與清代則例相比，卻仍存在很大的差距。清代的則例多為複數和概括性結構，在形式上更為規範和完善，在體例上也實現了分門別類，更為細緻和具體，體現出較為成熟的立法水準。從會典則例來看，清代的則例與會典合為一書，二者形成了有總有分、有經有緯的整體，「則例原本散附各條之下，猶沿舊體，今則各為編錄，俾大綱細目互相經緯，條理益明」，「以會典為不變之大經，而則例繁多，可以隨時損益」。〔註100〕會典中的則例由分散附屬在典文之下，逐漸分離出來，與典文形成目與綱的體系。

而從單行的則例來看，清代則例在形式和體例方面的發展體現得更為明顯，以伯麟所撰《兵部處分則例》〔註101〕為例，該書共有 76 卷，另有《續纂兵部處分則例》四卷，其中八旗部分 37 卷，綠營部分 39 卷。八旗部分各卷分別為公式、選舉、考劾、限期、給假、休致、封蔭、營私、倉庫、俸餉、

界業已形成的偏見極有助益，也有助於清代律例關係研究的深入。但論者似乎將注意力更多地放在對清代立法者有關律例關係的設想和期待的分析上，卻忽視了對清代法律運行實際狀況的探究。清例是否真的像立法者所希望以及論者所主張的那樣，僅僅發揮著輔助律典的正面作用？似乎值得懷疑，在這之間恐怕也存在著表達與實踐的背離、設想與實際的差距，需要我們在分析相關史料的過程中加以注意。

〔註100〕　〔清〕嵇璜等：《清文獻通考》卷二二二《經籍考一二》，文淵閣四庫全書本。
〔註101〕　〔清〕伯麟：《兵部處分則例》，清道光刻本。

戶口、恤賞、承催、解支、田宅、關禁、海禁、本章、儀式、印信、考試、
軍政、郵政、馬政、營伍、禁衛、議功、軍器、火禁、緝捕、雜犯、緝逃、
刑獄、提解、緝私、巡洋、營造諸內容。而綠營部分則多了漕運、河工兩卷
內容。又如錫珍所撰《吏部銓選則例》〔註102〕，共 21 卷，有滿洲官員品級考、
滿州官員則例、漢官品級考、漢官則例四部分內容，滿洲官員則例和漢官則
例下則分別有開列、月選、揀選、雜例、筆帖式及開列、月選、升補、除授、
揀選、雜例等諸多內容。從這兩部則例來看，清代則例在形式和體例上是相
當完備和規範的，這構成了宋清則例的第一個差別。

　　第二，內容範圍上的差異。宋清則例在形式體例上的差異是較爲明顯的，
如果進一步分析就會發現，這一表面上的差異反映的是兩個朝代則例在內容
範圍上的不同。首先從內容來看，宋代則例的內容相對單一，少則僅爲規制
某一具體事務的個別規定，多也不過數條，在規模上是比較有限的。而清代
則例的內容則更爲豐富，少則數卷，多則數十卷甚至上百卷，龐大數量背後
體現出清代則例的具體細緻和周密完備。〔註103〕另外，從範圍來看，宋代則
例主要涉及三個方面的內容，即有關俸祿發放、財稅徵收等經濟事務的內容，
有關官員選任、部門管理等行政事務的內容，以及有關地方事務的內容，總
體上都屬於行政例的範圍。而清代則例的範圍更爲廣泛，既有行政方面的內
容，也有司法方面的內容。

　　行政方面的則例是清代則例的主體，無論是從數量上還是篇幅上，都佔
據了清代則例的絕大部分內容，因此，則例也往往被視爲清代行政例的代表。
有學者指出：「清廷在健全行政法律體系的過程中，以則例的形式制定和頒行
了數百種各類單行法規，內容包羅萬象，卷帙浩繁，構成了行政例的主體。」
〔註104〕上文中提到的《兵部處分則例》和《吏部銓選則例》都屬於行政例，
又如順治時制定的《考成則例》，《清史稿》載：「漕糧爲天庾正供，司運官吏
考成綦嚴。順治十二年，定漕、糧二道考成則例。」〔註105〕而在此之後還有
不少冠以考成之名的則例，其範圍也更爲廣泛，不再限於漕糧方面，可見則
例在官員考覈方面的作用。再如始修於康熙時的《六部則例》，康熙朝後又有

〔註102〕〔清〕錫珍：《吏部銓選則例》，清光緒十二年刻本。
〔註103〕有關清代則例的具體統計，參見楊一凡、劉篤才：《歷代例考》，第 300～345
　　　　頁。
〔註104〕楊一凡、劉篤才：《歷代例考》，第 296 頁。
〔註105〕《清史稿》卷一二二《食貨志三》，第 3590 頁。

多次增訂和新編，在中央機構行政事務處理中發揮了重要作用，《光緒朝東華錄》載：「治法莫備於周官，後乃因之爲六部。法總不外乎以官舉職，以類舉政，故行省設官雖多，皆別無政書，即以六部則例爲政書。是六部者天下之政本，而則例又六部之政所由以出也。」〔註 106〕

　　而清代在則例運用上的一大創新和突破，則體現在制訂了諸多有關邊疆和民族事務的則例，如《理藩院則例》。清太宗崇德三年（1638）六月庚申，「始設理藩院，專治蒙古諸部事」，〔註 107〕之後隨著清代疆域的擴大，理藩院逐漸成爲清代管理少數民族事務的主要機構。《理藩院則例》是在成書於乾隆五十四年（1789）的《蒙古律例》基礎上進一步擴充而成的，於嘉慶十六年（1811）開始編修，嘉慶二十二年（1817）正式頒行，之後又經過四次大的修改一直沿用至清末。《理藩院則例》以其豐富的內容、完備的體系，成爲清廷處理邊疆和民族事務最爲有效的綜合性法規。直到清末新政後，還有臣僚稱：「大清律例通行二十行省，然以治外藩蒙古則格格不入，而必另設理藩院則例者，地不同也。」〔註 108〕可見其在貫徹「因俗而治」的策略中所具有的獨特地位。

　　司法方面的則例主要存在於則例發展的早期階段，隨著則例在名稱使用上的日益規範，開始專指行政方面的內容，條例逐漸取代則例成爲清代司法例的代名詞。司法方面的則例雖然數量不多，但卻發揮了重要的作用。如順治時制定的《督捕則例》，《清史稿》載：「其督捕則例一書，順治朝命臣工纂進，原爲旗下逃奴而設。康熙十五年重加酌定，乾隆以後續有增入，計條文一百一十，亦經分別去留，附入刑律，而全書悉廢。」〔註 109〕可見《督捕則例》經過多次修訂，沿用數朝，而且其內容最終被納入刑律之中。又如康熙時制定的《現行則例》（或稱《見行則例》），《清通志》卷七六載，康熙十八年（1679），「諭國家設立法制，原以禁暴止奸，安全良善，故律例繁簡因時制宜，總期合於古帝王欽恤民命之意⋯⋯其定例之外所有條例，如罪不至死而新例議死，或情罪原輕而新例過嚴者，應去應存，著九卿詹事科道會同詳加酌定。議奏遵旨將更改條例繕冊，奏請刊佈，名曰見行則例」。〔註 110〕亦屬

〔註 106〕　〔清〕朱壽朋：《光緒朝東華錄》，中華書局，1958 年，第 1866 頁。
〔註 107〕　《清史稿》卷三《太宗紀二》，第 64 頁。
〔註 108〕　〔清〕劉錦藻：《清續文獻通考》卷二四八《刑考七》，民國景十通本。
〔註 109〕　《清史稿》卷一四二《刑法一》，第 4189 頁。
〔註 110〕　〔清〕嵇璜等：《清通志》卷七六《刑法略二》，文淵閣四庫全書本。

司法方面的則例。

第三，編修運用上的差異。宋代則例與清代則例的第三個差異體現在編修運用上，這一差異包括三個方面的內容，一是編修規範程度不同，二是運用廣泛程度不同，三是傚力優先程度不同。先來看編修規範程度上的不同，宋代已經出現了經過正式編修的則例，如上文曾經探討過的《驛券則例》和《堂除則例》，相比於魏晉及隋唐時期多在泛指意義上使用則例一詞而言，可謂是不小的突破。但宋代則例從整體來看，其規範程度是比較低的，則例的制定主體較爲多樣，也尚未出現專門編修則例的機構，亦未形成定期的編修制度。

而清代則例則不同，在編修規範程度方面達到了相當高的水準，也取得了很大的成就，特別是自乾隆朝以後，則例編修的規範性進一步提高。《清史稿》載：「國初以來，凡纂修律例，類必欽命二三大臣爲總裁，特開專館。維時各部院則例陸續成書，苟與刑律相涉，館員俱一一釐正，故鮮乖牾。自乾隆元年，刑部奏准三年修例一次。十一年，內閣等衙門議改五年一修。」〔註 111〕《清文獻通考》也載：「各部則例每十年奏請纂修一次，吏部則例自乾隆三十二年修竣後尚未刊刻，復加增纂，輯成是編。凡品級考六卷，銓選則例十三卷，處分則例四十七卷，書成刊佈。」〔註 112〕則例的體系也頗具開放性，新內容增入則例之中的渠道十分暢通，《清通典》載：「我朝臣工奏議，凡有當於振興文治、澄敘官方者，無不仰邀聖鑒，下部議行，其隨時奏准各條，即刊入現行則例。」〔註 113〕這有助於則例不斷適應社會發展和事務處理的要求，從而保證了則例的有效性和權威性。

再來看運用廣泛程度的不同。宋代則例的運用範圍主要是經濟事務、部門事務和地方事務的某些方面，雖然其範圍算不上狹窄和局限，但難以與則例得到極大發展的清代相比。清代則例幾乎涵蓋了不同機構、不同類型、不同層次的絕大多數事務。對於清代則例有著深入研究的王鍾翰先生曾指出：「有清一代，凡十三朝，歷二百六十有七載，不可謂不久者矣；然細推其所以維繫之故，除刑律外，厥爲則例。大抵每一衙門，皆有則例，有五年一修、十年一修、二十年一修不等。則例所標，爲一事，或一都一署，大小曲折，

〔註 111〕《清史稿》卷一四二《刑法一》，第 4186 頁。
〔註 112〕《清文獻通考》卷二二二《經籍考一二》。
〔註 113〕〔清〕嵇璜等：《清通典》卷一八《選舉一》，文淵閣四庫全書本。

無不該括。」〔註114〕僅以《清史稿·藝文志》的有限記載來看，清代中央各主要部門和機構幾乎都有專門制定的則例，如《刑部則例》、《工部則例》、《吏部則例》、《戶部則例》、《禮部則例》、《兵部處分則例》、《內務府則例》、《宗人府則例》、《理藩院則例》、《光祿寺則例》等等，不一而足。〔註115〕

最後來看效力優先程度的不同，清代則例在效力上堪比律條，甚至在特定情形下得到更爲優先的適用，《大清會典則例》載：

　　乾隆五年議准：凡議處官員，例無正條，必須旁引比照者，如比照則例可以引用全條，務將全條加載；如不便引用，務將所引則例，或一段或數語載入稿內。如例無可引，比照律文定擬者，亦務將律文，或一段或數語引用。定議總期案情例意兩相吻合，不得徒取字面相似，以滋高下之弊。如律例並無正條，又無可旁引比照之案，令該司官將案情詳細察核，酌定處分，該堂官等再行斟酌定議，於疏內聲明請旨著爲定例，以備引用。〔註116〕

可見在「例無正條」需要比照其它規定時，應當首先檢索則例的規定，其次才是律文。而在律例皆無規定的情況下形成新的處理方式和措施時，則進一步「著爲定例」，以爲之後處理類似事務的依據。清代則例所具備的效力和權威，也是宋代則例無法企及的，亦構成兩者間的顯著差異。

（二）宋清則例的相同之處

宋清則例的相同之處主要有三點：

第一，地位作用相同。無論是宋代的則例還是清代的則例，都在各自的法律體系中發揮了重要的作用。宋代的則例在律、令、格、式、敕等法律形式難以涉及的領域，以其具體、細緻的特點，在經濟事務、部門事務和地方事務的處理中具有重要的地位。且則例在宋代的運用逐漸呈上升趨勢，則例本身已經具備法律約束力，違背則例須受懲罰。則例還可以被納入令等法律形式，從而取得更強的效力。清代則例的地位更是毋庸置疑，則例在清代法律體系特別是行政法律體系中的地位難以取代，上文中曾多有涉及，此處不再贅述。需要注意的是，儘管宋清則例都十分重要，但其效力層次卻有一定的差別。宋代則例的層次較低，雖然在具體事務的處理中運用廣泛，卻未受

〔註114〕王鍾翰：《王鍾翰清史論集》第三冊，中華書局，2004 年，第 1701 頁。
〔註115〕《清史稿》卷一四六《藝文志二》，第 4305～4306 頁。
〔註116〕〔清〕允裪等：《大清會典則例》卷一二《吏部》，文淵閣四庫全書本。

到應有的重視，難以與律、令等更高層次的法律形式相提並論，其作用主要體現在「幕後」。而清代的則例則從「幕後」走向了「臺前」，清代則例的地位堪比律典，甚至在適用時更爲優先，其作用得到朝廷上下的一致認可。這反映出宋代以後，隨著律令制向律例制轉化過程的深入，例在傳統法律體系中的地位進一步提高、作用進一步凸顯。

　　第二，問題弊病相同。如果說分析宋清則例在地位作用上的相似是從正面來切入，那麼討論二者在問題弊病上的接近則是從負面來探究。例作爲一種靈活性的法律形式，有著律典等所不具備的獨特價值，但也正因爲如此，很容易被濫用，從而走向成法的對立面。在宋代是如此，清代亦是如此，甚至有過之而無不及。如康熙時，臣僚言：

　　　　世祖章皇帝精勤圖治，諸曹政務，皆經詳定。數年來有因言
　　官條奏改易者，有因各部院題請更張者，有會議興革者，則例繁
　　多，官吏奉行，任意輕重。請敕部院諸司詳察現行事例，有因變
　　法而滋弊者，悉遵舊制更正。其有從新例便者，亦條晰不得不然
　　之故，裁定畫一。〔註117〕

　　由於則例內容繁多，且不斷變化，運用過程中輕重失當的問題也就難以避免。又如雍正元年（1723），巡視東城御史湯之旭奏：「律例最關緊要，今六部見行則例，或有從重改輕，從輕擬重，有先行而今停，事同而法異者，未經畫一。乞簡諳練律例大臣，專掌律例館總裁，將康熙六十一年以前之例並大清會典，逐條互訂，庶免參差。」〔註118〕再如道光時臣僚奏稱：「六部則例日增，律不足，求之例。例不足，求之案：陳陳相因，棼亂如絲。論者謂六部之權，全歸書吏。非書吏之有權，條例之煩多使然也。」〔註119〕可見宋例特別是行政事例生成途徑不權威、具體內容不公開、處理方式不統一、運用程序不規範、效力發揮不穩定等問題，隨著清代編修制度的完善和地位層次的提高已經有了很大改觀，但仍有不少弊病始終如影隨形，在傳統社會制度的土壤中頑強地存在著。

　　第三，性質特徵相同。宋清則例的第三個相同之處是二者都體現爲抽象的法律條文，都具有制定法的性質和特徵。宋清則例都有源於具體事例的淵

〔註117〕《清史稿》卷二五〇《王熙傳》，第9694頁。
〔註118〕《清史稿》卷一四二《刑法一》，第4184頁。
〔註119〕《清史稿》卷四二二《徐繼畬傳》，第12183頁。

源和因素，但均經過了一定的抽象或者處理，不再停留在原始的事例階段，而是體現為抽象的條文。關於宋代則例的內容，上文曾作過探討，這裏不再重複。下面摘錄幾則清代則例的內容，以對其性質特徵進行介紹和說明，如《督捕則例》卷上「八旗逃人分別次數治罪」條載：「凡旗人初次逃走者，左面刺（清漢逃人）字，鞭一百；二次逃走者，右面刺字，枷號一個月，鞭一百；三次逃走者，右面刺所發地名，咨送兵部發寧古塔、烏喇等處，給披甲人為奴。」〔註120〕又如《軍需則例》戶部卷一《俸賞行裝》載：「調派京營滿洲官兵內地擒捕賊盜，官員按品賞俸一年，兵丁每名賞銀二十兩，官兵之跟役每名賞皮衣銀一兩。」〔註121〕再如《兵部處分則例》卷一《引律議處》載：

> 凡議處官員，例無正條，援引律文，按照笞杖等罪定議者，分別公私，予以處分。係公罪，笞一十議以罰俸一個月；笞二十議以罰俸兩個月；笞三十議以罰俸三個月；笞四十議以罰俸六個月；笞五十議以罰俸九個月。杖六十議以罰俸一年；杖七十議以降一級；杖八十議以降二級；杖九十議以降三級，俱留任；杖一百議以革職留任。係私罪，笞一十議以罰俸兩個月；笞二十議以罰俸三個月；笞三十議以罰俸六個月；笞四十議以罰俸九個月；笞五十議以罰俸一年。杖六十議以降一級；杖七十議以降二級；杖八十議以降三級；杖九十議以降四級，俱調用；杖一百議以革職。〔註122〕

可見清代則例與宋代則例相同，在具體構成上亦為抽象條文，具有制定法的性質特徵。總的來看，宋清則例存在的諸多差異與相同之處，表明清代則例隨著時代發展和社會變遷，在繼承延續前代例基礎上取得了新的突破。則例雖然只是清例諸多表現形式的一部分，但卻折射出清代例這一法律形式所達到的較高水準，以及例在清代法律體系和法律制度中所發揮的重要作用。

本章小結

本章對宋代以後例的變化發展進行了探討，並分別以斷例、條例、則例為中心，將宋例與元明清三代的例作了比較研究。宋例正值中國古代法律體

〔註120〕 〔清〕徐本：《督捕則例》卷上「八旗逃人分別次數治罪」條，清乾隆八年武英殿刻本。
〔註121〕 〔清〕阿桂：《軍需則例》戶部卷一《俸賞行裝》，清乾隆刻本。
〔註122〕 《兵部處分則例》卷一《引律議處》。

系由律令制向律例制轉換的歷史階段，在這一進程中，令和例這兩種法律形式在法律體系中所扮演的角色發生了明顯變化：作為律令制重要一端的令，其作用隨著唐中期以後，特別是唐宋之際的社會發展和變革而大大弱化；而隨著令的地位逐漸降低，例的地位卻在緩慢上升，作用愈加凸顯。宋例處在律令制向律例制轉換的中間環節，發揮了關鍵性作用。在宋代以前，例經歷了一個由性質含混模糊到概念和框架基本形成的過程。但由於恰逢作為成文法體系代表的律令制發展進程，因而相對於處於上升期的令而言，例的作用受到了抑制。自宋代開始，例在法律體系中所扮演的角色由幕後走向臺前。無論是以斷例為代表的司法例，還是包括條例、格例、則例、事例等的行政例，都在繼承前代基礎上又有了進一步的發展。雖然從表面上來看，宋例的發展成果似乎由於元代的建立而中斷，但實際上，例作為歷史發展趨勢的體現，如一股涓涓細流始終流淌，未曾停止，並最終在明清時期大放異彩，成為與律典並行的基本法律形式。

餘　論

在上面的章節裏，本書依次探討了宋代以前例的形成與演進、宋代的司法例、宋代的行政例，以及宋代以後例的變化與發展這幾部分內容。通過上述分析能夠看到，宋例有著豐富的內涵，在宋代法律體系運作中發揮著重要作用，對於司法審判活動和行政事務處理都具有很高的價值。宋代例的發展不是孤立的，宋例上承秦漢以來特別是隋唐時期例的形成、演進之成果，下啓元明清例進一步變化、發展之趨勢。此外，宋例正處於中國傳統法律體系由律令制向律例制轉換的關鍵階段，對於這一歷史進程起到了巨大的推動作用。下面結合宋例與宋代法制及中國傳統法的幾個問題，對宋例背後所反映的價值和理念，再作闡釋說明，以爲本書餘論。

一、宋代司法例：情與法的對立與融合

宋代的司法例——斷例，在宋代的司法審判中發揮了相當重要的作用。有宋一代，僅就我們已知的而言，共編有十幾部斷例。斷例的廣泛行用，反映出宋人在案件審理過程中對於情的關注：一方面，不同案件所具有的情節不同，律條相對單一的處理方式總顯得過於簡陋；另一方面，情節不同其所反映的情理也不同，在古人眼中，當然不能不加區分地予以對待。對於情的關注是斷例最爲鮮明的特徵，也是斷例得以運用的一個重要因素。但斷例的運用也是有限度的，畢竟成法在一定程度上體現出的不近人情，爲的是更大範圍內的人心悅服和社會有序。因此斷例的運用，特別是與成法的相互關係，體現出情與法的對立與融合。

另外，宋代斷例的運用還反映出，中國傳統社會對於人在司法中之作用

的複雜看法。從抽象的理念層面來看，儒家思想主導下的立法和司法體系總是傾向於相信人而懷疑法，認為能動的人在案件的處理中要勝過機械的法。但從具體的操作層面來看，除了高高在上的皇帝，任何層級司法官所作的判決都是可能被懷疑的，他們總是被懷疑具有作出合理判決的能力。尤其是在面對重大疑難複雜案件的時候，普通司法官員的判決從未被賦予絕對的權威和效力。因而中央會不斷要求地方、上級會不斷要求下級，通過已經編修的斷例來瞭解朝廷的旨趣和意圖，反過來，下級和地方也存在著這樣的需求。

二、宋代行政例：權與法的衝突與協調

宋代行政例的發展則體現出，中國傳統社會權力日益集中和制度逐漸規範之間既對立又統一的過程。自宋以降，專制主義中央集權逐漸呈加強的趨勢，君主的權力變得越來越難以約束，這在法律形式上的重要體現之一，即是律、令地位的下降及敕、例地位的上升。但與此同時，也存在著機構運行和地方管理不斷制度化的趨勢。中央各機構和部門內部的事務不再簡單由長官處理，地方各項事務朝廷也不再較少干預，而是或者通過立法這樣的制度性措施，或者經由制例這樣的次制度性手段，將其規範化和確定化。因此成文化的例，可以被視為制度化的傾向和體現，行政例的運用將看似對立的權力的集中化與管理的制度化糅合在了一起。

宋代的行政例背後，還貫穿著君主、官員、胥吏這三個不同層次的、各有一定權勢的群體之間的權力衝突與協調。君主的權力當然是無可爭辯的，可以超越一切制度、次制度及非制度性的措施。在用法的時候，官員擁有著相對於胥吏的主導權，但在用例尤其是零散的事例時，胥吏則擁有了相對於官員的掌控權。所以當皇帝比較賢明的時候，力量的天平就向官員及其所代表的法度來傾斜。而當皇帝比較昏庸的時候，姦佞的臣子以及狡詐的胥吏便會與之沆瀣一氣，例自然成為施展權術、規避法律的優先選擇。胥吏階層和用例風氣之間密不可分，宋代行政例的運用也反映出專業化吏人群體的不斷壯大。

三、例與中國古代傳統法：共生與相隨

綜合上文對宋例的分析可以看出，例的產生與發展深受中國古代政治制度和法律形態的影響，與成法共同作用於傳統社會發展進程中。中國傳統法的一些根本性特徵，在例的內容中亦能覓其蹤跡，如偏重於打擊刑事犯罪，

欠缺民事領域的內容，重視對官員的管理和約束，輕視程序規範的價值等，不一而足。無論是司法例還是行政例，其內容與成法一樣，都被打上了傳統法律文化與法律制度的鮮明印記，成爲中國古代法律體系的一部分。從這一角度而言，儘管例與法存在著顯著差異，但在本質上二者卻具有相似性。

　　成文法內容的有限性是例能夠在傳統社會得以存在的重要因素，決定著例運用的廣度和深度，但成文法傳統的頑強性也限制著例的進一步演進和變化。無論是司法例還是行政例，成法可以允許其在一定範圍和程度內的存在，但卻不可能放任例的效力突破和超越成法，總是希望將其納入成法的軌道。因此，雖然並非所有的例都被吸收爲成法，但從宏觀的角度來看，由例向法的轉化與過渡卻是大勢所趨。另一方面，強勢的成文法沒有也不可能完全抑制例的成長，法的存在是確定性的體現，而在法未有規定或雖有規定但不合理的地方，將相關的處理方式以例的方式固定下來，也是尋求確定化和制度化的一種體現。雖然用例的方式相較於用法容易產生各種弊病，可相對於無法可據或有法但不可行，卻又是值得肯定的。對於例在實踐中所帶來的問題當然需要保持清醒，但對於例本身所具有的合理性亦不能熟視無睹，畢竟這是例在中國古代法律形式的漫長發展過程中，能夠與法共生和相隨的重要原因。

附　錄

附表一　《宋會要輯稿》中所見「條例」舉要

序號	名　稱	出　處	內　容
1	外官條例	帝系四	願文資者與試街知縣，並令監當考試，及任滿有無保明準上條。以上出官，並特與支賜。願鎖廳應舉者，依外官條例。
2	元豐條例、元祐條例	帝系五	詔：「宗室公使並生日支賜，並依元豐條例，其元祐條例更不施行。」
3	見任執政條例	帝系六	先臣士衾元任開府儀同三司，恩數依見任執政條例。
4	皇太后條例	后妃一	詔：「皇太妃生辰祗應人推恩依皇太后條例。」
5	在京條例	禮二	今相度不敢依在京條例差破壇戶。
6	太一宮眞儀庫官條例	禮五	理任、酬賞、請給等，並依太一宮眞儀庫官條例。日後遇闕，依此差取。
7	齊衰降服條例	禮三六	依《開寶正禮》錄出舊載齊衰降服條例，與祁所言不異。
8	開封府推官雜壓條例	儀制三	臨安府言：「本府推官已降指揮位序在諸州知州之上，今來朝參等班次，欲乞依開封府推官雜壓條例。」
9	京城條例	儀制五	詔：「揚州道路磚滑，自來不行車馬。今來駐蹕雖合依京城條例，慮臣僚乘騎或致疏虞，可特許乘暖轎，唯不許入皇城。」
10	發運司屬官條例	儀制五	福建兩浙淮東沿海制置使仇愈言：「已得旨，敘位依發運使例。所有本司屬官亦乞依發運司屬官條例施行。」

序號	名　稱	出　處	內　容
11	諸州教授條例	崇儒一	西外宗正司言：「據宗學教授李若虎申，敦宗院宗學教授與諸州教授事體一同，所有就任、磨勘及薦舉等事，乞依諸州教授條例施行。」
12	貢舉條例	崇儒一	其州郡往往鹵莽，多不照應原降指揮次第保明，止是隨狀給據，泛稱於貢舉條例並無違礙。
13	貢舉條例	崇儒一	竊謂既依貢舉條例鎖院考校，不應監試之官卻乃先次出院，……今來每月私試，多不過三百人以上，長貳依貢舉條例鎖院考校，亦自不難。
14	國子生條例	崇儒二	大司成劉嗣明言：「宗室見任不釐務官願入學者，聽。其考選、校定、升補之類，依國子生條例施行。」
15	元豐條例	崇儒二	詔：「教授應法並差注，並依元豐條例，其政和三年六月十三日令左右司刷關許人指射指揮，更不施行。」
16	國子監太學條例	崇儒三	準朝旨，同共看詳修立國子監太學條例，及續準指揮國子、律學、武學條貫，令一就修立外，檢準官制格：國子、太學、武學、律學、算學五學之政令。
17	直講條例	崇儒三	其律學教授資序，欲並依直講條例施行，所有通理前任日月，自依條制。
18	武學條例	崇儒三	諸補試發榜、議題、引試及畫，官吏、祗應人食錢等，並依武學條例給。
19	諸州發解條例	崇儒四	又命翰林學士晁迴，龍圖待制戚綸，直史館崔遵度、姜嶼與彭年同詳定條格，刻於《韻略》之末。大中祥符四年六月，又令詳定《諸州發解條例》附之。
20	五房條例	職官五	中書門下言：「見編修五房條例，以堂吏魏孝先等一十二人充，逐房珝勾其事，仍每月等第添支緡錢有差。」
21	四選條例	職官八	吏部尚書莫儔言：「有旨將四選條例編纂，其間事理一等，而有予有奪、或輕或重不可勝舉。」
22	兩任無人薦舉去處條例	職官一〇	詔：「曾任知州而為郎官卿監而復出為監司之人，陳乞關升者，依兩任無人薦舉去處條例，特與免用舉主，理為資序。」
23	開封府條例	職官一五	八月，令殿前步軍司今後大辟罪人，並如開封府條例，送糾察司錄問。

序號	名　稱	出　處	內　容
24	提轄官條例	職官一六	欲望選差有才力京朝官一員，充本所幹辦公事，仍兼主管文字。所有請給人照見任，並依提轄官條例施行。
25	在京刑獄條例	職官一七	殿中侍御史董敦逸言：「請應隸本臺所察處，依在京刑獄條例，許本察官非時就往點檢簿書。」
26	點檢中書省簿書條例	職官一七	今來門下省中書省已並爲一省，本臺即未敢便依上條作兩省輪官前去。詔：「依點檢中書省簿書條例施行。」
27	試診御脈醫官條例	職官一九	詔：「差兩制二員選試尙藥局醫官，並依試診御脈醫官條例施行。」
28	歲貢條例	職官一九	殿中省言：「據供奉庫狀勘會泛買六尙所須之物專係供使用，與歲貢物色事體頗同。所有用袋入匣封記選擇，及違限退送稽程等，並乞比附歲貢條例施行。」
29	御書院條例	職官一九	詔：「御藥院見管書寫崇奉祖宗表詞待詔等八人，令本院依舊各自收管，出職、請給等並依御書院條例施行。」
30	進呈玉牒條例	職官二〇	今檢准在京日進呈玉牒條例，係入內內侍省差承受官一員進呈畢，迎奉安奉。今來編修到亦係祖宗慶係，今乞比附進玉牒條例，更不乞差承受官外，止乞今本寺官進呈訖，迎奉赴寺安奉。
31	州學教授條例	職官二〇	欲望依西外宗正司見行舊法，置敦宗院教授一員。庶幾教導宗子不致失學，請給人從乞依州學教授條例施行。
32	宗正寺條例	職官二〇	宗正寺條例，皇帝玉牒十年一進修，玉牒官並以學士典領。
33	醫候條例	職官二二	詔：「醫職初官兩遷便至升朝，因依僥倖，遂添醫證醫愈三階，然請給恩數一同朝官，顯爲太優，自今請給並依醫候條例施行。」
34	諸倉界監官條例	職官二六	仍截定年月，立界交割。及比類見今諸倉界監官條例，與理資任支破添給。
35	國子監太學條例	職官二八	詔：「試給事中兼侍講孫覺、試秘書少監顧臨、通直郎充崇政殿說書程頤同國子監長貳看詳修立國子監太學條例。」
36	諸司使副條例	職官三五	內閤門副使以上，並依諸司使副條例磨勘。

序號	名　稱	出　處	內　容
37	兩省使臣磨勘條例	職官三六	樞密院言：「勘會兩省使臣磨勘條例，欲除景祐二年九月詔併入內省自來黃門轉高班例依舊外，並依今年十月五日指揮，其餘條例更不施行。」
38	在閣條例	職官三六	詔：「王仲千前後在彰善閣，及勾當內東門司帶御器械如通及七年，特與依在閣條例轉資施行。」
39	司辰條例	職官三六	詔：「翰林天文局書寫局學生以四人為額，專一書寫奏報御前文字，別無酬賞。自今後及七週年，與依司辰條例試補出職。」
40	司辰條例	職官三六	翰林天文局生楊源差充書寫奏報御前天錄文字，實及年，依司辰條例補出職。
41	發運司屬官條例	職官三九	都督行府言：「都督府總諸路軍馬，所用錢糧合差官隨軍應辦，欲就差淮南東路宣撫使司參謀官陳梠兼都督府隨軍轉運判官，許辟差幹辦公事官兩員，並依發運司屬官條例施行。」
42	發運司屬官條例	職官四〇	福建兩浙淮東沿海制置使仇悆言：「已被旨制置使敘位依發運使例，所有本司屬官亦乞依發運司屬官條例。」
43	保甲司勾當官條例	職官四一	詔：「京東路安撫使司可創置本司勾當公事一員，以京朝官或選人充。許從安撫司奏辟，其請給人從並依保甲司勾當官條例施行。」
44	文州條例	職官四三	照得敘州年額買馬專委知、通主管，內通判從本司依文州條例奏舉，其本州所買馬十元一二堪充起綱。
45	江淮等路提點坑冶鑄錢司條例	職官四三	詔：「序位、請給、支賜、人吏、人從、舟船、遞馬、驛劵、薦舉、按察、公使錢等，並依江淮等路提點坑冶鑄錢司條例施行。」
46	諸司押綱使臣條例	職官四三	所有理任、請給，乞並依諸司押綱使臣條例，仍別量支食錢，庶幾有以激勸。
47	市舶條例	職官四四	緣前件象牙各係五七十斤以上，依市舶條例，每斤價錢二貫六百文九十四陌。
48	元豐置司措置糴便條例	職官四四	可檢會元豐置司措置糴便條例，委強幹官一員提舉，仍令條具疾速聞奏。
49	提舉保甲條例	職官四四	可陝西、河東逐路並復置提舉弓箭手司，仍各選差武臣一員充，理任、請給、恩數等，並依提舉保甲條例施行。

序號	名　稱	出　處	內　容
50	文臣提點刑獄條例	職官四四	今來復置提舉弓箭手司，其人吏並行重祿，人從、恩數並依文臣提點刑獄條例。
51	提舉保甲司條例	職官四四	理任、請給、恩數等，並依提舉保甲司條例。
52	提點刑獄條例	職官四四	今來本司係依提舉保甲，與提點刑獄條例並同。……其逐路城寨甚多，當職使臣並係奉行弓箭手職事，所有薦舉大小使臣，並乞依提舉保甲司條例，更不減半。
53	監當官條例	職官四四	欲乞依監當官條例，差破白直兵士五人，於數內差識字軍人一名應副文字。
54	察訪條例	職官四五	其畫一併依前後察訪條例施行，仍條具申尚書省。
55	轉七資使額條例	職官五二	所有閤門通事舍人帶御器械者、兩省都知押班勾當御藥院使臣等轉七資使額條例更不施行。
56	禮部條例	職官六一	詔：「今後殿侍乞換文資者，習文業則試詩賦各一，並依禮部條例施行。」
57	試法官條例	職官六一	奏補京朝官及選人，乞依進士試經義或依試法官條例施行。
58	三班使臣條例	選舉二五	如是年甲合格曾歷外任，或在京住城程勾當一任，合該磨勘者，即得依例磨勘，餘並依三班使臣條例施行。
59	舉官條例	選舉二九	今來欲共添改官二人，縣令一人添，舉員數並依舊舉官條例施行。
60	監司下幹辦條例	食貨五	各許置幹辦官一員，並朝廷選差。其請給人從等，依監司下幹辦條例施行。
61	經制錢條例	食貨一四	令諸路提刑司依經制錢條例拘收起發。乞下諸路常平司，將紹興五年分州縣所支雇錢，依經制錢條例分季起發，赴行在送納。
62	監賞罰條例	食貨一七	詔：「自今諸路外縣鹽茶酒稅務除有正官專監，其比較虧少課額，令佐自來係兼監去處，所有賞罰一依都監、監押兼監賞罰條例，減專監一等。」
63	私鹽條例	食貨二三	西路青白鹽元是通商地分，如將入禁法地分者，準前項私鹽條例科斷。
64	買茶稅場條例	食貨三〇	欲乞應成都府諸州縣產茶地分，並依邛蜀等州買茶稅場條例，差委逐處稅務收買，並依新法施行。

序號	名　　稱	出　　處	內　　容
65	白礬條例	食貨三四	今若依白礬條例，即綠礬價低，白礬刑名太重；或依舊以漏稅條制區分，又刑名過輕，人無所畏。
66	私茶條例	食貨三四	其產私礬坑窟，牢固封塞覺察，犯者許人告捉，依刮鹹煎煉私鹽條例斷遣，綠礬即依私茶條例。
67	禁礬通商條例	食貨三四	其無為軍崑山礬，欲依禁礬通商條例。
68	禁榷茶鹽條例	食貨三六	其禁榷茶鹽條例並籌買交引，一切依舊施行。
69	河東路駱駝搬運條例	食貨四二	應有鈐轄事件，並依河東路駱駝搬運條例。
70	御河押綱人員條例	食貨四二	欲乞檢詳御河押綱人員條例，於三年所搬三十萬官物數中別定。
71	兩制條例 職身條例	食貨五〇	乞今後祇與依兩制條例差撥，即不得一面拘收。理職司資序知州並提點銀銅運監轉運判官，並依職身條例差撥四雙。
72	東西庫見行條例	食貨五一	詔：「差皇城親事官四人，於左藏南上庫外門添置一門，分番別行搜校。其差替、賞罰並同東西庫見行條例。」
73	官制條例	食貨五六	門下中書外省言：「取到戶部左右曹、度支、金部、倉部官制條例，並諸處關到及舊三司續降並奉行官制後案卷、宣敕，共一萬五千六百餘件。」
74	鰥寡乞丐條例	食貨六〇	戶部言：「懷川申諸路安濟坊應幹所須，並依鰥寡乞丐條例，一切支用常平錢斛。」
75	諸縣條例	食貨六〇	城寨鎮市戶及千以上有知監者，許依諸縣條例增置，務使惠及無告，以稱朕意。
76	監司下幹辦條例	食貨六一	仍委逐路提舉總領措置田事各許置幹辦官一員，並朝廷選差，其請給、人從等依監司下幹辦條例施行。
77	漏稅條例	食貨六一	新授西京轉運使高覿言：「編敕：應典賣物業，限兩月批印契，送納稅賦錢。限外不來，許人陳告，依漏稅條例科罰。」
78	諸司使至三班有罪當續條例	刑法一	又請定諸司使至三班有罪當續條例。諸司使以上領遙郡者從本品，諸司使同六品，副使至內殿崇班同七品，閤門祇候、供奉言、侍禁同八品，殿直內品同九品，奉職、借職同九品下。

序號	名　稱	出　處	內　容
79	配軍條例	刑法一	成務等言：「強竊盜刑名比例文用一年半法，及《配軍條例》品官犯五流不得減贖，除名配流如法。」
80	諸司庫務歲計條例	刑法一	命宰臣王安石提舉編修三司令式並敕文、諸司庫務歲計條例。
81	六曹條例	刑法一	契勘本所見責限編修一路法及祿秩、六曹條例等，文字浩瀚，全籍官吏夙夜協力。
82	吏部侍郎左右選條例	刑法一	詳定一司敕令所奏：「修成《吏部侍郎左右選條例》。」詔令頒行。
83	高麗國入貢接送館伴條例	刑法一	樞密院言：「修成《高麗敕令格式例》二百四十冊，《儀範坐圖》一百五十八卷，《酒食例》九十冊，《目錄》七十四冊，《看詳》卷三百七十冊，《頒降官司》五百六十六冊，總一千四百九十八冊，以《高麗國入貢接送館伴條例》為目，繕寫上進。」
84	吏部銓注條例	刑法一	望下省部諸司，各令合幹吏人將所省己條例攢類成冊，奏聞施行。內吏部銓注條例，乞頒下越州雕印出賣。
85	申明刑名疑難條例	刑法一	敕令所詳定官王師心言：「據刑寺具到崇寧、紹興刑名疑難斷例，並昨大理寺看詳本寺少卿元衷申明刑名疑難條例，乞本所一就編修。」
86	禁山條例	刑法二	異時障蔽之地，今乃四通八達。望詔有司檢會禁山條例，嚴行約束。
87	廂軍條例	刑法七	其諸司庫務人員兵士有犯上件罪名者，並依前項廂軍條例施行。
88	義勇條例	兵一	每二頃招強壯堪徵役一名，充為寨戶。如願養馬，更給地五十畝。只隸諸寨，更番戍守。所置將窠兵仗刺手之法，並依義勇條例施行。
89	給賞條例	兵二四	群牧制置使言：「養馬務近已立賞罰條格施行外，其內外諸坊監令定拋死及一分已上主者，等第科罪。其醫較病馬約以分釐，及生駒六分已上，並為給賞條例乞頒下。」
90	文臣條例	兵二四	望下有司看詳，比附文臣條例，今後武臣不得以綱賞轉至武翼大夫以上。仍行下發綱去處，無得輒大夫以上及合轉大夫武臣押綱。

附表二 《宋史》中所見「條例」舉要

序號	名 稱	出 處	內 容
1	都水條例	卷九二《河渠志二》	願以河事並都水條例一付轉運司,而總以工部,罷外丞司使,措置歸一,則職事可舉,弊事可去。
2	條例	卷一一七《禮志二〇》	四年二月,太常王黼編類《明堂頒朔布政詔書》、《條例》、《氣令應驗》,凡六十三冊,上之。
3	齊衰降服條例	卷一二五《禮志二八》	按天聖六年敕,《開元五服制度》、《開寶正禮》並載齊衰降服條例。
4	北邊條例	卷一六二《職官志二》	政和七年,編修《北邊條例》,又別置詳覆官。
5	吏部四選逐曹條例	卷一六三《職官志三》	靖康元年七月,詔以吏部四選逐曹條例編集板行。
6	國子監條例	卷一六五《職官志五》	又詔給事中孫覺、秘書少監顧臨、崇政殿說書程頤、國子監長貳看詳修立國子監條例。
7	廂軍條例	卷一八九《兵志三》	其諸司庫務人員兵士有犯上件罪名者,並依前項廂軍條例施行。
8	提舉保甲條例	卷一九〇《兵志四》	可令陝西、河東逐路,並復置提舉弓箭手司,仍各選差武臣一員充,理任、請給、恩數等並依提舉保甲條例施行。
9	邕州條例	卷一九六《兵志十》	乞除桂、宜、融、欽、廉州係將、不係將馬步軍輪差赴邕州極邊水土惡弱砦鎮監柵及巡防並都同巡檢等處,並乞依邕州條例,一年一替。
10	禮房條例	卷二〇四《藝文志三》	李承之《禮房條例》並《目錄》十九冊
11	熙寧條例	卷三四七《喬執中列傳》	王安石為政,引執中編修《熙寧條例》,選提舉湖南常平。
12	七司條例	卷三八四《葉顒列傳》	除吏部侍郎,復權尚書。時七司弊事未去,上疏言選部所以為弊,乃與郎官編七司條例為一書,上嘉之,令刻板頒示。

附表三　《續資治通鑑長編》中所見「條例」舉要

序號	名　稱	出　處	內　容
1	發解條例	卷五乾德二年八月癸未	癸未，權知貢舉盧多遜言諸州所薦士數益多，乃約周顯德之制，定發解條例及殿罰之式，以懲濫進，詔頒行之。
2	秦州私販馬條例	卷五一咸平五年二月甲午	甲午，審刑院上秦州私販馬條例：「自今一疋杖一百，十疋徒一年，二十疋加一等，三十疋奏裁，其馬納官，以半價給告事人。」從之。
3	齊衰降服條例	卷一一七景祐二年八月辛酉	按天聖六年敕，開元五服制度、開寶正禮並載齊衰降服條例。
4	客省條例 四方館條例	卷一二七康定元年四月壬子	李淑等上新修《閤門儀制》十二卷、《客省條例》七卷、《四方館條例》一卷。
5	諸司副使磨勘條例	卷一八七嘉祐三年八月辛酉	內閤門副使轉引進副使，引進副使轉客省副使，客省副使即依諸司副使磨勘條例施行。
6	兩省使臣磨勘條例	卷一九五嘉祐六年十月乙未	乙未，樞密院言：「勘會兩省使臣磨勘條例，欲除景祐二年九月詔併入內省自來黃門轉高班例依舊外，並依今年十月三日指揮，其餘條例，更不施行。」
7	中書條例	卷二一一熙寧三年五月庚子、庚戌	庚子，著作佐郎俞充、大理寺丞李承之編修中書條例；庚戌，著作佐郎張琥編修中書條例。
8	諸司庫務條例	卷二一五熙寧三年九月乙巳	崇文院校書唐坰編修三司令式及諸司庫務條例。
9	中書戶房條例	卷二一六熙寧三年十月癸亥	尋又命縚兼編修中書戶房條例。
10	京東路條例	卷二一七熙寧三年十一月癸卯	乞勘會更有似此鎮分，並依京東路條例，委監司舉親民京朝官管勾，許斷城內杖以下公事。
11	諸司庫務歲計條例	卷二一八熙寧三年十二月庚辰	庚辰，命王安石提舉編修三司令式並敕及諸司庫務歲計條例。

序號	名　稱	出　處	內　容
12	諸司庫務條例	卷二四六熙寧六年八月甲申	甲申，翰林學士、判司農寺曾布兼詳定編修三司令式敕、諸司庫務條例。
13	司農條例	卷二五四熙寧七年六月乙未、七月癸卯	乙未，命參知政事呂惠卿提舉編修司農條例；命工部員外郎、集賢殿修撰、判司農寺李承之，太子中允、直集賢院、同判司農寺張諤，秘書丞、館閣校勘、權判刑部朱明之，太子中允、權監察御史裏行丁執禮，併兼詳定編修司農條例。
14	收接條例	卷二五七熙寧七年十月壬申	涇原路經略司言：「乞自今漢、蕃戶盜西界牛馬，聽逐路依收接條例於沿邊處界首說諭給還。」
15	禮房條例	卷二六〇熙寧八年二月己丑	看詳編修中書條例李承之等上禮房條例十三卷並目錄十九冊，詔行之。
16	牙司條例	卷二六二熙寧八年四月甲申	權三司使章惇乞重定牙司條例及差占軍大將窠名。
17	試刑法官條例	卷二七二熙寧九年正月乙亥	中書言：「中書主事以下，三年一次，許與試刑法官，同試刑法。第一等升一資，第二等升四名，第三等兩名，無名可升者，候有正官，比附減半磨勘，餘並比附試刑法官條例。」
18	救饑條例	卷二八二熙寧十年五月辛未	如緣闕食，即檢詳前後救饑條例，一面擘畫施行，不使別致結集人眾，久為民患。
19	六曹寺監條例	卷三六四元祐元年正月丁未	門下、中書外省置局設官，編修六曹寺監條例，歲月浸久，殊未就緒。欲乞罷局，送六曹隨事修立，委三省屬官詳看。
20	戶部左右曹、度支、倉部官制條例	卷三七四元祐元年四月乙未	門下、中書外省言：「取到戶部左右曹、度支、倉部官制條例，並諸處關到及舊三司續降並奉行官制後案卷、宣敕，共一萬五千六百餘件。」
21	宗正寺條例	卷三九〇元祐元年十月己酉	承議郎、宗正寺丞王鞏奏：「宗正寺條例，皇帝玉牒十年一進，修玉牒官並以學士典領。」
22	邕州條例	卷三九三元祐元年三月庚子	廣西經略安撫使、都鈐轄司言：「乞除桂、宜、融、欽、廉州係將不係將馬步軍，輪差赴邕州極邊水土惡弱寨、鎮、監、柵及巡防並都、同巡檢等處，並乞依邕州條例，一年一替。」

序號	名　稱	出　處	內　容
23	樞密院諸房條例	卷四三五元祐四年十一月壬午	樞密院諸房條例，久未經編修。又自官制後，舊事隸屬他司，所存者亦未刪正，冗雜難以檢用。
24	人吏功過條例	卷四四〇元祐五年三月甲午	契勘左右司見準朝旨修完人吏功過條例，並已有元祐元年三月三十日條貫，第三等以上勞績者許比較，今申明三省人吏點檢外司勞績等，並許依舊施行。
25	六曹條例	卷四四四元祐五年六月辛酉	始，中書、門下後省準詔同詳定六曹條例。元豐所定吏額，主者苟悅群吏，比舊額幾數倍，朝廷患之，命量事裁減，已再上再卻。
26	使臣條例	卷四四六元祐五年八月乙未	刑部言：「軍大將充使臣差遣，自來有法，合該酬獎者，並依使臣法減半。如有法合該指射差遣、升名次及免短使之類，亦乞依使臣條例。」
27	合給支賜條例	卷四四八元祐五年九月癸亥	戶部言：「請令大宗正司具合請生日支賜宗室及宗室女職位名稱，並係所生月日及合給支賜條例，關太府寺。」
28	賣鹽州縣條例	卷四五五元祐六年二月丁酉	竊恐不依條法，請令西京、河陽、鄭州並管下逐縣斷賞有不如法，並依本司見管賣鹽州縣條例按劾。
29	外官條例	卷四六九元祐七年正月丙申	內選人與錄事參軍，即別有縣令舉主二員，內一員職司，仍通注縣令。其無保明者，並依外官條例。
30	陝西等路條例	卷四六九元祐七年正月甲辰	廣南西路轉運司奏：本路融、柳、鬱林、廉、邕等州及鄰近全州灌陽縣，各產鐵甚多，已依陝西等路條例，鼓鑄鐵折二錢，與本路銅錢兼行。
31	近裏州軍條例	卷四七八元祐七年十一月壬午	委合起夫，即於本軍依近裏州軍條例，科夫功役不得過三百人。
32	晉礬通商條例	卷四八一元祐八年二月庚戌	準元祐敕，晉礬給引，指住賣處納稅，沿路稅務止得驗引批到發月日，更不收稅。其無為軍崑山礬欲依晉礬通商條例。
33	舉人條例	卷四九四元符元年二月戊申	呈試武藝人，依敕限十二月以前到部。有疾趁限不及期者，雖蒙朝廷按用舉人條例，許令次年就試，今後準此。

序號	名　稱	出　處	內　容
34	沿路州軍條例	卷四九六元符元年三月癸亥	乞今後比附沿路州軍條例，每頓各量添差官，專一管勾，及取沿路諸頓酒食料例一體供應。
35	平夏城、靈平寨條例	卷五○八元符二年四月己丑	其將寨官、都監、監押、巡檢酬獎，並依平夏城、靈平寨條例施行。
36	川茶條例、開封府界條例	卷五一一元符二年六月壬午	乞依元豐年及川茶條例，將監於鄭、澶、滑等州界地方，依開封府界條例出賣官茶。

附表四　《建炎以來繫年要錄》中所見「條例」舉要

序號	名　稱	出　處	內　容
1	成都府條例	卷一七	甲午，詔夔利州守臣，並依成都府條例，升帶本路兵馬鈐轄。
2	左右司條例	卷二七	詔：「中書門下省檢正官歲舉官如左右司條例。」
3	發運司條例	卷八六	都督行府關就差起復秘閣修撰、淮東宣撫司參議官陳桷兼行府隨軍轉運判官許辟屬官二員，如發運司條例，關送尚書省指揮。
4	押綱條例	卷九五	欲乞特降處分，委逐州守臣措置物料，拘收兵匠，隨宜打造，仍官自裝籠須管依年額數足。如錢物闕少，許取撥本處轉運司移用錢相兼支用，逐旋團結募兵卒，主挽使臣管押，依自來押綱條例支破請給。
5	見任宰相條例	卷一○八	觀文殿學士、醴泉觀使兼侍讀秦檜為樞密使，應干恩數並依見任宰相條例施行。
6	吏部條例	卷一八○	被旨修吏部條例，本所取會到續降指揮計五千件，而刪定官止五員，恐難辦集，望於大理寺權暫差官五員，不妨本職，同共刪修。
7	簿籍條例	卷一八一	望下本路帥司，檢照舊來簿籍條例，依舊收允，以時教閱，無令州縣別致騷擾，以備緩急使喚，此正古人寓兵於農之意。
8	文臣承議郎以上不得押綱條例	卷一八二	臣攝承密命，每見諸路所遣押馬綱使臣，多是見任大夫者。一歲之間，當轉官者亡慮數十人，此而不革，何以善後？望仿文臣承議郎以上不得押綱條例，庶幾班列稍簡，可待立功之士。

附表五　宋代主要史料中所見「格例」舉要

序號	名　稱	出　處	內　容
1	權侍郎格例 行在東南班官幫行舊請格例	《宋會要輯稿》帝系六	崇寧軍承宣使安定郡王令誾奏：「前此未有自從列而襲封者，欲乞少加優異，遇大禮奏薦及將來致仕遺表恩澤，仍舊依權侍郎格例於文資內安排。其應干請給並大禮生日支賜，及公使拆洗食料等，依行在東南班官幫行舊請格例。」
2	格例	《宋會要輯稿》禮二五	明堂禮成，見居紹興府、知宗正事士錢等各已蒙賞賚，依舊例三分減一支給，獨臣未受慶賞，乞依格例支破。
3	格例	《宋會要輯稿》禮六二	詔皇子國公大禮賞給支賜並春冬折洗，並依格例全支本色令戶部供納。
4	紹興格例	《宋會要輯稿》職官一	詔自今後職事官並六院官仕滿日，依紹興格例，臨時取旨除授。
5	州縣官去失文書格例	《宋會要輯稿》職官八	欲乞今後為告敕、差敕、曆子、家狀點檢，除落停殿、丁憂、假故外，實及年限，曆子、差敕不全少者，便會問審官院，依州縣官去失文書格例，召清資官同罪委保以聞。如曆子、差敕俱無者，即依丁憂、停殿例除落年限。
6	格例	《宋會要輯稿》職官四七	審官院所差知州，自來止三任通判無過即依次差充，或才器凡庸、年老病患，蓋存格例，不復區別。
7	差注格例	《宋會要輯稿》職官四九	乞仿興元府例，更置兵馬監押一員，仍釐務。其差注格例，照興元府見差小使臣親民資序人。
8	遣使三節人格例	《宋會要輯稿》職官五一	三省樞密院言：「擬到今後遣使三節人格例，常使合差二十四人（文武臣通差）。」
9	格例	《宋會要輯稿》職官五二	欲乞吏部更差有出身官一員，充上節禮物官，同共相兼掌管，其逐官支賜請給等，依現行格例支破。
10	格例	《宋會要輯稿》職官六〇	臣竊惟爵祿所以屬世，中興之初，邊賞為重，元立定格例得六年。
11	格例	《宋會要輯稿》選舉八	詔蜀州正奏名進士趙甲等六人並與依格例升名，以甲等援太上皇帝潛藩例自言也。
12	格例	《宋會要輯稿》選舉三〇	今來本司未審歲依是何格例薦舉。

序號	名　稱	出　處	內　容
13	格例	《宋會要輯稿》食貨四四	每場差監官二員，工役、兵卒二百人。立定格例，日成一舟，率以爲常。（亦見食貨四八）
14	格例	《宋會要輯稿》刑法三	詔諸路州縣七月以後訴災傷者，準格例不許。今歲蝗旱，特聽收受。
15	格例	《宋會要輯稿》兵一九	赦應賞給，除諸軍已先次支給外，其餘未經支賜人，可依格例指揮支給。
16	起發格例	《宋會要輯稿》兵二五	襄陽府轉發綱馬，其牽馬軍兵賞罰，今欲參照成都府並興元府起發格例賞罰施行。
17	格例	《宋史》卷二九四《蘇紳列傳》	若以爲格例之設久，不可遽更。
18	格例	《長編》卷八八大中祥符九年九月己未	詔諸州縣七月已後訴災傷者，準格例不許，今歲蝗旱，特聽受其牒訴。
19	格例	《長編》卷九五天禧四年四月壬午	審刑院、刑部、大理寺奏：「自今所舉幕職、州縣官充詳斷、法直官，請試律五道，取三道以上，仍斷案三二十道，稍合格例，則保明聞奏。」
20	格例	《長編》卷一二五寶元二年十二月己酉	宜擇主判官，付之以事權，責成其選事。若以爲格例之設已久，不可遽更，或有異才高行，許別論奏。
21	格例	《長編》卷四一九元祐三年閏十二月丙辰	自分隸以來，緩急邊事差移團結，及常日更張措置，不復關由樞密院，有司但循格例，亦無所建明。
22	格例	《建炎以來繫年要錄》卷九七	及玠專爲宣撫副使，始別立格例，隊官已上依衙官支驛料供給，隊下有官人以武藝高下給月糧。
23	太學博士格例	《建炎以來繫年要錄》卷一八三	詔皇后宅教授依太學博士格例，通理成資。
24	格例	《建炎以來繫年要錄》卷一九三	四川諸軍頭項非一，乘軍興之際，凡所須索，多踰格例。本所去朝廷至遠，調護極難，今狀申明應諸軍錢糧事務，合從逐軍統兵官徑行取撥。

附表六　《宋會要輯稿》中所見「則例」舉要

序號	名　稱	出　處	內　容
1	公使錢則例	帝系五	詔：「宗室公使並生日支賜並依元豐條例，其元祐條例更不施行。」戶部言：「元豐年別無定宗室公使錢則例，只許引用熙寧五年六月朝旨。」
2	南班官則例	帝系七	詔：「忠訓郎多謨特，與換太子右內率府副率，其生日支賜請給人從，並依見今南班官則例支破。」
3	祿式則例	后妃二	詔：「皇后乳母建國夫人蔡氏、姊楚國夫人吳氏、越國夫人吳氏與依張浚等妻見請祿式則例交破諸般請給。」
4	等第則例	禮九	詔：「今次大閱，可比舊例增支犒賞一十萬貫，仰郭鈞同趙濟公共照應已合教等第則例，逐一均定增支。」
5	高陽關忠順則例	禮二五	尚書省言：「大禮賞給，自軍興以來，循例行在左軍兵依舊例以分數支，其在外屯駐諸軍並依高陽關忠順則例支給見錢。」
6	折支則例	禮二五	戶部言：「郊祀禮成，賜行在諸軍班直等全分賞給，比照前郊例卷，將官庫所有綾羅琭絹絲錦錢糧等，以三分見錢七分依立定價折支則例，自一百五十貫以下至一貫文例計三十等。」
7	祿格則例	禮四三	詔：「景獻太子已撤几筵，高平郡夫人傳氏可特封信國夫人，仍令主奉祭祀，諸般請給支賜並特依宮人祿格則例支破。」
8	賻贈則例	禮四四	入內內侍省言：「得鴻臚寺牒，取索景德四年十一月以後賻贈則例。伏緣當省每有賜賻，即旋取旨，今如盡以為例，授之有司，竊慮非便。」
9	孝贈則例	禮四四	樞密院言：「諸司使副至內殿崇班外任與在路身亡，及諸司使父母亡合該孝贈，自來箚下入內內侍省，差使臣取索宣賜。緣逐官未到京或外處居住者支賜未得，今後請依孝贈則例，在京亡者，入內內侍省宣賜，餘下本任見在處支賜。」
10	月給則例	崇儒	逐人合支月給錢等，並乞照監學請月給則例支破。
11	敕令所則例	職官四	其請給如係本所舊人，依本所則例支破。若別官司差到，若無請給，各隨名色，依敕令所則例三分減一，願請本處請給者聽。

序號	名　稱	出　處	內　容
12	翰林學士則例	職官六	所有職錢並米麥衣賜，依翰林學士則例，以三分減一支破。
13	架閣庫專知官則例	職官一一	本院見有專副二名，於內省罷一名，卻改充告身綾紙庫專知官，請給依架閣庫專知官則例。庫子下文思院抽差，請給依本院則例。
14	陞降則例	職官一一	詔：「州縣官俸錢米麥並須經格式司陞降則例支給，不得專擅增減。」
15	見任監造官則例	職官一六	內監造官，許於殿前馬軍司各差諳會造作使臣一員，其理任、請給、人從、賞罰並依見任監造官則例。
16	鐘鼓院主管官則例	職官一八	初以學生鄧浩主管，未久，特補挈壺正，請給依鐘鼓院主管官則例支破。
17	禁衛則例	職官一九	詔：「行在御輦院輦官錢食犒設，並係應天府立定，依禁衛則例支破。」
18	請受則例	職官二七	五月，又令定奪諸司庫務公人數及請受則例，自今著爲定額。
19	添支則例	職官三七	三司言：「權發遣開封府事，自來依權知開封府添支則例支給，乞編入祿令施行。」
20	均稅則例	職官六八	乞將元豐年均稅則例，等第比類，均裁新稅。
21	苗稅則例	食貨六	如寄莊戶，用掌管人，每十戶結爲一甲，從戶部經界所立式。每一甲給式一道，令甲內人遞相糾舉，各自從寔供具本戶應幹田產畝角數目、土風水色坐落、去據合納苗稅則例，具帳二本。
22	收稅則例	食貨一七	欲將稅務年額量與減免，卻重行裁減收稅則例。
23	稅錢則例	食貨一八	望下州郡，將舊來合收稅錢則例，大書刻於板榜，揭置通衢，令民旅通知，不得例外收取。
24	東南鹽則例	食貨二五	欲乞今後籌請東南、東北鹽鈔，每貫量收印鈔工墨等錢，仍合併依東南鹽則例收納，所貴事法一同。
25	賞錢則例	兵一三	三省、樞密院言：「捕獲海洋劫盜，除所屬保奏推恩外，即未有海船每只賞錢則例，令參酌捕獲海船徒每只十人以上，欲支錢三百貫，二十人以上，欲支錢四百貫，三十人以上欲支錢五百貫。」

附表七　《宋史》中所見「則例」舉要

序號	名　稱	出　處	內　容
1	諸渡月解錢則例	卷九七《河渠志七》	臣已爲之繕治舟艦，選募篙梢，使遠處巡檢兼監渡官。於諸渡月解錢則例，量江面闊狹，計物貨重輕，斟酌裁減，率三之一或四之一；自人車牛馬，皆有定數，雕榜約束，不得過收邀阻。
2	驛券則例	卷一五四《輿服志六》	嘉祐四年，三司使張方平編驛券則例，凡七十四條，賜名《嘉祐驛令》。
3	收稅則例	卷　八四《食貨志下六》	榷茶之利，凡止九十餘萬緡，通商收稅，且以三倍舊稅爲率，可得一百七十餘萬緡，更加口賦之入，乃有二百一十餘萬緡，或更於收稅則例，微加增益，即所增至寡，所聚愈厚，比於官自榷易，驅民就刑，利病相須，炳然可察。
4	中書則例	卷二〇三《藝文志二》	杜儒童《中書則例》一卷
5	苗稅則例	卷四一〇《范應鈴傳》	改知崇仁縣，始至，明約束，信期會，正紀綱，曉諭吏民，使知所趨避。然後罷鄉吏之供需，校版籍之欺敝，不數月省簿成，即以其簿及苗稅則例上之總領所，自此賦役均矣。

附表八　《續資治通鑑長編》中所見「則例」舉要

序號	名　稱	出　處	內　容
1	收稅則例	卷一一八景祐三年三月丙午	或更於收稅則例微加增益，即所增至鮮，所聚愈厚，出於官自榷易，驅民就刑，利病相須，炳然可察。
2	則例	卷一四九慶曆四年五月甲申	朝廷前許茶五萬斤，如聞朝論欲與大斤，臣計之，乃是二十萬餘斤。兼聞下三司取往年賜元昊大斤茶色號，欲爲則例，臣竊惑之。蓋往年賜與至少，又出於非時，今歲與之，萬數已多，豈得執之爲例。
3	驛券則例	卷一八九嘉祐四年正月壬寅	詔三司編天下驛券則例，從樞密使韓琦之請也。（四年正月張方平上其書。）（《長編》卷一八七嘉祐三年三月丙申）；三司使張方平上所編驛券則例，賜名曰嘉祐驛令。

序號	名　稱	出　處	內　容
4	則例	卷二二〇熙寧四年二月壬戌	欲乞自今后皇親應有內外親族吉凶弔省合出入事件縮成則例，更不逐旋奏知及日申本司，只令勾當使臣置歷鈔上，赴大宗正司簽押，其榜子每月類聚奏聞。
5	堂除則例	卷二八九元豐元年四月丁未	欲乞今後堂選人並依堂除則例，從中書取索會問施行。
6	請授則例	卷三二四元豐五年三月乙未	詔荊湖、廣南、川峽、陝西、河東經略安撫鈐轄司，具化外羈縻歸明蠻、猺、夷、獠、熟戶蕃部合補職名資級請授則例，及前後所補職名恩數異同以聞，按以置籍。
7	則例	卷三五九元豐八年八月乙酉	除今來所定並舊勞績以時添料錢，自隨身份並時服、官馬合依舊外，其應外取撥到並額內人，並從今來新定則例。
8	合出役錢則例	卷三八六元祐元年八月丙午	乞敕詳定役法所疾速議定合差、合雇色額及官戶、寺觀、單丁、女戶等合出役錢則例，先次施行。
9	則例	卷三八六元祐元年八月戊申	其舒守強等二十一人著籍本州勾當，各乞依元補名目並請受，按本處則例支給。
10	則例	卷四〇一元祐二年五月己卯	其南川寨守城漢蕃軍兵、婦女等，如晝夜捍禦，委有勞效，亦依則例輕重支給。
11	祿粟則例	卷四一九元祐元年二月	準敕取索看詳裁省浮費，勘會浮費事件不一，理當要見更改添置官局所主事務、官吏及應係公人增減數目，並但干支費錢物新舊條制、祿粟則例，方可詳究事務要切緊慢，斟酌裁省。
12	則例	卷四三九元祐五年三月丁卯	戶部言：「起支官員、殿侍、軍大將、選人、將校請受添給，不以則例限內申戶部者，杖一百。」
13	合支名目則例	卷四四八元祐五年九月丙戌	仍令本寺指定使某年月日條式，合支名目則例、月分、姓名、貫百石斛錢數，行下所屬糧審院勘驗批放。
14	招納爵賞錫賚則例	卷四六九元祐七年正月辛亥	所有擬定招納爵賞錫賚則例，已具狀奏聞。
15	請受則例	卷四七六元祐七年八月戊寅	荊湖南路轉運提刑司言：「體訪得本路役兵蓋因裁減人額請受則例，後來役使頻並，迫於飢寒。或差出他路，不支請受。或兵官不能舉職，使勞役不均，是致逃亡。雖有法禁，多不遵守。」

序號	名　稱	出　處	內　容
16	則例	卷四八〇元祐八年八月丙申	戶部言：「元祐元年二月五日敕：官員差出所帶人吏，如合支馱券，從本部契勘職名，依令內則例，不許陳乞別等則例，如違許劾奏。」
17	請受則例	卷四九三紹聖四年十二月癸未	其李孚卻在蘭州金城關投換蕃落第九十六指揮，日近蘭州來渭州勘會本人請受則例，慮是於投換處，便補舊名管十將名目。
18	則例	卷四九四元符元年正月戊寅	刑部言：「檢舉劉賡等元犯定奪施行買夷人例物、增改則例事，與范純禮等各降一官。該九月赦，合敘元官。」
19	則例	卷四九七元符元年四月辛丑	六曹人吏俸，元豐條令並支見錢，元祐例皆裁損。詔除吏部告身一案依見行則例，其餘曹部，並依元豐條。
20	支賜則例	卷五一二元符二年七月丁未	熙河乞降收接河南邈川首領官職等第及支賜則例，並乞錦襖子、公服、靴、笏、銀帶各三百事。
21	優賞諸軍則例	卷五二〇元符三年正月辛巳	戶部乞依元豐八年優賞諸軍則例，其價直依太府所估。

附表九　《建炎以來繫年要錄》中所見「則例」舉要

序號	名　稱	出　處	內　容
1	宰臣所請則例	卷九四	吏部侍郎兼詳定一司敕令晏敦，復請三公三省長官俸給，並依嘉祐祿令、宰臣所請則例修立。從之。先是，政和祿格比嘉祐所給增多，故本所以為請。
2	國朝舊遣使命則例	卷一二八	雖事有出於不得已者，而援引體例皆非舊比。臣願檢照國朝舊遣使命則例，裁定其要，使前有所稽，後為可繼，庶幾可以及遠。
3	右護軍請給則例	卷一三三	舊成都潼川兩路對糴及腳錢，折納米每石為錢十五引，范直方之為宣諭也，奏減三分之一。及深又減其半，深又白樓照裁定右護軍請給則例，於是諸軍出關歸怨於建議者。
4	天申節燕設則例	卷一五六	丙戌，詔禮部定立天申節燕設則例，下諸路遵守，上以州縣因緣擾民，且多殺物命，故有是旨。

序號	名　　稱	出　　處	內　　容
5	州縣衰折則例	卷一六一	辛巳，詔川蜀諸縣鄉村，民戶家業，並用本名，所管稅色物料，依見今州縣衰折則例，並紐稅錢舊例。
6	收稅則例	卷一七二	稅額既重，則他物必致重徵取給敷額，故商賈不通。欲將稅務年額，量與減免，卻重行裁減收稅則例。

附表十　宋代主要史料中所見「事例」舉要

序號	名稱	出處	內容
1	降麻事例	《宋會要輯稿》職官六之四七	十一月二十三日，詔定降麻事例。宰臣、樞密使、使相、節度使特恩加官除授學士事例：銀百兩，衣著百疋，覃恩加食邑。起復例：起復銀五十兩，衣著五十疋。親王以上有宣賜事例，更不復位。公主未出降，依親王例宣賜。已出降，令駙馬都尉管送。
2	國子監供給學官事例	《宋史》卷一五七《選舉志三》	五年，以省試下第及待補生之群試於有司者，有請託賄求之弊，學官考文，有親故交通之私，命令後兩學補試，並從廟堂臨時選差，即令入院。凡用度，則用國子監供給學官事例。
3	應副契丹使事例	《長編》卷七三真宗大中祥符三年春正月丁丑	上謂樞密院曰：「管勾國信閣承翰等累奏，應副契丹使事例，多有增損不同。事係長久，可盡取看詳，或有過當，於理不便者，並改正之，咸令遵守。緣路修館舍排當次第，已曾畫一指揮，不至勞煩，可降宣命，悉令仍舊。」
4	客省事例	《長編》卷七九真宗大中祥符五年閏十月庚寅	龍圖閣直學士陳彭年等上新定閤門儀制十卷、客省事例六卷、四方館儀一卷，詔獎之，仍第賜金帛。
5	祖宗事例	《長編》卷四五六哲宗元祐六年三月乙酉	給事中朱光庭言：「神宗皇帝《實錄》書成，修撰官陸佃除龍圖閣直學士。按祖宗事例，當進官，未當加職。」詔依前行下。

參考文獻

史料類（以著者朝代為序）

1. 〔漢〕班固：《漢書》，中華書局，1962 年。
2. 〔漢〕恒寬：《鹽鐵論》，四部叢刊本。
3. 〔漢〕司馬遷：《史記》，中華書局，2009 年。
4. 〔漢〕許慎：《說文解字》，中華書局，1963 年。
5. 〔後晉〕劉昫：《舊唐書》，中華書局，1975 年。
6. 〔北齊〕魏收：《魏書》，中華書局，1974 年。
7. 〔南朝宋〕范曄：《後漢書》，中華書局，1965 年。
8. 〔唐〕杜佑：《通典》，中華書局，1988 年。
9. 〔唐〕房玄齡：《晉書》，中華書局，1974 年。
10. 〔唐〕李林甫等：《唐六典》，中華書局，1992 年。
11. 〔唐〕魏徵、令狐德棻：《隋書》，中華書局，1973 年。
12. 〔唐〕吳兢：《貞觀政要》，齊魯書社，2010 年。
13. 〔唐〕長孫無忌等：《唐律疏議》，劉俊文點校，中華書局，1983 年。
14. 〔宋〕蔡襄：《端明集》，文淵閣四庫全書本。
15. 〔宋〕晁公武：《郡齋讀書志》，四部叢刊本。
16. 〔宋〕陳襄：《州縣提綱》，文淵閣四庫全書本。
17. 〔宋〕陳襄：《古靈集》，文淵閣四庫全書本。
18. 〔宋〕陳振孫：《直齋書錄解題》，文淵閣四庫全書本。
19. 〔宋〕程大昌：《演繁露》，叢書集成本。
20. 〔宋〕程顥、程頤：《二程遺書》，文淵閣四庫全書本。

21. 〔宋〕竇儀等：《宋刑統》，薛梅卿點校，法律出版社，1999 年。
22. 〔宋〕杜大珪：《名臣碑傳琬琰集》，文淵閣四庫全書本。
23. 〔宋〕洪邁：《容齋隨筆》，文淵閣四庫全書本。
24. 〔宋〕李昉：《太平御覽》，四部叢刊本。
25. 〔宋〕李綱：《梁溪集》，文淵閣四庫全書本。
26. 〔宋〕李燾：《續資治通鑑長編》，中華書局，1995 年。
27. 〔宋〕李心傳：《建炎以來繫年要錄》，中華書局，2013 年。
28. 〔宋〕李心傳：《建炎以來朝野雜記》，中華書局，2000 年。
29. 〔宋〕李埴：《皇宋十朝綱要校正》，中華書局，2013 年。
30. 〔宋〕劉克莊：《後村集》，四部叢刊本。
31. 〔宋〕劉一止：《苕溪集》，文淵閣四庫全書本。
32. 〔宋〕留正：《皇宋中興兩朝聖政》，清嘉慶宛委別藏本。
33. 〔宋〕樓鑰：《攻媿集》，文淵閣四庫全書本。
34. 〔宋〕羅濬：《寶慶四明志》，文淵閣四庫全書本。
35. 〔宋〕呂中：《大事記講義》，文淵閣四庫全書本。
36. 〔宋〕呂祖謙：《宋文鑑》，四部叢刊本。
37. 〔宋〕歐陽修：《新五代史》，中華書局，1974 年。
38. 〔宋〕歐陽修、宋祁：《新唐書》，中華書局，1975 年。
39. 〔宋〕歐陽修：《歐陽文忠公集》，四部叢刊本。
40. 〔宋〕潛說友：《咸淳臨安志》，文淵閣四庫全書本。
41. 〔宋〕司馬光：《資治通鑑》，中華書局，1956 年。
42. 〔宋〕司馬光：《溫國文正公文集》，四部叢刊本。
43. 〔宋〕宋敏求：《唐大詔令集》，商務印書館，1959 年。
44. 〔宋〕蘇頌：《蘇魏公集》，文淵閣四庫全書本。
45. 〔宋〕蘇轍：《欒城集》，四部叢刊本。
46. 〔宋〕孫覿：《鴻慶居士集》，文淵閣四庫全書本。
47. 〔宋〕沈括：《夢溪筆談》，上海師範大學古籍整理研究所編：《全宋筆記》第二編第三冊，大象出版社，2006 年。
48. 〔宋〕王珪：《華陽集》，文淵閣四庫全書本。
49. 〔宋〕王溥：《唐會要》，中華書局，1955 年。
50. 〔宋〕王溥：《五代會要》，上海古籍出版社，1978 年。
51. 〔宋〕王欽若：《冊府元龜》，中華書局，1982 年。
52. 〔宋〕王十朋：《梅溪集》，四部叢刊本。

53. 〔宋〕王堯臣:《崇文總目》,文淵閣四庫全書本。

54. 〔宋〕王應麟:《玉海》,江蘇古籍出版社、上海書店影印本,1987 年。

55. 〔宋〕吳處厚:《青箱雜記》,中華書局,1985 年。

56. 〔宋〕謝深甫等:《慶元條法事類》,戴建國點校,收入楊一凡、田濤主編:《中國珍稀法律典籍續編》第 1 冊,黑龍江人民出版社,2002 年。

57. 〔宋〕謝維新:《事類備要》,文淵閣四庫全書本。

58. 〔宋〕許應龍:《東澗集》,文淵閣四庫全書本。

59. 〔宋〕薛居正等:《舊五代史》,中華書局,1976 年。

60. 〔宋〕楊萬里:《誠齋集》,文淵閣四庫全書本。

61. 〔宋〕楊仲良:《宋通鑒長編紀事本末》,清嘉慶宛委別藏本。

62. 〔宋〕佚名:《宋大詔令集》,中華書局,1962 年。

63. 〔宋〕佚名:《兩朝綱目備要》,臺北文海出版社,1967 年。

64. 〔宋〕佚名:《翰苑新書集》,文淵閣四庫全書本。

65. 〔宋〕佚名:《吏部條法》,劉篤才點校,收入楊一凡、田濤主編:《中國珍稀法律典籍續編》第 2 冊,黑龍江人民出版社,2002 年。

66. 〔宋〕佚名:《名公書判清明集》,中國社會科學院歷史研究所宋遼金元史研究室點校,中華書局,1987 年。

67. 〔宋〕鄒浩:《道鄉集》,文淵閣四庫全書本。

68. 〔宋〕趙汝愚:《宋朝諸臣奏議》,上海古籍出版社,1999 年。

69. 〔宋〕趙升:《朝野類要》,中華書局,2007 年。

70. 〔宋〕眞德秀:《西山文集》,四部叢刊本。

71. 〔宋〕鄭克:《折獄龜鑒譯注》,上海古籍出版社,1988 年。

72. 〔宋〕鄭樵:《通志》,文淵閣四庫全書本。

73. 〔宋〕鄭俠:《西塘集》,文淵閣四庫全書本。

74. 〔宋〕周密:《齊東野語》,中華書局,1983 年。

75. 〔宋〕周應合:《景定建康志》,文淵閣四庫全書本。

76. 〔宋〕朱弁:《曲洧舊聞》,中華書局,2002 年。

77. 〔宋〕朱熹:《晦庵集》,四部叢刊本。

78. 〔宋〕朱熹、李幼武:《宋名臣言行錄》,文淵閣四庫全書本。

79. 〔宋〕朱熹、呂祖謙:《近思錄》,文淵閣四庫全書本。

80. 〔元〕《大元通制條格》,郭成偉點校,法律出版社,2000 年。

81. 〔元〕《大元聖政國朝典章·刑部》,祖生利、李崇興點校,山西古籍出版社,2004 年。

82. 〔元〕《大元聖政國朝典章》，中國廣播電視出版社，1998 年。

83. 〔元〕馬端臨：《文獻通考》，中華書局，1986 年。

84. 〔元〕脫脫等：《宋史》，中華書局，1977 年。

85. 〔元〕脫脫等：《金史》，中華書局，1975 年。

86. 〔元〕佚名：《宋史全文》，李之亮點校，黑龍江人民出版社，2005 年。

87. 〔明〕《大明律》，懷效鋒點校，法律出版社，1999 年。

88. 〔明〕白昂等：《問刑條例》，收入《中國珍稀法律典籍集成》乙編第 2 冊，科學出版社，1994 年。

89. 〔明〕陳建：《皇明通紀法傳全錄》，明崇禎九年刻本。

90. 〔明〕顧應祥等：《重修問刑條例》，收入《中國珍稀法律典籍集成》乙編第 2 冊，科學出版社，1994 年。

91. 〔明〕黃淮、楊士奇：《歷代名臣奏議》，文淵閣四庫全書本。

92. 〔明〕丘濬：《大學衍義補》，文淵閣四庫全書本。

93. 〔明〕宋濂等：《元史》，中華書局，1983 年。

94. 〔明〕申時行：《大明會典》，明萬曆內府刻本。

95. 〔明〕王圻：《續文獻通考》，明萬曆三十年松江府刻本。

96. 〔明〕徐學聚：《國朝典彙》，明天啓四年徐與參刻本。

97. 〔清〕《大清律例》，田濤、鄭秦點校，法律出版社，1999 年。

98. 〔清〕阿桂：《軍需則例》，清乾隆刻本。

99. 〔清〕伯麟：《兵部處分則例》，清道光刻本。

100. 〔清〕嵇璜等：《續通典》，文淵閣四庫全書本。

101. 〔清〕嵇璜等：《清通典》，文淵閣四庫全書本。

102. 〔清〕嵇璜等：《清通志》，文淵閣四庫全書本。

103. 〔清〕嵇璜等：《清文獻通考》，文淵閣四庫全書本。

104. 〔清〕紀昀等：《四庫全書總目提要》，商務印書館，1931 年。

105. 〔清〕劉錦藻：《清續文獻通考》，民國景十通本。

106. 〔清〕錫珍：《吏部銓選則例》，清光緒十二年刻本。

107. 〔清〕徐本：《督捕則例》，清乾隆八年武英殿刻本。

108. 〔清〕徐松輯：《宋會要輯稿》，中華書局，1957 年。

109. 〔清〕允祹等：《大清會典》，文淵閣四庫全書本。

110. 〔清〕允祹等：《大清會典則例》，文淵閣四庫全書本。

111. 〔清〕張廷玉等：《明史》，中華書局，1974 年。

112. 〔清〕朱壽朋：《光緒朝東華錄》，中華書局，1958 年。

113. 〔民國〕柯紹忞:《新元史》,中國書店影印本,1988 年。

114. 〔民國〕趙爾巽:《清史稿》,中華書局,1977 年。

115. 〔日〕黑板勝美編輯:《令集解》,吉川弘文館,1985 年。

116. 〔韓〕韓國學中央研究院編:《至正條格》(校注本),Humanist 出版社,2007 年。

117. 睡虎地秦墓竹簡整理小組編:《睡虎地秦墓竹簡》,文物出版社,1978 年。

118. 天一閣博物館、中國社會科學院歷史研究所天聖令整理課題組:《天一閣藏明鈔本天聖令校證》,中華書局,2006 年。

著作類(以著者姓氏首字母為序)

1. 包偉民主編:《宋代制度史研究百年(1900~2000)》,商務印書館,2004 年。

2. 陳顧遠:《中國法制史》,商務印書館,1934 年。

3. 陳顧遠:《中國法制史概要》,商務印書館,2011 年。

4. 程樹德:《九朝律考》,中華書局,2003 年。

5. 陳寅恪:《隋唐制度淵源略論稿 唐代政治史述論稿》,商務印書館,2011 年。

6. 戴建國:《宋代法制初探》,黑龍江人民出版社,2000 年。

7. 戴建國:《宋代刑法史研究》,上海人民出版社,2008 年。

8. 戴建國:《唐宋變革時期的法律與社會》,上海古籍出版社,2010 年。

9. 戴建國、郭東旭:《南宋法制史》,人民出版社,2011 年。

10. 鄧小南:《宋代文官選任制度諸層面》,河北教育出版社,1993 年。

11. 鄧小南:《祖宗之法:北宋前期政治述略》,生活·讀書·新知三聯書店,2006 年。

12. 鄧之誠:《中華二千年史》,中國社會科學出版社,2011 年。

13. 高明士:《中國中古政治的探索》,臺北五南圖書出版股份有限公司,2006 年。

14. 龔延明:《宋代官製辭典》,中華書局,1997 年。

15. 郭東旭:《宋代法制研究》,河北大學出版社,2000 年。

16. 郭東旭:《宋朝法律史論》,河北大學出版社,2001 年。

17. 胡興東:《中國古代判例法運作機制研究》,北京大學出版社,2010 年。

18. 胡興東:《判例法的兩面:中國古代判例選編》,雲南大學出版社,2010 年。

19. 黃時鑒輯點：《元代法律資料輯存》，浙江古籍出版社，1988 年。

20. 黃純豔：《宋代財政史》，雲南大學出版社，2013 年。

21. 黃惠賢、陳鋒：《中國俸祿制度史》，武漢大學出版社，2012 年。

22. 李永貞：《清朝則例編纂研究》，世界圖書出版公司，2012 年。

23. 李玉生：《唐令與中華法系研究》，南京師範大學出版社，2005 年。

24. 林明、馬建紅主編：《中國歷史上的法律制度變遷與社會進步》，山東大學出版社，2004 年。

25. 劉俊文：《敦煌吐魯番唐代法制文書考釋》，中華書局，1989 年。

26. 劉俊文主編：《日本學者研究中國史論著選譯》，中華書局，1992 年。

27. 劉俊文主編：《日本中青年學者論中國史》，上海古籍出版社，1995 年。

28. 樓勁：《魏晉南北朝隋唐立法與法律體系》，中國社會科學出版社，2014 年。

29. 呂志興：《宋代法制特點研究》，四川大學出版社，2001 年。

30. 呂志興：《宋代法律體系與中華法系》，四川大學出版社，2009 年。

31. 苗書梅：《宋代官員選任和管理制度》，河南大學出版社，1996 年。

32. 瞿同祖：《中國法律與中國社會》，中華書局，2003 年。

33. 沈家本：《歷代刑法考》，商務印書館，2011 年。

34. 蘇基朗：《唐宋法制史研究》，香港中文大學出版社，1996 年。

35. 蘇亦工：《明清律典與條例》，中國政法大學出版社，2000 年。

36. 汪聖鐸：《兩宋財政史》，中華書局，1995 年。

37. 王立民：《唐律新探》，北京大學出版社，2010 年。

38. 王雲海主編：《宋代司法制度》，河南大學出版社，1992 年。

39. 王鍾翰：《王鍾翰清史論集》，中華書局，2004 年。

40. 吳海航：《元代法文化研究》，北京師範大學出版社，2000 年。

41. 吳海航：《中國傳統法制的嬗遞：元代條畫與斷例》，知識產權出版社，2009 年。

42. 徐道鄰：《中國法制史論集》，臺北誌文出版社，1975 年。

43. 薛梅卿、趙曉耕主編：《兩宋法制通論》，法律出版社，2002 年。

44. 楊鴻烈：《中國法律發達史》，收入《民國叢書·第二編》第 29 冊，上海書店，1990 年。據商務印書館 1930 年版影印。

45. 楊鴻烈：《中國法律發達史》，中國政法大學出版社，2009 年。

46. 楊一凡總主編：《中國法制史考證》，中國社會科學出版社，2003 年。

47. 楊一凡主編：《中國古代法律形式研究》，社會科學文獻出版社，2011 年。

48. 楊一凡、劉篤才：《歷代例考》，社會科學文獻出版社，2012 年。

49. 楊一凡：《重新認識中國法律史》，社會科學文獻出版社，2013 年。

50. 葉孝信主編：《中國法制史》，復旦大學出版社，2008 年。

51. 張晉藩總主編：《中國法制通史》，法律出版社，1999 年。

52. 張晉藩：《中華法制文明史》，法律出版社，2013 年。

53. 張正印：《宋代獄訟胥吏研究》，中國政法大學出版社，2012 年。

54. 張忠煒：《秦漢律令法系研究初編》，社會科學文獻出版社，2012 年。

55. 趙旭：《唐宋法律制度研究》，遼寧大學出版社，2006 年。

56. 鄭顯文：《唐代律令制研究》，北京大學出版社，2004 年。

57. 鄭顯文：《律令時代中國的法律與社會》，知識產權出版社，2007 年。

58. 鄭顯文：《出土文獻與唐代法律史研究》，中國社會科學出版社，2012 年。

59. 中國政法大學法律史學研究院編：《日本學者中國法論著選譯》，中國政法大學出版社，2012 年。

60. 周密：《宋代刑法史》，法律出版社，2002 年。

61. 朱瑞熙：《中國政治制度通史·第六卷》，人民出版社，1996 年。

62. 〔日〕藤田豐八：《宋代之市舶司與市舶條例》，商務印書館，1936 年。

63. 〔日〕大庭脩：《秦漢法制史研究》，上海人民出版社，1991 年。

64. 〔日〕淺井虎夫：《支那法典編纂的沿革》，中國政法大學出版社，2007 年。

65. 〔美〕馬伯良：《宋代的法律與秩序》，中國政法大學出版社，2010 年。

論文類（以著者姓氏首字母為序）

1. 陳顧遠：《漢之決事比及其源流》，《復旦學報》1947 年第 3 期。

2. 陳新宇：《比附與類推之辨——從「比引律條」出發》，《政法論壇》2011 年第 2 期。

3. 戴建國：《20 世紀宋代法律制度史研究的回顧與反思》，《史學月刊》2002 年第 8 期。

4. 戴建國：《唐宋時期法律形式的傳承與演變》，（臺灣）《法制史研究》第 7 期，2005 年 6 月。

5. 戴建國：《唐宋時期判例的適用及其歷史意義》，《江西社會科學》2009 年第 2 期。

6. 戴建國：《〈永樂大典〉本宋〈吏部條法〉考述》，《中華文史論叢》2009 年第 3 期。

7. 戴建國：《唐格後敕修纂體例考》，《江西社會科學》2010 年第 9 期。

8. 高明士：《從律令制的演變看唐宋間的變革》,《臺大歷史學報》第 32 期，2003 年 1 月。

9. 高明士：《隋唐律令的立法原理》,載《高敏先生八十華誕紀念文集》,線裝書局，2006 年，第 283～294 頁。

10. 郭東旭：《論宋代法律中「例」的發展》,《史學月刊》1991 年第 3 期。

11. 黃時鑒：《大元通制考辨》,《中國社會科學》1987 年第 2 期。

12. 霍存福：《唐故事慣例性論略》,《吉林大學社會科學學報》1993 年第 6 期。

13. 霍存福、張靖翔、馮學偉：《以〈大明令〉爲樞紐看中國古代律令制體系》,《法制與社會發展》2011 年第 5 期。

14. 賈文龍：《唐宋法律變革問題研究述評》,載李華瑞主編：《唐宋變革論的由來與發展》,天津古籍出版社，2010 年，第 358～386 頁。

15. 李新峰：《論元明之間的變革》,《古代文明》2010 年第 4 期。

16. 林天蔚：《宋代公使庫、公使錢與公用錢間的關係》,載《宋史研究集》（第七輯）,中華叢書編審委員會，1974 年，第 407～440 頁。

17. 劉篤才：《宋〈吏部條法〉考略》,《法學研究》2001 年第 1 期。

18. 劉篤才、楊一凡：《秦簡廷行事考辨》,《法學研究》2007 年第 3 期

19. 劉篤才：《中國古代判例考論》,《中國社會科學》2007 年第 4 期。

20. 劉篤才：《律令法體系向律例法體系的轉換》,《法學研究》2012 年第 6 期。

21. 劉曉：《〈大元通制〉到〈至正條格〉：論元代的法典編纂體系》,《文史哲》2012 年第 1 期。

22. 呂麗：《論〈大清律例〉「以例輔律」的體例原則》,《吉林大學社會科學學報》1999 年第 4 期。

23. 呂麗、王侃：《漢魏晉「比」辨析》,《法學研究》2000 年第 4 期。

24. 呂麗：《例以輔律 非以代律——談〈清史稿‧刑法志〉律例關係之説的片面性》,《法制與社會發展》2002 年第 6 期。

25. 呂麗：《漢魏晉「故事」辨析》,《法學研究》2002 年第 6 期。

26. 呂麗：《漢魏晉的禮儀立法與禮儀故事》,《法制與社會發展》2003 年第 3 期

27. 呂麗：《故事與漢魏晉的法律》,《當代法學》2004 年第 3 期。

28. 呂麗：《禮儀法與故事關係探析》,《當代法學》2008 年第 3 期。

29. 呂麗：《例與清代的法源體系》,《當代法學》2011 年第 6 期。

30. 孟彥弘：《秦漢法典體系的演變》,《歷史研究》2005 年第 3 期。

31. 孫健：《宋代行政法中的「例」、「法」關係——以封贈制度爲例》，《雲南社會科學》2013 年第 3 期。

32. 王侃：《宋例辨析》，《法學研究》1996 年第 2 期。

33. 王侃：《宋例辨析續》，《法學研究》1996 年第 6 期。

34. 王侃、呂麗：《明清例辨析》，《法學研究》1998 年第 2 期。

35. 王侃：《宋例考析》，載楊一凡總主編：《中國法制史考證》甲編第五卷，中國社會科學出版社，2003 年，第 132～191 頁。

36. 王志強：《中英先例制度的歷史比較》，《法學研究》2008 年第 3 期。

37. 王志強：《中國法律史敘事中的「判例」》，《中國社會科學》2010 年第 5 期。

38. 徐進、易見：《秦代的「比」與「廷行事」》，《山東法學》1987 年第 2 期。

39. 徐世虹：《百年回顧：出土法律文獻與秦漢令研究》，《上海師範大學學報》（哲學社會科學版）2011 年第 5 期。

40. 閆曉君：《兩漢「故事」論考》，《中國史研究》2000 年第 1 期。

41. 殷嘯虎：《論〈大元通制〉「斷例」的性質及其影響》，《華東政法學院學報》1999 年第 1 期。

42. 張凡：《〈大明令〉與明代的律令體系——明代「令」的作用與法律效力》，《殷都學刊》2009 年第 3 期。

43. 張建國：《魏晉律令法典比較研究》，《中外法學》1995 年第 1 期。

44. 張建國：《中國律令法體系概論》，《北京大學學報》（哲學社會科學版）1998 年第 5 期。

45. 張忠煒：《秦漢律令關係試探》，《文史哲》2011 年第 4 期。

46. 趙晶：《至正條格研究管窺》，載曾憲義主編：《法律文化研究》（第六輯），中國人民大學出版社，2011 年，第 404～417 頁。

47. 趙旭：《論北宋法律制度中「例」的發展》，《北方論叢》2004 年第 1 期。

48. 鄭顯文：《日本〈令集解〉中所見的唐代法律史料》，載《沈家本與中國法律文化國際學術研討會論文集》（下），中國法制出版社，2005 年，第 780～796 頁。

49. 鄭顯文：《中國古代重大疑難案件的解決機制研究》，《法治研究》2014 年第 1 期。

50. 朱瑞熙：《宋代官場禮品饋贈制度初探》，原載侯仁之主編：《燕京學報》新 12 期，北京大學出版社，2002 年，第 61～98 頁，後收入劉復生主編：《川大史學‧中國古代史卷》，四川大學出版社，2006 年，第 586～636 頁。

51. 〔日〕瀧川政次郎：《〈令集解〉所見唐代法律文書》，《東洋學報》第 18

卷 1 號，1929 年。

52. 〔日〕宮崎市定：《宋元時期的法制與審判機構——〈元典章〉的時代背景及社會背景》，原載《東方學報》京都第 24 冊，1954 年；又載劉俊文主編：《日本學者研究中國史論著選譯》第八卷，中華書局，1992 年，第 252～312 頁；又載楊一凡總主編：《中國法制史考證》丙編第三卷，中國社會科學出版社，2003 年，第 1～121 頁。

53. 〔日〕小林高四郎：《元代法制史上之「舊例」》，《蒙古學資料與情報》1990 年第 4 期。

54. 〔日〕川村康：《宋代斷例考》，原載《東洋文化研究所紀要》第 126 冊，1995 年，第 107～160 頁；又載中國政法大學法律史學研究院編：《日本學者中國法論著選譯》，中國政法大學出版社，2012 年，第 345～390 頁。

55. 〔日〕池田溫：《唐代〈法例〉小考》，載《第三屆中國唐代文化學術研討會論文集》，1997 年，第 75～89 頁。

56. 〔日〕岡野誠：《〈唐律疏議〉中「例」字之用法》（上），載韓延龍主編：《法律史論集》第 3 卷，法律出版社，2001 年，第 465～478 頁。

57. 〔日〕岡野誠：《〈唐律疏議〉中「例」字之用法》（下），載韓延龍主編：《法律史論集》第 4 卷，法律出版社，2002 年，第 333～350 頁。

58. 〔日〕中田薰：《論支那律令法系的發達——兼論漢唐間的律學》，載何勤華主編：《律學考》，商務印書館，2004 年，第 76～83 頁。

59. 〔美〕馬伯良：《從律到例：宋代法律及其演變簡論》，載高道蘊、高鴻鈞、賀衛方編：《美國學者論中國法律傳統》（增訂版），清華大學出版社，2004 年，第 310～333 頁。

60. 〔德〕陶安：《「比附」與「類推」：超越沈家本的時代約束》，載《沈家本與中國法律文化國際學術研討會論文集》（下），中國法制出版社，2005 年，第 461～475 頁。

後　記

　　本書是在我的碩士論文基礎上修改和補充而成的，宋例是一個十分複雜的問題，無論是其內容本身所具有的多樣性，還是所涉及材料的艱深和廣泛程度，都對理解和運用史料，並在此基礎上進行分析和論證的能力提出了很高的要求。由於本人在學識和功底上存在的不足，所以本書不敢說有何高明的創見和重大的突破，充其量只是在前輩先賢研究的基礎之上，對以往研究較爲薄弱的地方作了一點補充，對存在爭議的內容提出了自己的一些看法，對論述不夠清晰的問題進行了一定梳理。雖然寫作的過程未必不用功、修改的過程未必不盡心，但其中存在的問題依然不少，對許多內容的探討也還有待深入。希望各位讀者不吝指正，多提寶貴意見，以便於本書的後續改進與完善。

　　本書之所以能夠出版，首先應該感謝的是我碩士階段的導師戴建國教授。在上海師範大學求學期間，無論是在學習上還是生活中，戴老師都給予了精心的指導和悉心的照顧。三年裏，戴老師說的最多的就是「抓緊」二字了，而自己也最怕辜負了戴老師殷切的期盼。每每在面對困難和挑戰心生畏懼或是懈怠浮躁時，抬頭望著書架上戴老師厚重紮實的著作，總是能夠讓我平靜下來並充滿前進的力量。其次要感謝我博士階段的導師鄭顯文教授，鄭老師治學嚴謹，爲人謙和，對學生關懷備至。自來到中國政法大學後，鄭老師經常與我一起聊天，其間暢談學術，交流思想，認真傾聽我的想法，仔細指導我的習作，使我受益匪淺。雖然身在清靜的校園，但總會面對選擇與誘惑，鄭老師總是勉勵我專心於讀書與學術，腳踏實地，不斷取得更大的進步。

　　本書的部分內容曾先後發表於《法制史研究》（臺灣）、《中國學報》（韓國）、《求索》等海內外核心刊物，非常感謝這些刊物編輯老師的提攜與鼓勵。部分章節曾分別在第八屆、第九屆全國法律文化博士論壇上宣讀，感謝各位與會老師和同道的評論與建議。另外，要感謝張晉藩法律史學基金會、曾憲義法學教育與法律文化基金會等給予的獎掖與榮譽，讓我在惶恐之餘也對自己所從事的研究增添了些許信心。求學路上，有幸得到了諸多師友的指點與幫助，實不勝枚舉，難以一一具名，在此向他們表示誠摯的感謝。還要特別感謝臺灣花木蘭文化出版社的編輯老師，正是他們的賞識與肯定，本書才獲得了寶貴的出版機會。

　　最後要感謝我的父母——李錦義先生和李愛花女士，我自大學開始便輾轉求學於外地，一年之中能夠侍養於雙親膝下的時光屈指可數，能夠為家庭所做的更是微不足道，想來十分慚愧。所謂「立身行道，揚名於後世，以顯父母，孝之終也」的說辭固然在理，但對於父母而言，子女的陪伴才最為真切和溫暖。願用我不懈的努力，來回報他們無微不至的關愛，通過我刻苦的學習與工作，讓他們過上更加幸福美滿的生活。

　　人生充滿著未知和不確定，隨著閱歷的增加，對此的感觸也越來越深：作為一個來自山東中部小城、從未出過遠門的孩子，在 2007 年登上開往蘭州的列車，帶著對法學的憧憬開始兩千餘公里的旅程時，他一定想不到四年後將赴上海研習一千多年前的法律制度。更想不到再過三年，他會繼續學術研究的道路，並有機會坐在北京的宿舍撰寫自己專著的後記。而正是太多的想不到，連綴成了當下的生活。這對別人而言或許不值一提，於我卻彌足珍貴。春風和煦的季節悄然而至，望著窗外綻放的花朵，恍惚之間我感到無比慶幸。碩士畢業前夕，師大廣播臺經常播放《追夢赤子心》，悠揚激昂的旋律久久迴蕩在學思路、學思橋、學思湖和學思樓間，以至於後來每次聽到都會想起那些為論文寫作、準備考博而奔忙的日子。就用其中最喜歡的一段歌詞作為結束吧，也算是紀念自己這艱辛曲折而又驚喜意外的十年——

　　向前跑　迎著冷眼和嘲笑

　　生命的廣闊不歷經磨難怎能感到

　　命運它無法讓我們跪地求饒

　　就算鮮血灑滿了懷抱

　　繼續跑　帶著赤子的驕傲

生命的閃耀不堅持到底怎能看到
與其苟延殘喘不如縱情燃燒吧
爲了心中的美好
不妥協直到變老

李雲龍
2016 年 4 月於知順齋